1000の芸能人を診た男!

島田秀平の手相占い

代々木の甥
島田秀平

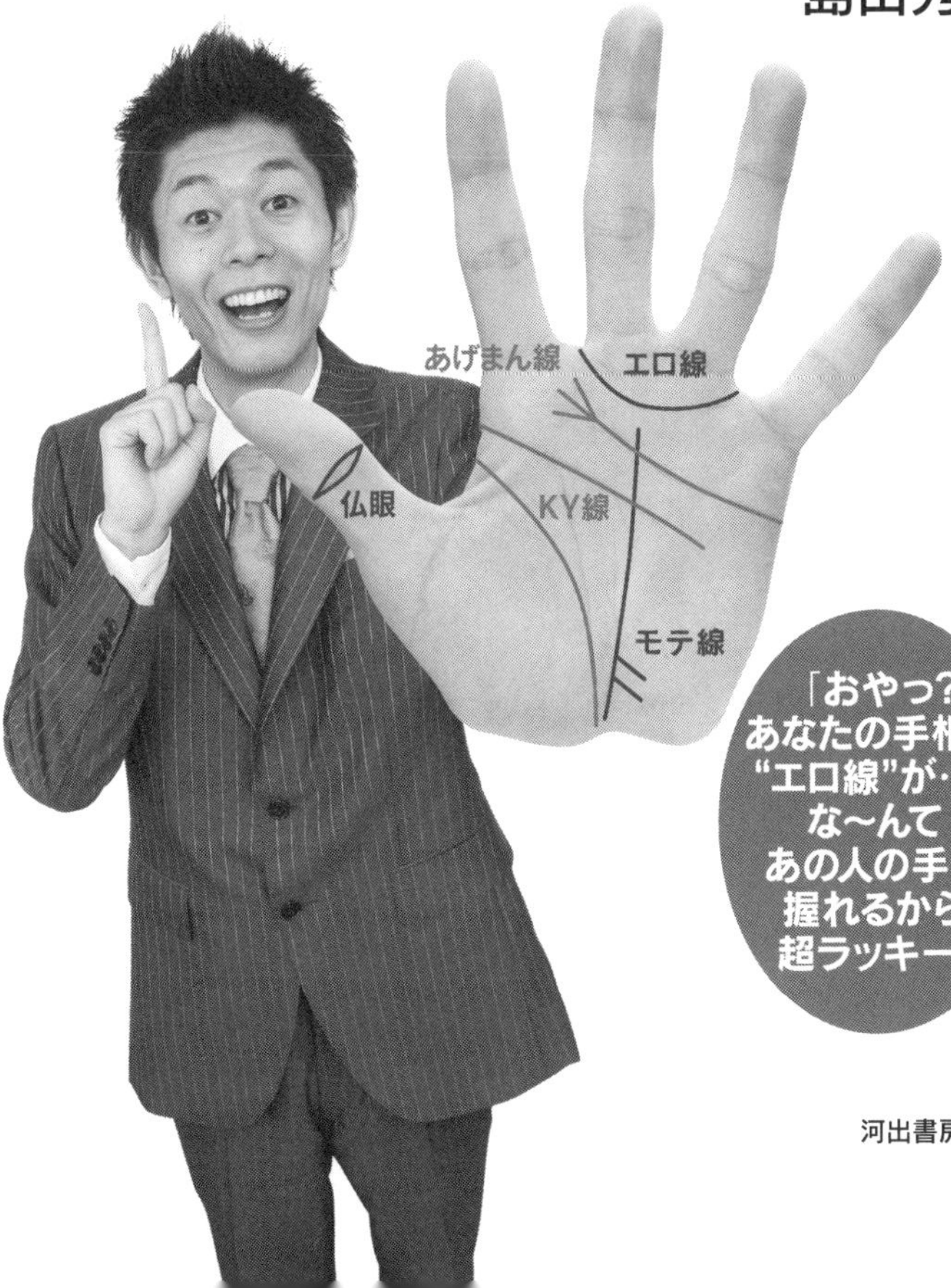

「おやっ? あなたの手相に“エロ線”が…」な～んてあの人の手を握れるから超ラッキー!

河出書房新社

デザイン
こやまたかこ
★
カバー写真
森 幸一
★
スタイリスト
広瀬水音
★
ヘアメイク
浜口大介(NALU)
★
イラスト
伊藤さちこ
★
協力
阿部 悟・髙田敏之(ホリプロコム)
★
SPECIAL THANKS
菅野鈴子(原宿の母)

運が開けてくるNEW手相本★まえがき

最近、いろんな方が「手相をみて!」と声をかけてくださいます。共演したタレントさんに「収録後、楽屋にきて手相をみてよ」といってもらえたり、テレビ局の廊下で会ったアナウンサーの方に、いきなり手を差しだされたり。メイクをしていたら、初めて会う女優さんやスタッフさんが行列をつくっていたことも(笑)。

☆

みなさん、自分の手のひらをみたことがありますか?

「あるに決まってる」? では、そういうあなた。

好きなカレ、あるいはカノジョの手のひらをみたことはありますか?

もしも「NO」という方には、ぜひこの本をおススメします。だって、手のひらには、ありとあらゆる情報が刻まれているのですから。

さっそく気になる人の手をにぎり、愛を語りはじめる前に、手相をみてください。すっごいことがわかりますから。信じられないヒミツや相性もみえてきちゃいますよ。

☆

でも、この本を読むと、これから人に会うとき、顔より先に手のひらをみるようになってしまう危険性がありますので、ご注意を(笑)。

島田秀平

島田秀平の手相占い

CONTENTS

CHAPTER 1 恋愛の章

エス線

28
私にひざまずいて…理想は何でも自分の思い通り?!

エム線

29
我慢や束縛も嫌いじゃない?「私をぶって!」(笑)。

アブノーマル線

32
ふだんも夜も変わりもの?!たくさんのこだわりも!

モテ線

24
人生モテモテ!みんなのアイドルは人づき合いの天才!

束縛線

33
イライラしがち?!趣味は携帯の覗き見です(笑)。

エロ線

26
Hなことで頭一杯?!でもセンスと魅力は抜群!

未練タラタラ線

過去を引きずり、なかなか前に踏み出せない？

ストーカー線

嫌なことが忘れられない！クヨクヨ心配症の人。

不思議ちゃん線

周りを自然になごます“天然系”癒しの天才！

夢見る乙女線

現実を直視しない…でもそのオメデタさが魅力！

ガラスのハート線

すぐに心を閉ざしがち?!「みんな優しくして！」。

二丁目線

思いやり十分！もしかしたら同性もイケる？

浮気線

飽きっぽく一人じゃ満足できない困ったちゃん?!

よちよち幼児線

いつまでたっても甘え上手なお子ちゃまかも?!

とばっちり線

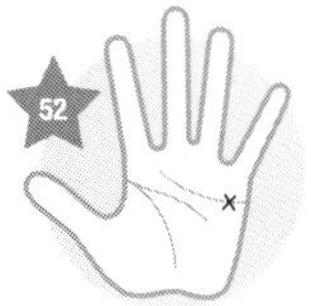

いざこざに巻き込まれるかも?!　心のご準備を！

あげまん線

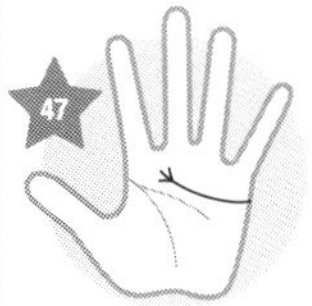

結婚したい人No.1！周りの運気も上げます！

ビア・ラシビア線

フワフワと雲のよう！3人でも満足できません?!

KY線

自由気まま?!まさにゴーイングマイウェイ！

ラテン系線

一気に燃え上がる情熱系！ワンナイトラブもあり?!

トラウマ線

人を好きになるのが怖い？本気になれぬナイーブさん。

勝ち気線

負けず嫌い！自分を上手にアピールできる積極派!!

あやまりま線

ザ・女王様。みんな、私がいちばん偉いのよ！

CHAPTER 2 仕事の章

ライター線

文章を書かせたら大先生！企画書作成もバッチリ◎。

気づかい屋さん線

心配りのできる優しさあり！いつも一緒にいたい人！

奥手線

燃えるまで時間がかかる慎重派？よくいえば“大和撫子”

ベンチャー線

スゴイ向上心！会社からの独立もうまくいく…?!

二重感情線

優れた人格者で人気者！ただ、恋愛は不器用…。

良妻賢母線

最良のパートナー！幸せな家庭を築けそう！

カリスマ線

人望と人徳あるリーダー。理想の上司No.1！

ユーモア線

未来のお笑い芸人?!サービス精神でアゲアゲ。

悲しみのモノサシ線

とにかく、あなたはとっても苦労されましたね…。

恋愛後回し線

恋愛より仕事?!アネゴ肌のキャリアウーマン！

二重頭脳線

まさに最強ビジネスマン！人事の方は即採用を!!

アナウンサー線

巧みな話術でハートをキャッチする人気者！

しわしわ線

そのしわの一本一本は感受性の豊かさの証し！

あしながおじ線

第三者からの援助が?!感謝の気持ちを忘れずに！

オタク線

型にハマれば強さを発揮。こだわりすぎな面も。

お見通し線

問題解決なんてお手の物！別名「大岡越線」?!

仏眼

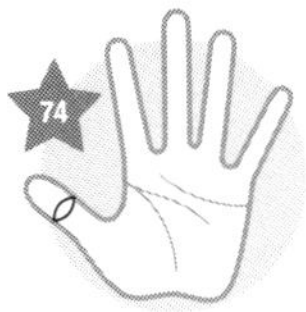

別名、メモリー線。記憶力抜群！超能力や霊感もある…?!

長つづきしま線

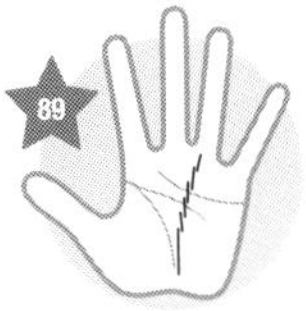

飽きっぽく投げ出しがち?!もう少し忍耐力を！

実業家線

事業も次々と成功！お金を生み出す“やり手”No.1！

ギャンブル線

勝負運No.1！直感冴える天性のギャンブラー！

神秘十字

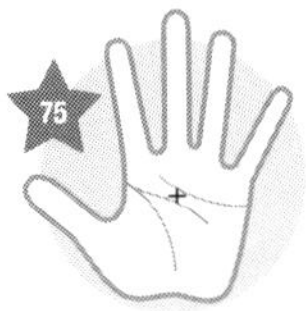

ひらめきは天下一品！スピリチュアル大好き?!

商売人線

数字を扱わせたら天下一品！でもお金に執着は×。

不動産線

不動産関係に力を発揮！マイホーム購入も吉?!

スポーツ線

運動神経抜群！体を動かすことも大好きです！

イチロー線

実家から離れて成功を招く！海外進出もあり?!

理系線

論理的・合理的な思考の持ち主！頭の回転も速い!!

ヘッドハンティング線

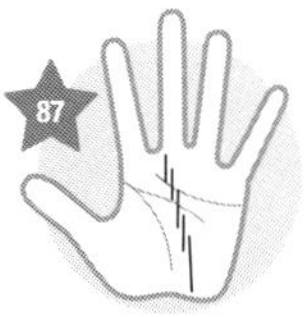

転職が明るい未来を暗示?!昇進の可能性も…！

ますかけ線

波乱万丈な人生！とはいっても“天下取りの相”

世渡り上手線

バランス◎順応性◎社会を上手に渡り歩ける！

CHAPTER 3 結婚の章

後ろ向き線

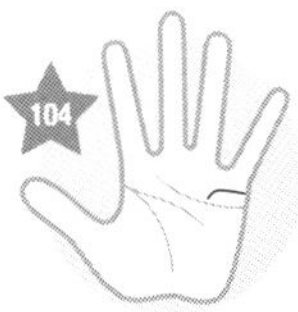

結婚あきらめモード…。既婚者はパートナーと話し合いを！

引っ込み思案線

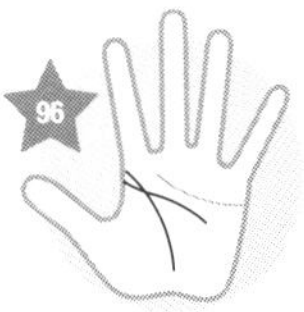

相手に合わせてばかり？もっと自分を出して！

文系線

愛されるお調子者！独自のアイデアが光る！

無関心線

今は恋に興味なし？ああ、青春よもう一度！

ボランティア線

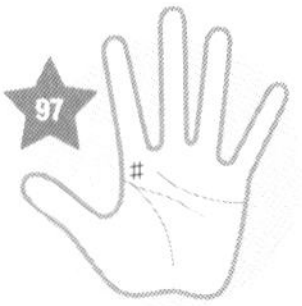

人類の奉仕者！高い理想に突き進む聖人か?!

芸術家線

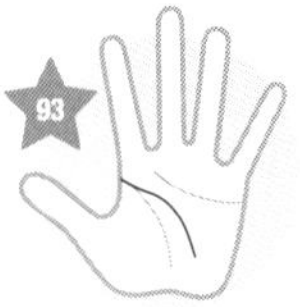

美的センスはピカイチ！妄想の世界が好き？

片思い線

一方通行な恋多し！お見合いもいいかも?!

幸せ婚線

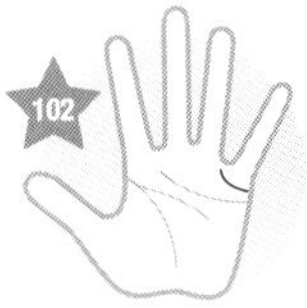

結婚後はハッピーライフ間違いなしの幸せ者！

ナイチンゲール線

天性の癒し系。医療関係で力を発揮する弱者の味方！

ひきこもり線

繊細でデリケート。でも殻に閉じこもりがち？

元さや線

初恋の人や元恋人とよりが戻る、かも?!相手は待っている…。

玉の輿線

お金持ちがそこに?!あなたは未来のシンデレラ！

消極線

争い事は大の苦手。なかなか自信が持てません。

CHAPTER 4 金運の章

浪費家線

入った分だけ使っちゃう！なかなか貯められません。

子だくさん線

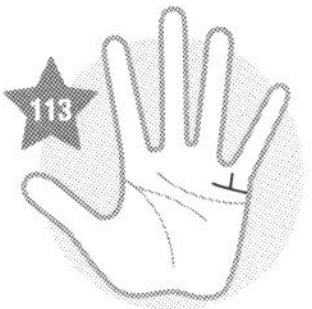

子宝に恵まれそう！精力も絶倫?!

長い旅線

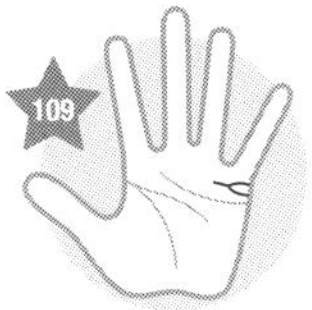

結婚までにはまだまだ長い道のりがあるかも…。

ビューティー線

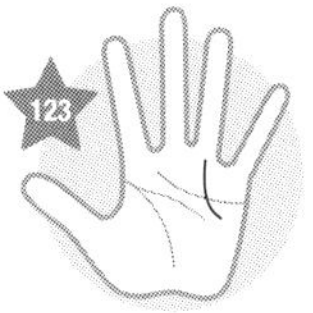

特殊な才能で金運up！美的カリスマ度はNo.1

ファミリーリング

未来は大家族の“肝っ玉母さん”?!

離婚線

もう、待ったなし！既婚者も未婚者も早めの関係修復を！

覇王線

最強の金運の持ち主!!お金に愛されてます！

コツコツ線

コツコツと貯蓄が得意。地道なやりくり上手！

不倫線（タブー線）

トラブル多そう！禁断のラブも嫌いじゃない？

財運線

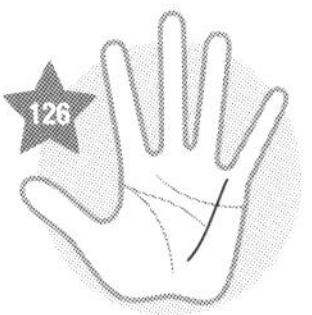

将来的に財を成す！蔵が建っちゃうかも?!

夢追い人線

今は…。でも、将来はビッグになる…かも？

好きもの線

モテるけど異性関係はズルズルとルーズ?!

CHAPTER 5 将来の章

サポート線

資金援助が期待できる？金運、強いです！

セレブ線

白金？田園調布？庶民がうらやむ存在です！

遺産線

あなたは幸運の星の下に生まれました！

トラブル線

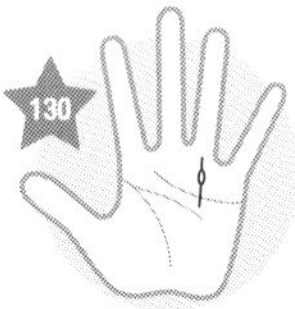

お金がらみの問題に注意！買い物控えて吉！

なりあがり線

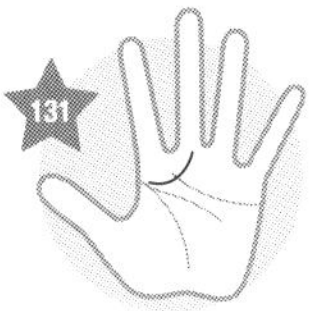

大ブレーク！人生急上昇!!このときを待ってました!!!

スター

期間限定の無敵状態に突入！人生最高の瞬間!!

トライアングル

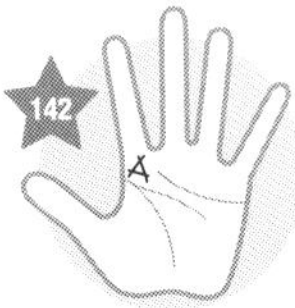

幸運はもう目の前！あなたの時代がきます。

フィッシュ

手のひらに出現するお魚ちゃん。ラッキーの前兆です！

ソロモンの環《わ》

願い事が成就！幸運が訪れる奇跡のサイン!!

一発逆転線

どん底から起死回生の逆転ホームラン！

ハードル線

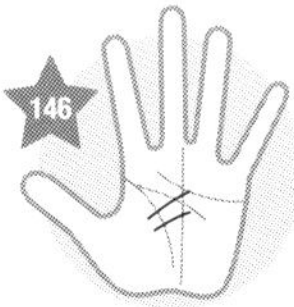

足元にご注意を！壁にぶつかる可能性も?!

CHAPTER 6 健康の章

二重生命線

みなぎる生命力！体はとっても丈夫です。

消化器注意線

暴飲暴食とさまざまなストレスのツケがそろそろ…。

早熟線

才能あふれるあなたも、慢心はケガのもとです！

スタミナ線

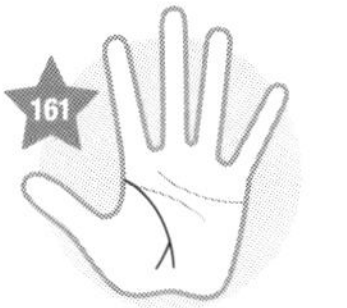

いつまでも若々しさと気力を保つ超タフネス！

脳・鼻・目注意線

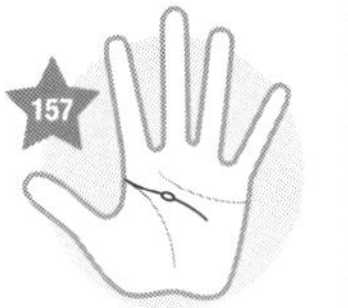

頭脳線に不自然な線があったら、病院で検診を…。

大器晩成線

努力は必ず報われる！神様は見ていますよ。

長寿線

体の強さは太鼓判！でも不摂生はだめですよ…。

心臓注意線

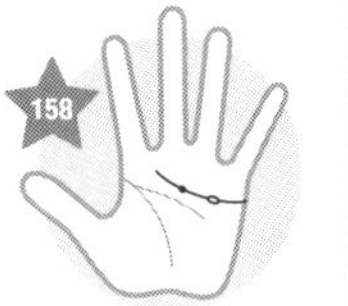

お疲れさま。たまには、のんびりしましょうよ…。

肝臓注意線

宴会部長さん、自覚症状の出る前にこの線を…。

幸せな晩年線

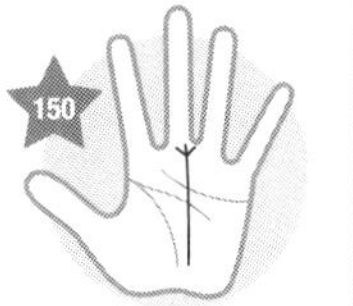

人生の後半は穏やかに。素敵な晩年が待ってます！

バイタリティ線

元気？だるい？体調のバロメーターはこれ！

泌尿器、生殖器注意線

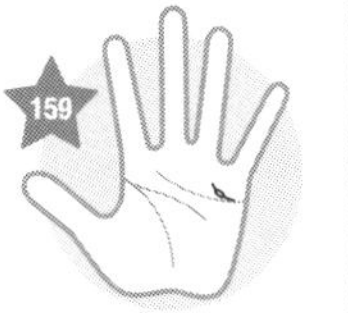

女と男は永遠。昼も夜も元気がいちばんでいたいから…。

呼吸器注意線

タバコの害だけじゃなく、感染症も心配かも…。

☆とりあえず手相のイロハを知ろう

どっちの手で占う？

答え　左手です。

手相は左右まったく同じ人はいません。なかには右と左で、まったくかけ離れた人もいます。

では、手相をみるとき、左右どちらの手で占うか？　これは流派や国によってさまざまです。

手を組んだときに下になるほうの手で占う場合もあれば、たんに右手という場合も。

占いが盛んな韓国では、27歳までは左手、それ以降は右手でみるというので、びっくりしました。ちなみに、手を組んだとき、右手が上になる人は合理的な左脳派人間、左手が上になる人は直感型の右脳派人間といわれます。

ただ、ボク自身、たくさんの方の手相をみさせてもらってきて統計的にこうだなと思ったのは、左手が今現在（過去や未来も含む）を、右手が生まれもった資質を表わすということです。右は線が変わりづらく、左はコロコロ変わるのです。

なので、**この本では、左手でみる**やり方にしたいと思います。

ただし、上級者になってくれれば、まずは生まれもった資質を表わす右手をみて、そのあとで今を占う左手をみるという診方もできます。右手の相のほうがいいという場合は、その才能があるのに、まだまだ頑張りが足りていないということになります。

良い手相と悪い手相

基本的に、線がはっきりと強いほうが良い相だといわれています。「線は運気が流れる川」という考え方があります。大河のように途中で邪魔するものがなく、強く深い川（線）は、流れもよく理想的といえます。

心身ともによどみなく、自分に合った人生を勢いよく生きている方です。

逆に、弱くて切れ切れだったり、途中で中州（島）や横切る線（障害）などがあると、川の流れも弱くなります。

そういう線の持ち主は、自分の才能や気持ちを押し殺してしまっているため、運勢も滞《とどこお》りがちになります。

良い手相に変えるためには、今があまりよくなくてもあきらめないこと。

そして、自分の気持ちに正直になって（自分が本当は何を望んでいるかを考え）、前向きに！

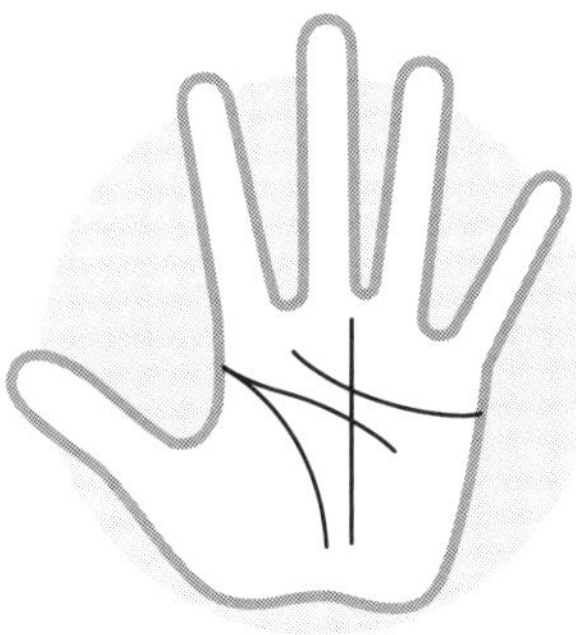

○良い手相

×悪い手相

☆手相の基本6線とは

手のひらにはさまざまな線がありますが、その基本となるのが、次の六つの線です。

なかでも、生命線、感情線、頭脳線の三つの線は、ほとんどの人にみることができます。

1 生命線（親指と人差し指の間から下にのびる線）

生命力や健康状態、体の強さがわかります。

基本的に、線が強くしっかりしているほど、また、親指のつけ根の張りがふくよかなほど、生命力とバイタリティにあふれた人といえます。

2 感情線（小指の下から中指や人差し指の方向にのびる線）

恋愛傾向や愛情表現がわかります。線の長短が、そのまま人の気の長さを示します。

また、線がはっきりしている場合は、心の平穏を、線が薄かったり乱れている場合は、感情の乱れを表わします。

3 頭脳線（親指と人差し指の間から横にのびる線）

才能や考え方、仕事の傾向などがわかります。

線の長短は、考える時間（じっくり型か、即決型か）を示します。

また、線ののびる方向で、考え方の傾向（平行の場合は論理的・合理的、下に向かう場合は感情的・直感的）を表わします。

4 運命線（中指の下から縦にのびる線）

人生の浮き沈みや仕事運などがわかります。
線が長く、まっすぐに、そしてはっきりしているほど、運のいい人といえます。

5 金運線（薬指の下から縦にのびる線）

線が長く、はっきりしているほど、お金に恵まれるといいます。

6 結婚線（小指と感情線の間にある横の線）

今の結婚生活の状態や、結婚のタイミングなどを示します。
小指に近いほど晩婚、感情線に近いほど早婚。
また、長くて上向きは幸せな結婚を表わします。

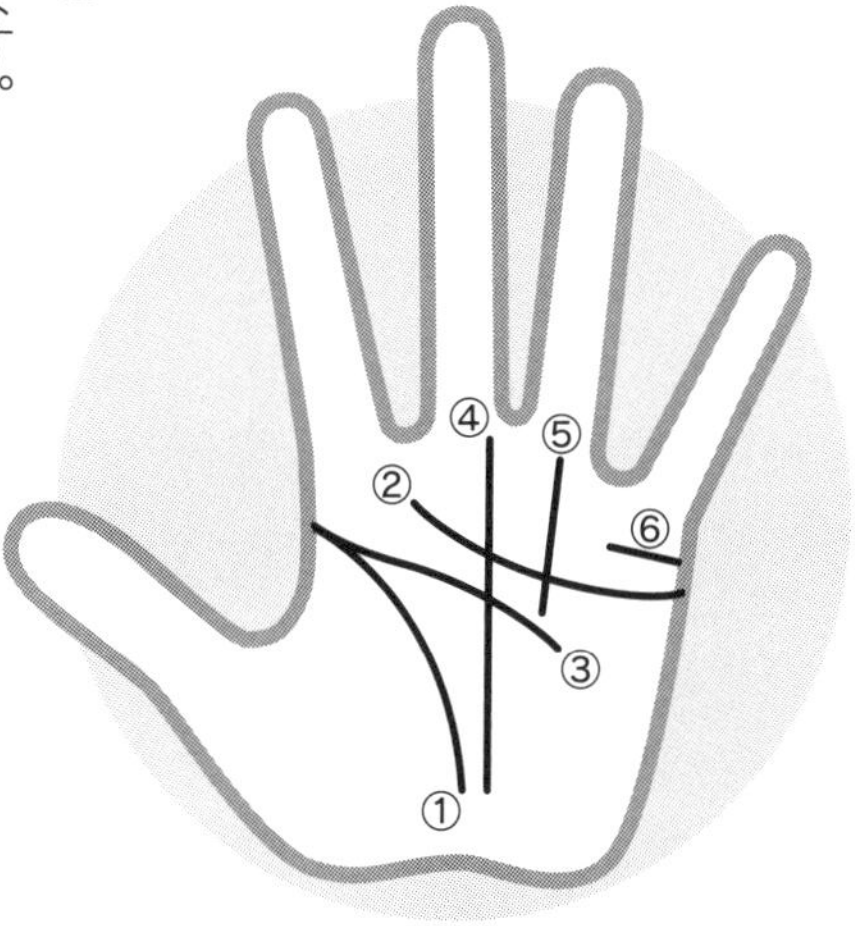

この本のスゴイところ ★ 著者による控えめな宣伝

☺この本には「100の手相線」が紹介してあります！
☺「もくじ」で、あなたと彼・彼女の手相をチェック！
☺気になったページから読んでください！
☺わずか2分で人の手相をみてあげられるようになります！
☺基本的な手相のみかたも紹介してあります！
☺なので〝玄人《くろうと》っぽい〟手相のみかたもできます！
☺人と会う前に読んでおくと良いことが起きます！
☺「手相をみてあげる」というと、みんな喜びます！
☺なので、美人やイケメンの手も握れます！
☺そのうえ「ありがとう」と感謝されます！
☺好きな人と手を握りながら、愛と人生を語れます！
☺今日初めて会う人とも、盛り上がれます！
☺人の性格的な傾向と対策がわかります！
☺全部読むと、確実に、運が開けます！

☆あなたとあの人の○○度がわかる手相3線

合コンで盛り上がれるエッチ線！

お酒の席で盛り上がるのに、欠かせないのが下ネタ。恥ずかしい話をすることで、親密度は急上昇しますよね。ふだん堅物《かたぶつ》そうにみえる人も、手相をきっかけにすると、スムーズにエッチな話ができるから不思議です。**隠れたエッチ度**もアッというまに見抜けますよ。

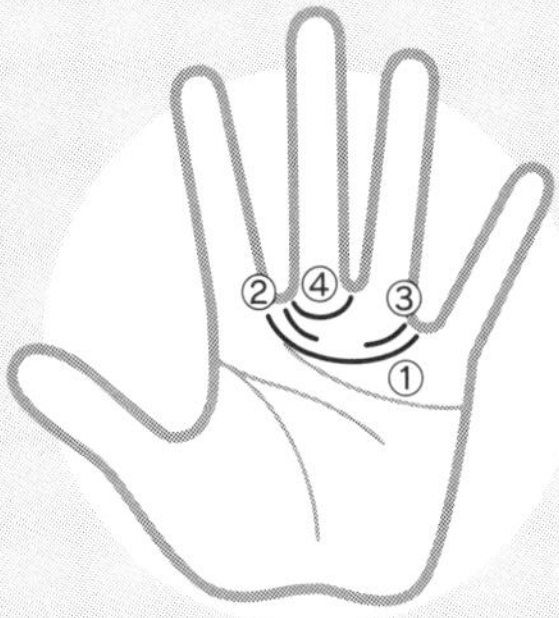

①エロ線
②エス線　③エム線
④アブノーマル線

浮気をされやすい度チェック！

頭脳線と生命線が重なれば重なるほど、依存度が高く、周りからふりまわされやすい傾向があります。この傾向が強いほど、相手はあなたに安心して、別のところで火遊びする危険性が高まりますのでご注意！

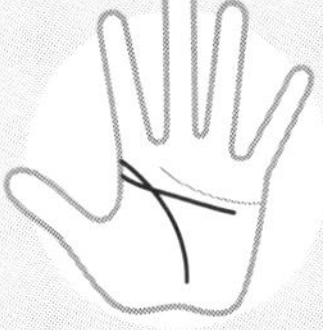

される度 80%

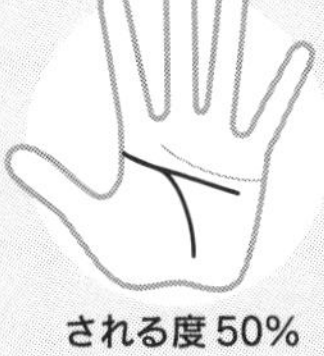

される度 50%

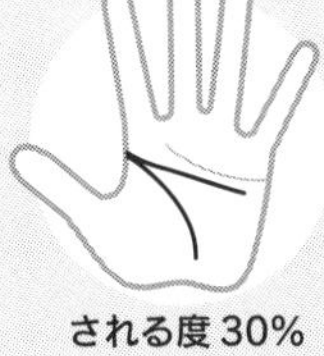

される度 30%

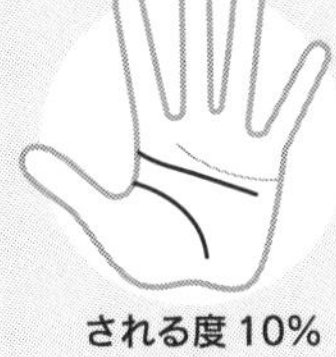

される度 10%

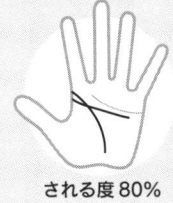

ダメンズ度チェック！

遊びの恋ならともかく、きちんと恋愛したい女性は、しっかりこの線をチェックしましょう！

★**「女にだらしない３線」①浮気線　②好きもの線　③ビア・ラシビア線**が揃ったら、女グセが最悪の可能性大！“いい男”かもしれないけど、泣かされそう。

★**「フラフラ３線」①夢見る乙女線　②浪費家線　③長つづきしま線**がある。地味な生き方を好まず、派手好きで、夢ばっかり語るタイプ。安定した収入や生活を望むなら、ちょっとこの男性は心配かも…！

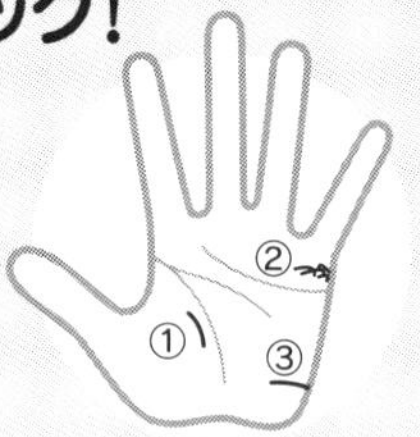

女にだらしない３線

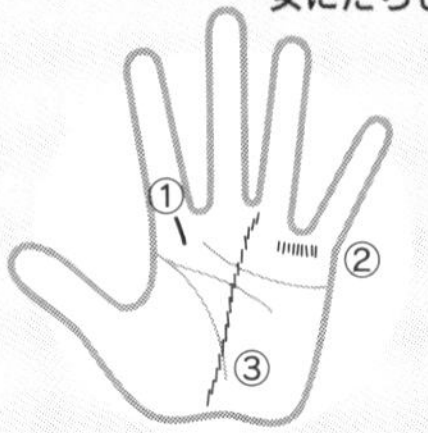

フラフラ３線

できる男度チェック！

仕事も遊びも家庭も精力的に楽しみ、そして収入にも恵まれる…こんな男がいたら、女性は放っておきませんよね。目の前のカレにその素質があるか、まずは手相を拝見！

①はっきり長い運命線＝自分の人生の目標が定まり、乱れることなく、突き進んでいける。

②しっかりした金運線＝お金に愛される人なので、収入も安定。

③ベンチャー線＝向上心があり、結婚後も、人生設計を任せられる。

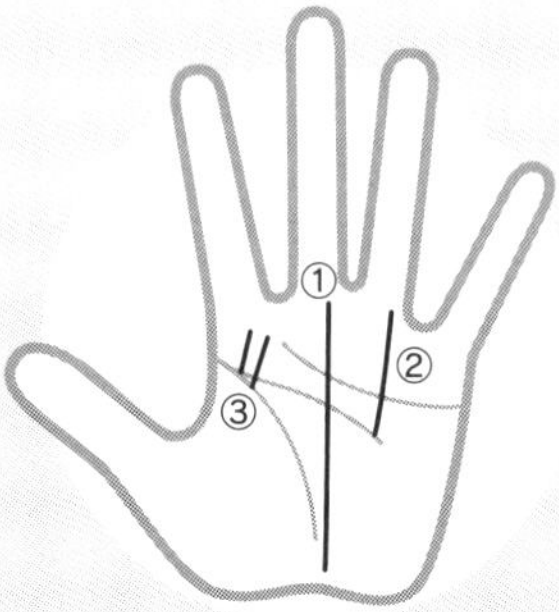

かかあ天下度（亭主関白度）チェック！

結婚前はとてもやさしく、男を立てるしおらしい女性だったとしても、結婚後は豹変《ひょうへん》して、亭主を尻に敷きだす可能性の高い人。

①KY線　②恋愛後回し線　③あやまりま線

この３つの線のうち、一つでもあればその傾向が。３つあればほぼ確定的！　自分の思いどおりにしたい、つべこべいわれたくないという思いをもっている人です。

※世の中には「女房の尻に敷かれたい」人もいるので、そんな人はこの線の人を選ぶべし！

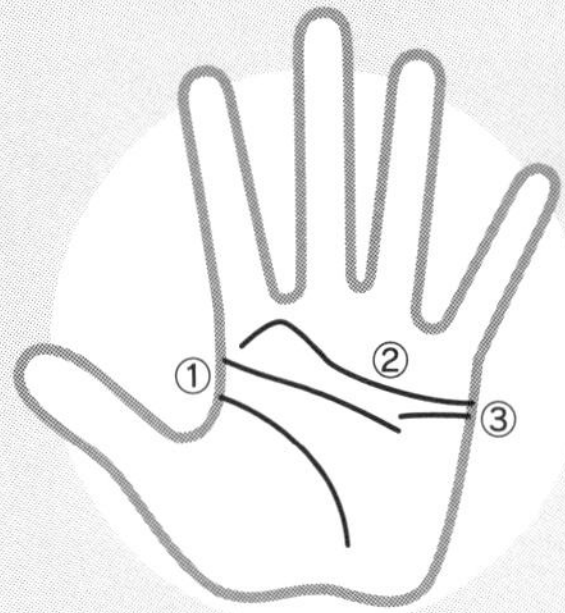

スーパービジネスマン度チェック！

説得力・交渉力があり、企画立案と書類作成能力に長《た》け、みんなから愛され、向上心にあふれた努力家…全国の社長さん、面接試験にきた人の手相がこうなら、即採用です！

①ベンチャー線＝向上心があり努力家なので、出世できる。

②アナウンサー線＝持ち前の話す能力、プレゼン能力がある。

③ライター線＝企画力、文書作成能力がバツグン。

④モテ線＝営業力がバツグン。

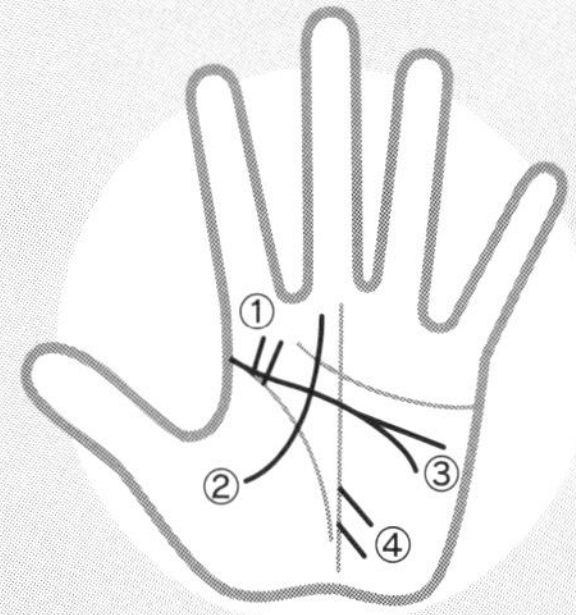

理想の上司度チェック！

この上司についていって本当に大丈夫なんだろうか？　社会人なら、だれもが抱く不安ですよね。そんな場合は手相をチェック！　仕事ができ、寛大《かんだい》な心をもち、ピンチにも強い、そんな上司とは？

①カリスマ線＝人望・魅力あり。

②生命線のカーブが大きい＝難局に動じず、バイタリティあり。

③お見通し線＝何かあっても問題解決能力がある。

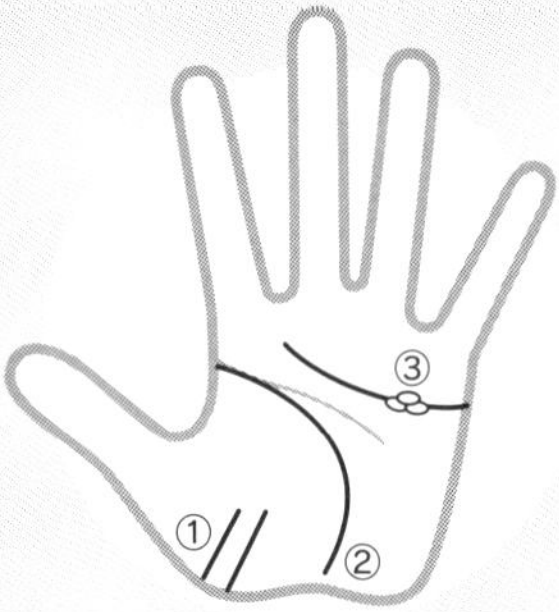

思わせぶりな女度チェック！

「こんな女は要注意！」という線です。このタイプの女性は、基本的にはさびしがり屋で、みんなからチヤホヤされたい人。なので、自分のことを好いてくれていそうな男性を、思わせぶりな態度でつなぎとめ、キープしようとします。マジメな男性ほどそのワナにかかりやすいので要注意ですよ。でもじっさい、放っておけないミョーな魅力があるんですよねぇ。

①よちよち幼児線　②不思議ちゃん線　③束縛線

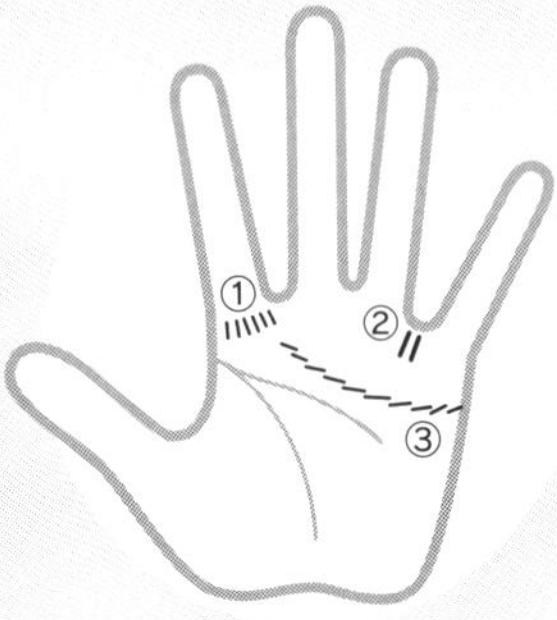

CHAPTER 1

恋愛の章

恋愛傾向がよくわかる感情線の占い方

感情線は、その人の恋愛傾向や恋に落ちる時間なども表します。

感情線の長さは、その人の気の長さを表わすので、長ければ長いほど気が長い人、短ければ短いほど気の短い人といえます。

☆

これは恋愛に落ちる時間とも比例します。

短い人ほど恋に落ちる時間が早く「熱しやすく、冷めやすい人」。

長い人ほど奥手な人で「なかなか人を好きにならないけど、好きになったら長つづきしやすい人」といえます。

感情線が人差し指と中指の間くらいまである人はバランスがとれており、恋愛でも友達でも、感情に波がなく、つき合いやすい人といえます。

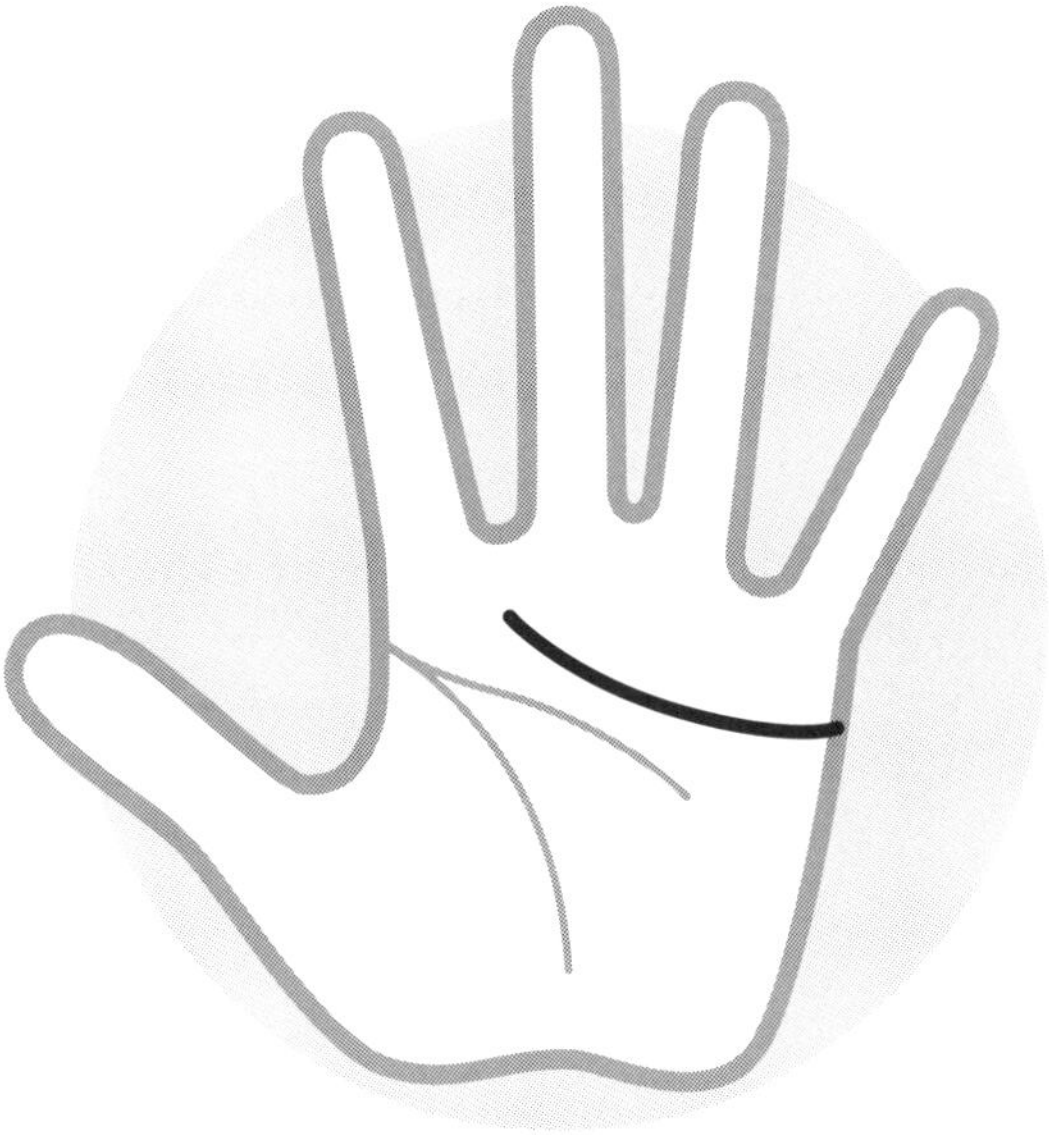

☆

また、感情線が上がれば上がるほど情熱的な傾向があり、人とのつき合い方も上手で、気配りができる人といえます。

下がれば下がるほど、冷静だったり、クールな傾向があります。ときに人と壁をつくってしまったり、周りから何を考えているかわからないと誤解されることも。どちらかというと、コミュニケーションに苦手意識をもっている人といえます。

感情線が上昇している人ほど情熱的な傾向が！
また、感情線が短い人ほどすぐに恋に落ちてしまいそう！

モテ線

運命線の下あたり、右斜め下に流れる線。
本数が多く、長く、太いほどモテ度もアップ！
人生のモテ期には、驚くほど
長くなることも。

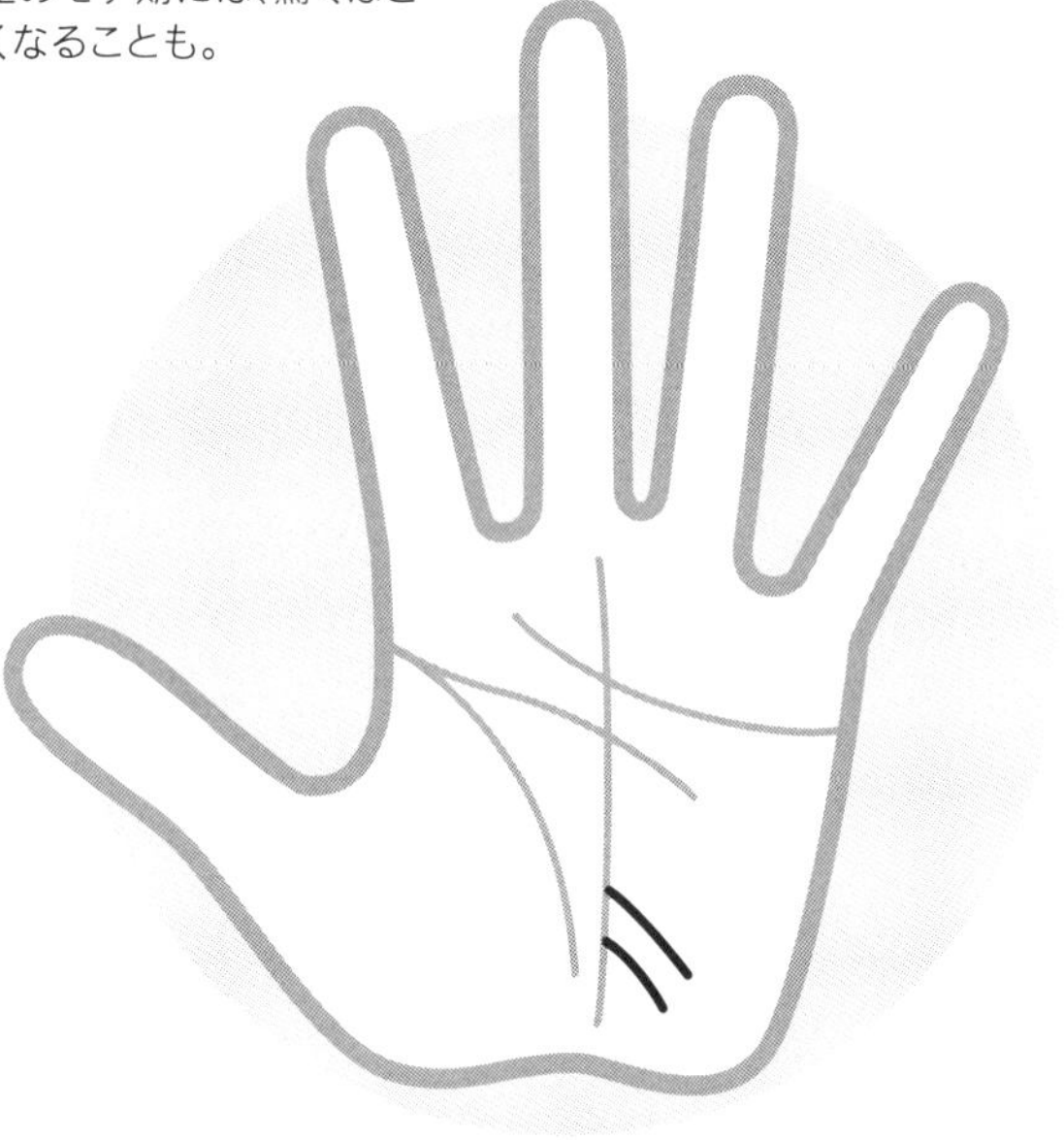

人生モテモテ！みんなの
アイドルは人づき合いの天才。

別名「**人気線**」ともいい、人気アイドルや№1キャバ嬢などには多くみられる線。**たくさんの異性を虜《とりこ》にする魅力あふれる人**で、ひじょうに楽しい恋愛ライフを送れます。

もし、恋人にこの線があったら、恋の誘いも多いので、多少の覚悟は必要です。

もちろん、同性からも好かれるので、**人と接する仕事が適職**。接客業や営業などの仕事に向いています。たくさんの人と接することで守られ、また、その魅力から上に引き上げてもらえます。

なので、もし「最近ツイテないなぁ」と思うときは、外にでて人に会うようにしましょう。運気がアップします。家に引きこもることが一番ダメ。ぜひ、あなたの素晴らしい魅力を外でガンガン振りまいてくださいね。

人と協力して何かをすることで、相手とともに成長できる人です。お互いの信頼が喜びを生み、大きな成果を残します。

一本長い線があった場合は、仕事で、ある人の多大な支持を受け、上昇できる相です（明瞭《めいりょう》な金運線を伴っている場合は、その傾向が決定的）。

●●● 注意！

人の気持ちがわかり、愛嬌もある。さらに、**天性のコミュニケーション能力に恵まれている**ので、どこにいてもチヤホヤされ、あらゆるところで恋のチャンスに恵まれます。

ただ、みんなにいい顔をしすぎて**「八方美人」**と思われる可能性も大きいので、思わせぶりな態度には要注意ですよ。

相手が一方的に燃え上がってしまい、あとで非難される…なんてハメになることも。

自分一人で決断できない傾向もみられます。

●●● さらにこんな人も！

モテ線が複数本の場合は、タレントや芸能界方面に向いていることを表わし、小さいころから周囲にもてはやされてきた人が多いようです。

今はこの線がない人も、**積極的に人と交わったり、オシャレに気を使ったりしているうちに現われてくる**ことがありますので「対人運気」のバロメーターとしても使えそうな線です。

ありがちな行動

- 😐人の考えや求めていることが感覚的にわかる。
- 😐面食いで恋人を外見で判断しがち。
- 😐「また今度」など、社交辞令が得意で、思わせぶりな態度をしがち。
- 😐メールで何の気なしにハートマークを入れてしまう。

エロ線

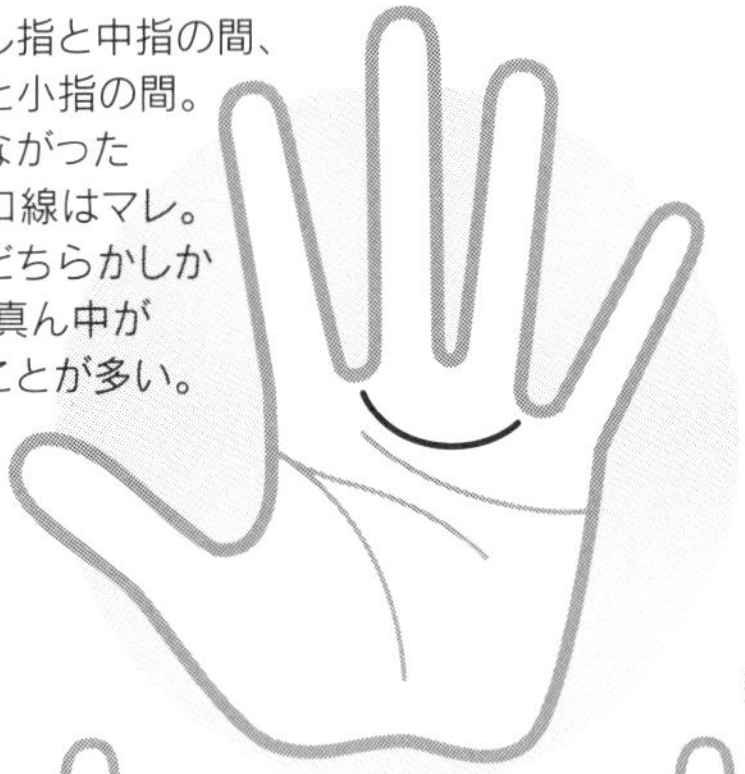

始点は人差し指と中指の間、
終点は薬指と小指の間。
キレイにつながった
半円状のエロ線はマレ。
始点か終点どちらかしか
なかったり、真ん中が
空いていることが多い。

数本ある人は
「おおエロ線」。

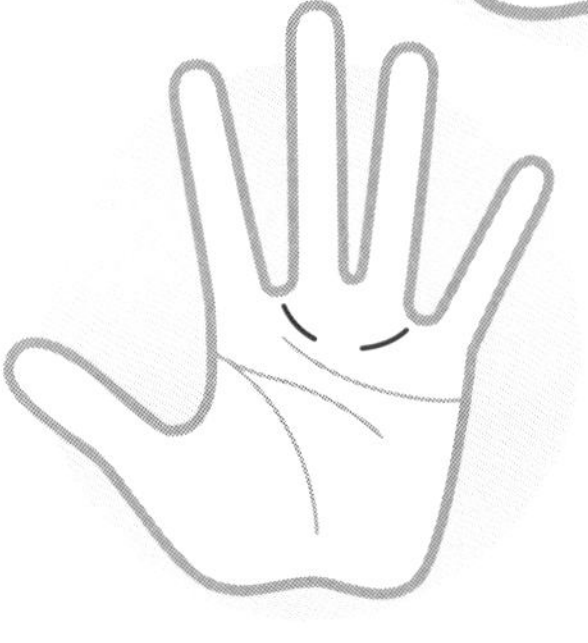

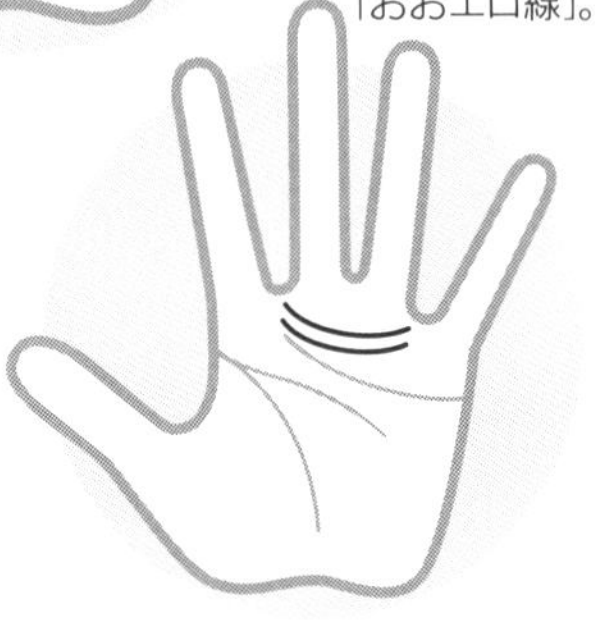

Hなことで頭が一杯?!
でもセンスと魅力は抜群!

　この線がある人は文字どおりドスケベな人。**「床《とこ》上手線」**ともいわれます。

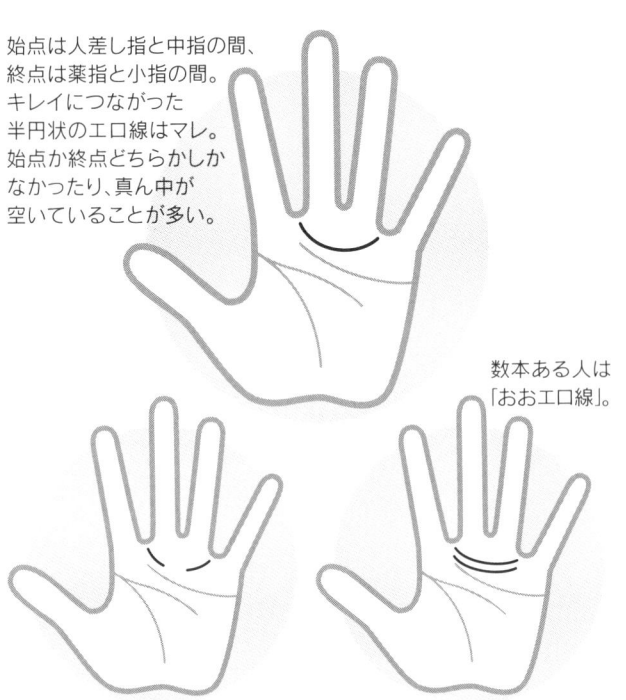

　2重3重になんてあったらもう「性の権化《ごんげ》」! 大江戸線ならぬ「おおエロ線」です。ぜひ、自分のエロさに自信をもってください!

　とはいうものの**「英雄色を好む」**なんて言葉のとおり、この線がある人は**大人物になる可能性も大**。歴史上の大人物には、この線の持ち主が多かったという話もあります。

　じっさい、今まで手相をみさせていただいた芸能人(音楽界、役者さん、お笑いなどなど)の方たちでも「大御所《おおごしょ》」とよばれる方たちには、みなさん、ハッキリしたエロ線がでていました。なかには

2重3重にある人も、多数いらっしゃいました。

ちなみに「エロの伝道師」といわれるイジリー岡田さんには、この線がまったくなくツルツルでした。ムリしてエロキャラを演じていたのですね（笑）。

さらにこんな魅力も！

エロ線がある人は、セクシーな魅力があったり、不思議な色気があったりして、**独特な魅力で人を惹《ひ》きつける力があります。**

また、美的センスに恵まれた方も多いようですよ。**デザイナーなど、芸術面を仕事にすると力を発揮します。**

じっさい、ボクがみたミュージシャンやファッションデザイナー、メイクアップアーティストさんには、ほとんどこの線がありました。美容師さんにも多いです。

ふだんは、紳士・淑女っぽく振る舞っている人でも、この線があったら「ムッツリ」かも?! ぜひ、みんなで見比べてみては？

意外な人が、ホントは一番エッチ（っていうか「ドスケベ」）かもしれませんよ。隠れた本性を暴きましょう！

さらにこんな人も！

★感受性が強い。
★色彩感覚がすぐれている。
★とってもオシャレ。
★センスがいい。

裏ヂエ！

女性に面とむかって「エロい」なんていうと怒りだしてしまいそうですが、手相をみながら「エロ線あるね」というと、なぜか、喜んでくれます。なかには、自分の性体験を赤裸々《せきらら》に語りだす人もいたり…。

キャバクラや合コンでは、ぜひこの線をみながら盛り上がってくださいね。

エス線

エロ線の始点（人差し指と中指の間）
のほうが長いか、濃い人。
極端に長いとか強いとか、
数本ある人は「ドエス」。

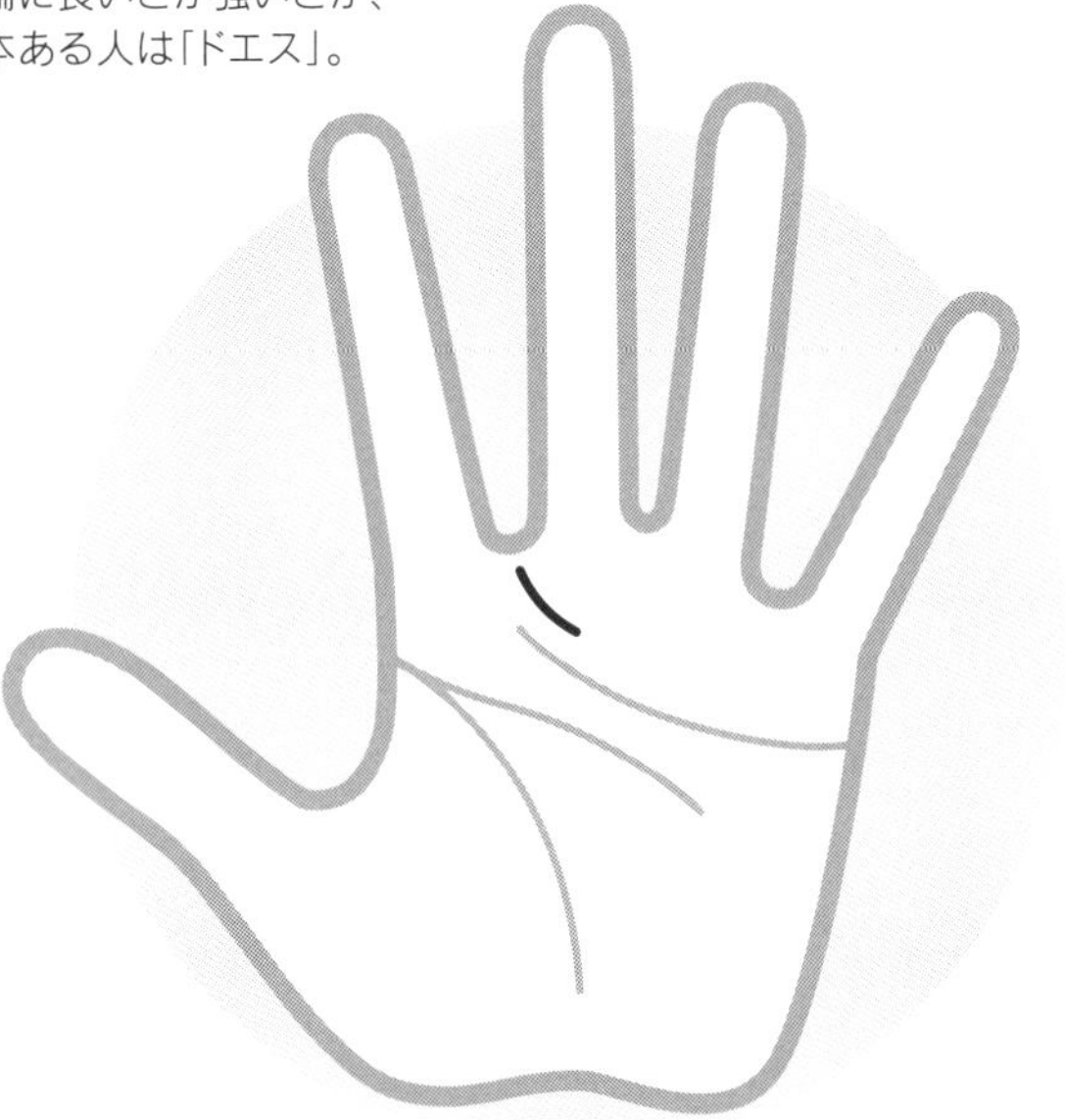

私にひざまずいて…理想は何でも自分の思い通り?!

その性癖もさることながら、恋愛でも人間関係でも、**自分が相手をひっぱっていきたい人**。ただし、少し打たれ弱いのが難点です。

ありがちな行動

😐相手を支配し、自分の監視下におきたがる。「今日誰と会ったの」「何時に帰ってくるの」などとやかましい。

😐人事にやたらと熱心。

😐友人や恋人の人間関係がひじょうに気になる。

😐ほめられて伸びるけど、お世辞やおだてには敏感。

😐突っ込まれるとヘロヘロになる。

エム線

エロ線の終点（薬指と小指の間）のほうが長いか、濃い人。
極端に長いとか強いとか、数本ある人は「ドエム」。

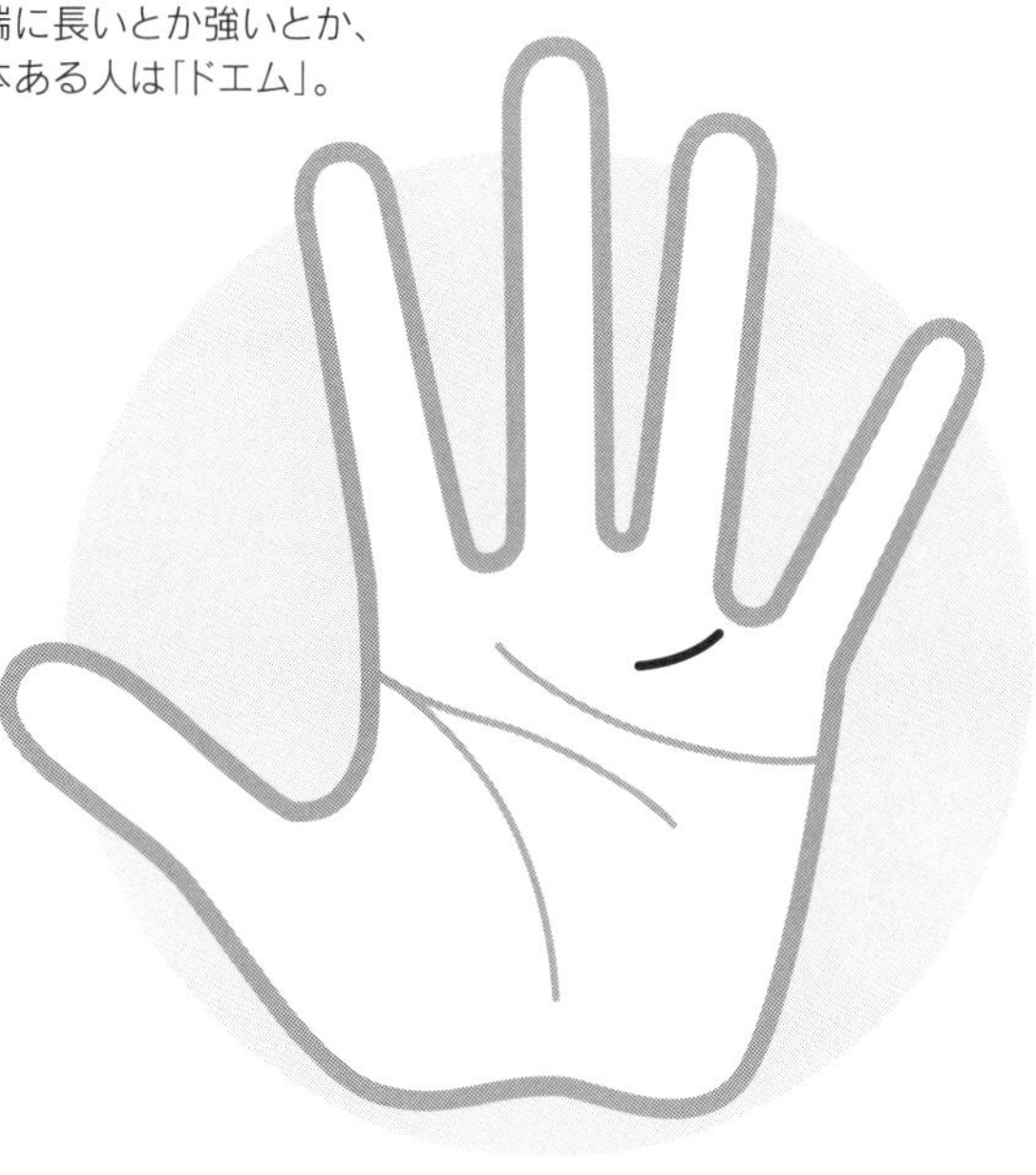

我慢や束縛も嫌いじゃない？「私をぶって！」（笑）。

「エス線」とは逆で、誰かにひっぱっていってほしい、受け身な人です。
　打たれたり、責められたりすると「ツライ」なんていいながら、意外と苦にしてなかったり、「あぁ忙しい、大変だ」なんてボヤキながら、「でも、こんな自分が好き」なんて**自分に浸《ひた》ってしまいがちな陶酔《とうすい》タイプ**。相手に尽くすこと、そして「何かをしてあげてる自分」が好きな人です。

ありがちな行動

好きな子が風邪をひいたりすると、プリンだ、ゼリーだ、精力ドリンクだと、しこたま買いこんで届けてしまうような人。そのくせ、彼女のアパートの呼び鈴をピンポンできず、玄関のドアノブに買い物袋をひっかけて帰ってきてしまうような男性は、まちがいなく、典型的な「エム線人」。

このほか――

😐「おまえ」っていわれると、ドキッとしてなんだかうれしい。

😐恋人ができると、急につき合いが悪くなる。

😐彼氏ができたりすると、お弁当をつくりたがる。

😐バレンタインには手づくりチョコをつくりたがる。

😐ひと昔前なら「アッシー」とか「メッシー」とか都合よく扱われる存在。

😐相手を待つ時間もデートの一部とウキウキする。

「エス線」と「エム線」の人の攻略法と相性

●●●「エム線人」を攻略する裏ワザ！

職場でも、部下をガンガン叱《しか》って、「あの人、女王様タイプだよね」なんて評判の女性上司の手相に「エム線」がくっきりでていた、なんていうのはよくある話。

そんなときには、「○○さん、そんなにムリしなくていいんですよ」などと囁《ささや》いてあげましょう。そのやさしい言葉にクラッときてメロメロになってしまいます。

また、ガンガン口やかましい男性上司には、「うるせえな。わかってるよ」なんて口答えしてあげるのも効果的。

このほか——

😐**彼女の頭をポンポンとたたきながら話す。**

😐**ちょっと〝上から目線〟でものをいう。たとえば「今日、泊まっていけば…」ではなく、「今日、帰るなよ。ってか、お前、うちにずっといればいいじゃん」みたいな断定的な言い方にクラッときます。**

😐**彼に対しては、たとえば「迎えにきてほしいんだけど…」と控えめにいうより、「ちょっと、迎えにきてよ」と強い口調でいうべき。彼は「もう、しょうがないなぁ」なんていいながら、うれしくてたまらない顔をするはずです。**

●●● 相性バッチリの人は？

「エス線」と「エム線」の人は相性バツグン！

合コンにいった場合などは、相手の顔をみる前に、エム線があるか否かをチェックしてみましょう。

さきほど紹介した「エロ線」は「床上手線」ともいわれますが、「エス線」しかない人でも「エム線」の人と出会えれば、**二人合わせて「床上手」なカップル**になれます。

手相も需要と供給なのです。

同じ「エス線」同士では、ぶつかり合うことも覚悟しないといけません。

本人に「エス」あるいは「エム」の自覚がなくても、この線で隠された本性がわかるので、ぜひカップルで見比べてみてくださいね！

恋愛でも、仕事でも、相手がエムかエスかを知ったうえで、言葉のかけ方なんかを考えるといいですよ。**本性を知って相手が望んでいること、いってほしいことをしてあげれば、二人の関係性がラクになる**かもしれません。

エスとエムでは、エム線の持ち主のほうが多いようですが、人生はツライことのほうが多いわけですから、バランスがとれているのかもしれませんね。

アブノーマル線

普段も夜も変わりもの?! たくさんのこだわりも!

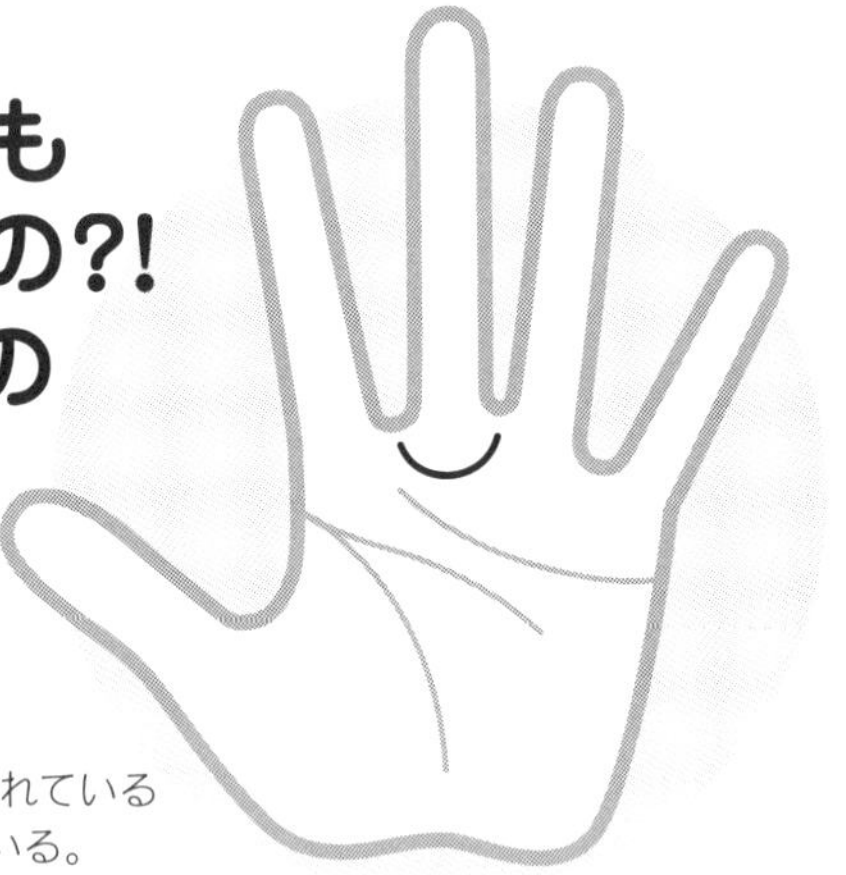

中指の下にできる
半円状の線。一部が切れている
人や、V型に近い人もいる。

この線がある人は、少し変わった性癖の持ち主で、**変態ちゃんかも?!** 独特のこだわりをもった人にも現われます。

芸能人に多くみられるのも特徴で、ある人気バラエティ番組の出演者は、全員にこの線があったとか?! 売れているタレントさんは、やはり常人とは変わった感性・考え方の持ち主なのかもしれませんね。

ひじょうに個性的で、**独自の世界観を築ける才能がある**ので、それを活かし、芸術方面に進むと、道が開けるかもしれません。

人とちがった観点をもち、その世界にのめり込むので研究者向きであるともいえます。

恋愛も、邪魔が入るなど**障害があるほど燃えたり、夜の生活でも、ちょっと変わったことを、本心では望んでいる傾向が**…。

なので、もし恋人にこの線があるなら、ふつうのプレイでは満ち足りてない可能性も大。急に「ねぇ、セーラー服着てみない」なんていわれることを覚悟しておいたほうがいいかもしれませんね。

- **恋愛に刺激を求める。**
- **集中力があり、こだわり屋さん。**
- **好奇心や知的欲求が強く、深くまで入り込みたい。**

束縛線

イライラしがち?! 趣味は携帯ののぞき見です(笑)。

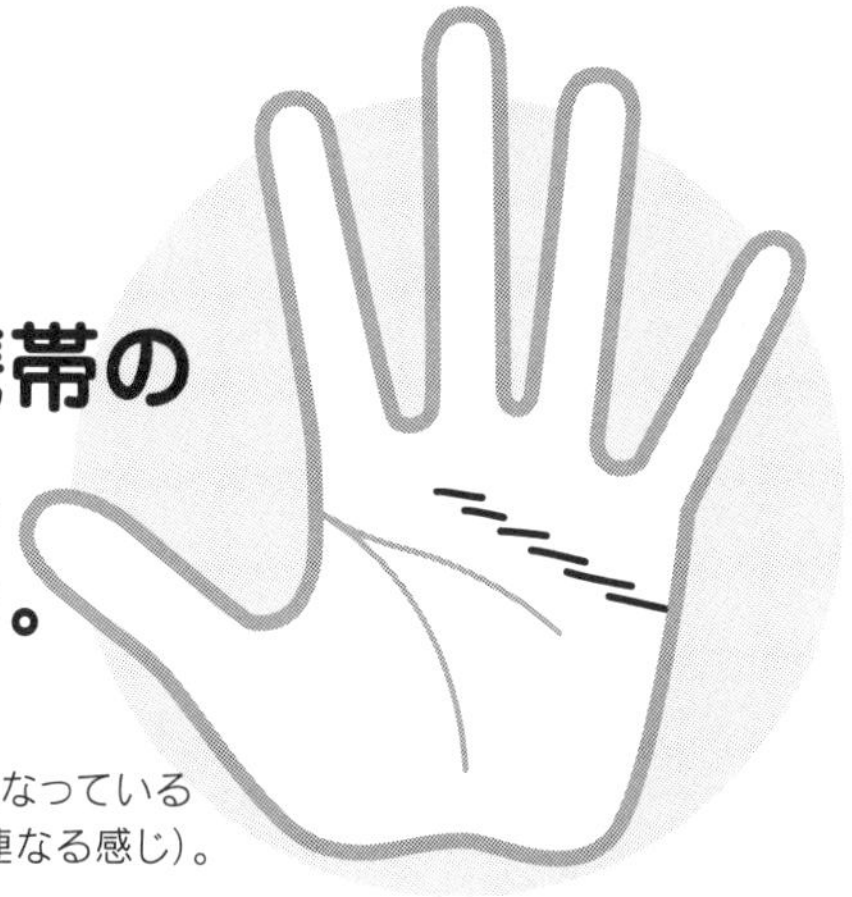

感情線が切れ切れになっている(短い線が重なって連なる感じ)。

個性的で魅力があるためモテますが、異性の好みも変わりやすい気分屋です。毎回つき合う人のタイプがちがい、友達から驚かれることも。

イライラが多く、感情が表にでるタイプです。交友関係でも、相手を束縛《そくばく》しがち。

情熱的な恋をし、**好きになると相手のすべてを独占したくなります。**心配性で、恋人と離れていると、しつこく電話をかけるタイプかも。

彼がお風呂に入っている間や寝ている間に携帯をみてしまっていませんか?

間違っても「携帯のなかの女の名前、全部消して!」なんていったらダメですよ(笑)。

男性も、「オレ以外の前でミニスカートをはくな!」「さっきオレの友達に色目使ってたろ?」なんて(笑)。

もっと相手を尊重して、余裕をもってドーンと構えていてくださいね。

- **好きすぎて、パートナーに思わず噛《か》みついてしまう。**
- **つき合う相手によって、服装や趣味や聴く音楽が変わる。**
- **携帯の電池が一つ減るとイライラしだす。**
- **メールアドレスを頻繁《ひんぱん》に変える。**

夢見る乙女線

人差し指の下に斜めにでている線。
一本だと、常に理想を高く掲げている。
線が長く複数あれば、さらに
理想が高く、自分に合う人を
求めつづける。

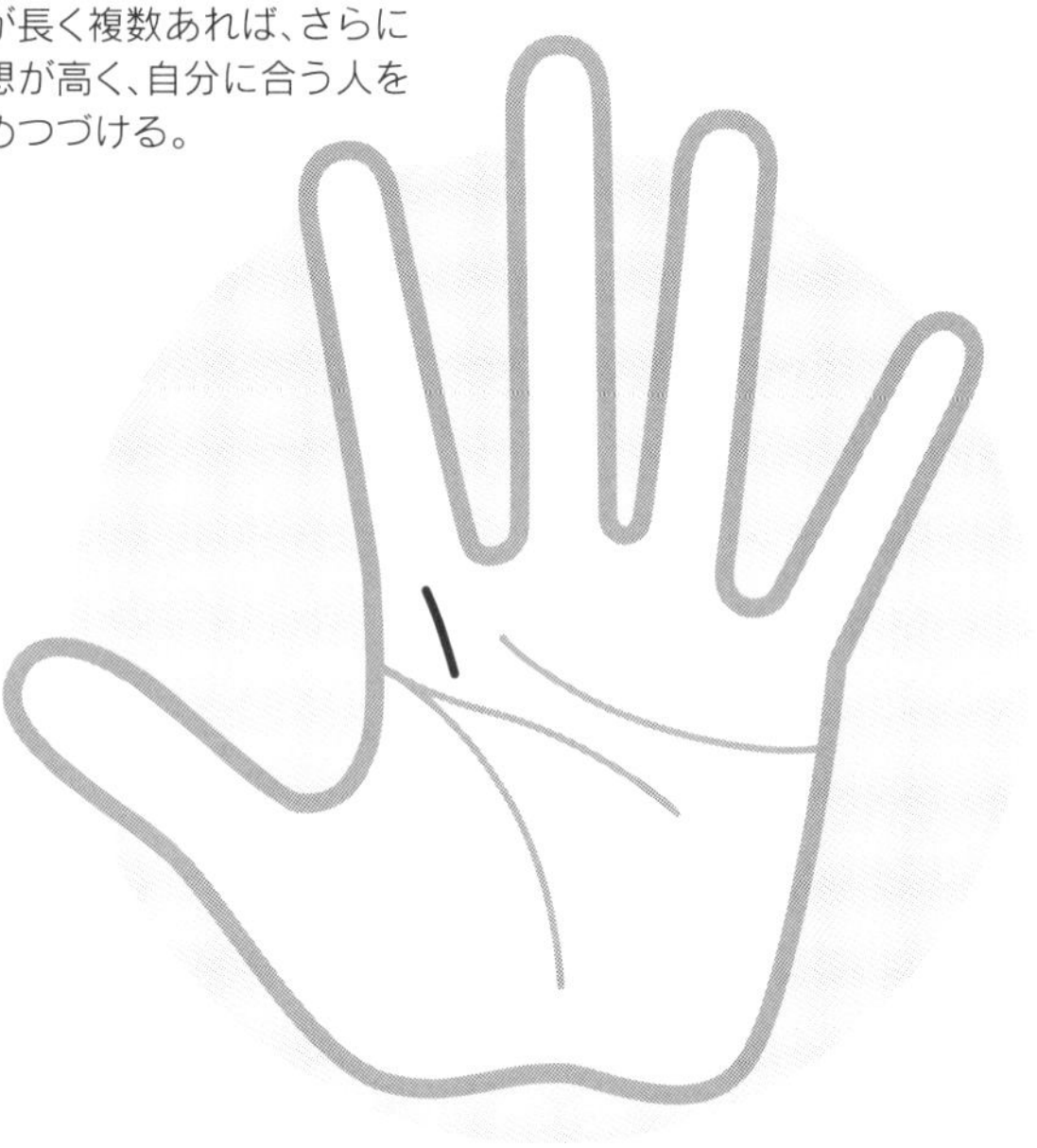

現実を直視しない…でも
そのオメデタさが魅力！

異性に対する理想が高く、現実から目をそむけがちな人です。**「自分には、いつか白馬の王子様が迎えにきてくれる」**なんていう夢見がちな人にでる線。

女性の場合、キムタクさんが結婚したときに本気で「ショック！」といったり、代官山を歩きながら「山ピーに会ったらどうしよう…」とマジで考えたり。コンサートやライブでは、目があったとか、私に手を振ってくれたとかいう困ったちゃん。でも、もともとあなたにチャンスはないですよ（笑）。

二次元の恋に走り、現実から目をそむけがちなので、たとえ結婚しても、韓流《ハンりゅう》スターやイケメン演歌歌手を追って空港まで行っちゃうかも。

攻略法！

このタイプは理想を大事にするので、彼女の前では間違ってもオナラなどして幻滅《げんめつ》させないこと。

デートでは、夜景のキレイなレストランでムーディに。お姫様扱いで「私、特別な人かも」と思いつき勘違《かんちが》いさせてあげましょう。

傾向とウラ対策！

アイドルのタマゴたちは、高い確率でこの相でした。

お酒が入ったりすると、すぐに夢を語りだすのも特徴。

でも、「そりゃムリ、夢だよ夢」なんてツッコミを入れちゃダメ。

ここは辛抱《しんぼう》強く、「そうだね、キミならできるよ。ボクも応援するからね」とノセてあげましょう。**合コンで、もっともお持ち帰りしやすいタイプかも(笑)。**

世間をよく知らないティーンなどにも多く見られます。

ありがちな行動〈女性〉

😐携帯のアドレスに Dream とか Believeとか Loveとか顔文字なんかを入れがち。

😐携帯の待ち受けがディズニー。ストラップが携帯より大きい。

😐ペットに必要以上に洋服を着せたがる。

このほか――
😐運転中のハンドルさばき、男の腕の血管、ネクタイを外すしぐさなどにトキメク。
★男性の場合――
😐理想のタイプは、『タッチ』の南ちゃん、あるいは、『エヴァンゲリオン』の綾波レイちゃん。

😐メールでハートが入ると、好きなのかな？とトキメク。

😐体を触られると、好きなのかな？と思う。

😐キャバ嬢からの営業メールに、好きなのかな？とマジで思う。

😐好きなタイプを聞かれて、ふつうに「加藤あい」と答えるのではなく、「映画『海猿』のあのシーンの加藤あい」などと、迷惑な答え方をする。

よちよち幼児線

人差し指の下に、短いシワのような（溝のような）線が、多数並ぶ。

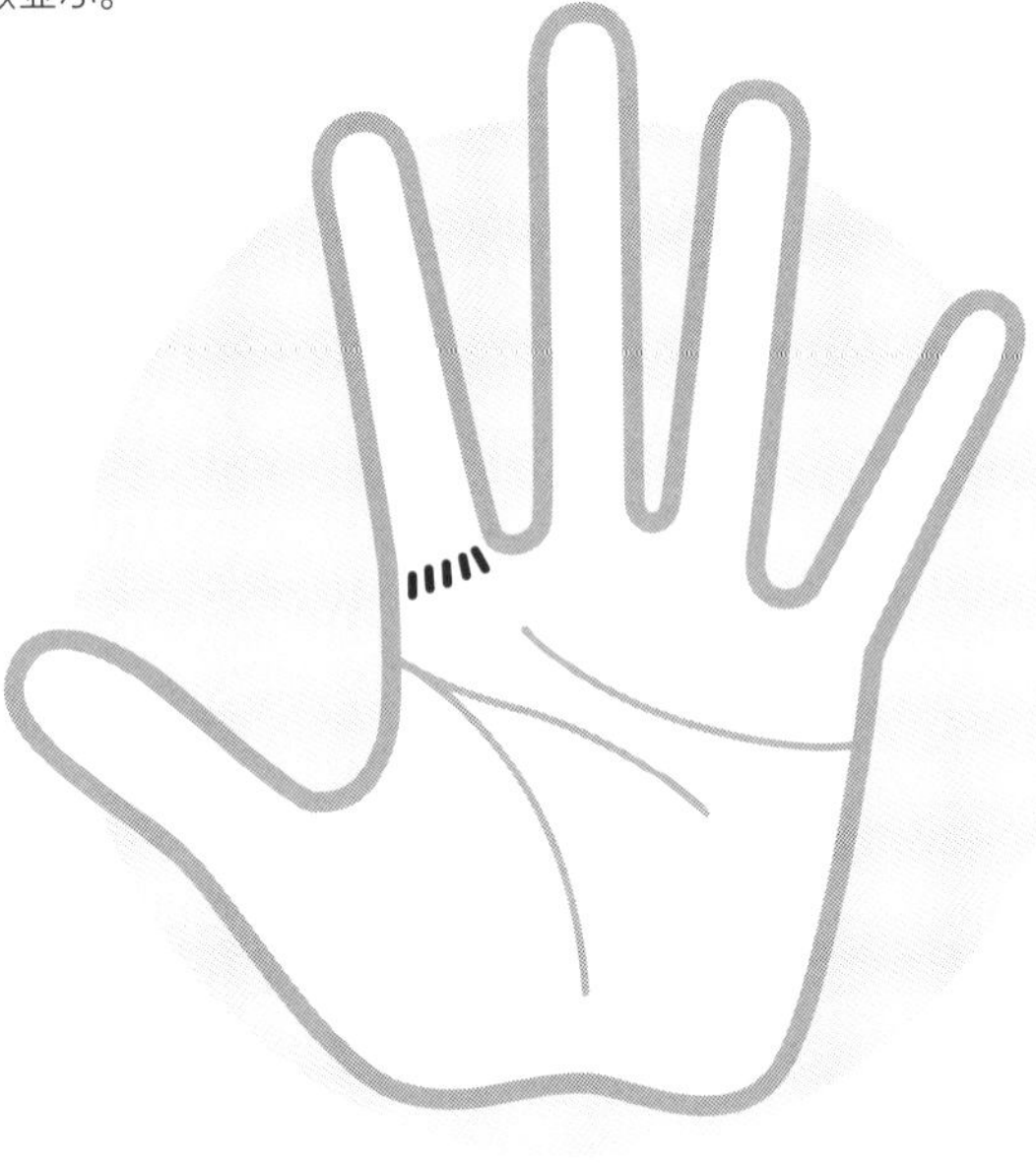

いつまでたっても甘え上手なお子ちゃまかも?!

いつまでたっても大人になりきれない、子供っぽい甘えん坊タイプです。

少女のような天真爛漫《らんまん》さ、少年のような無邪気さがあり、いつまでもわかわかしいので、**異性にもよくモテます。**

ふだんは言動もしっかりとした大人なのですが、**彼女や奥さんの前だと急に赤ちゃん言葉**になってしまう一面も。

「今日会社でいやなことがあったでちゅ」「頑張ったから、頭ナデナデしてくだちゃい」なんて（笑）。

●●● **チェック!**

自己制御ができず、ついつい余計なことをいってしまったりする

ことも。

自分に甘いところがあるので、いやなことは後回しにしてしまう傾向もあります。

女性の場合は、テーブルの上にお菓子が食べかけのままになっていたり、脱いだ洋服がベッドの上に何枚も重ねて置きっぱなし、なんてことにはなっていませんか？

いわゆる「片づけられない女」も、この線の持ち主に多そうです。「今つきあっている彼女にこの線があるけど、部屋はきれいだよ」と思った彼氏！　クローゼットのなかをみてください！　大洪水しかねない洋服たちがムリヤリ詰め込まれてますよ（笑）。

男性の場合は、結婚すると奥さんに「あれやって、これやって」と指図《さしず》し、いっけん亭主関白っぽかったりもしますが、じつは、ただの甘えん坊か、面倒くさがり屋。

家のなかのどこに何があるか全然わからず、奥さんなしでは何もできない人です。

ありがちな行動

😐「期間限定」や「限定発売」という言葉に弱い。

😐コンビニでレジ脇にある商品をつい買ってしまう。

😐まだみてない人に映画やドラマの結末を、しゃべってしまう。

😐自由奔放《ほんぽう》だが、孤独だとダメになる。

このほか――

😐『24』や『プリズンブレイク』などの海外連続ドラマを見始めると、止めどころがわからなくなり、次の日が早くてもずっと見続けて寝不足に。

😐飲んだ帰り、彼を家に連れてきたのに玄関前で待たせ、台所にあるカップラーメンの空容器や、グチャグチャの洋服を急いで片づける。

😐風呂場の排水口に髪の毛がごっそりたまっている。

😐玄関のマットを1年以上洗っていない。

KY線

頭脳線と生命線の起点が離れている。
5㎜以上離れていれば、
より強い傾向が。

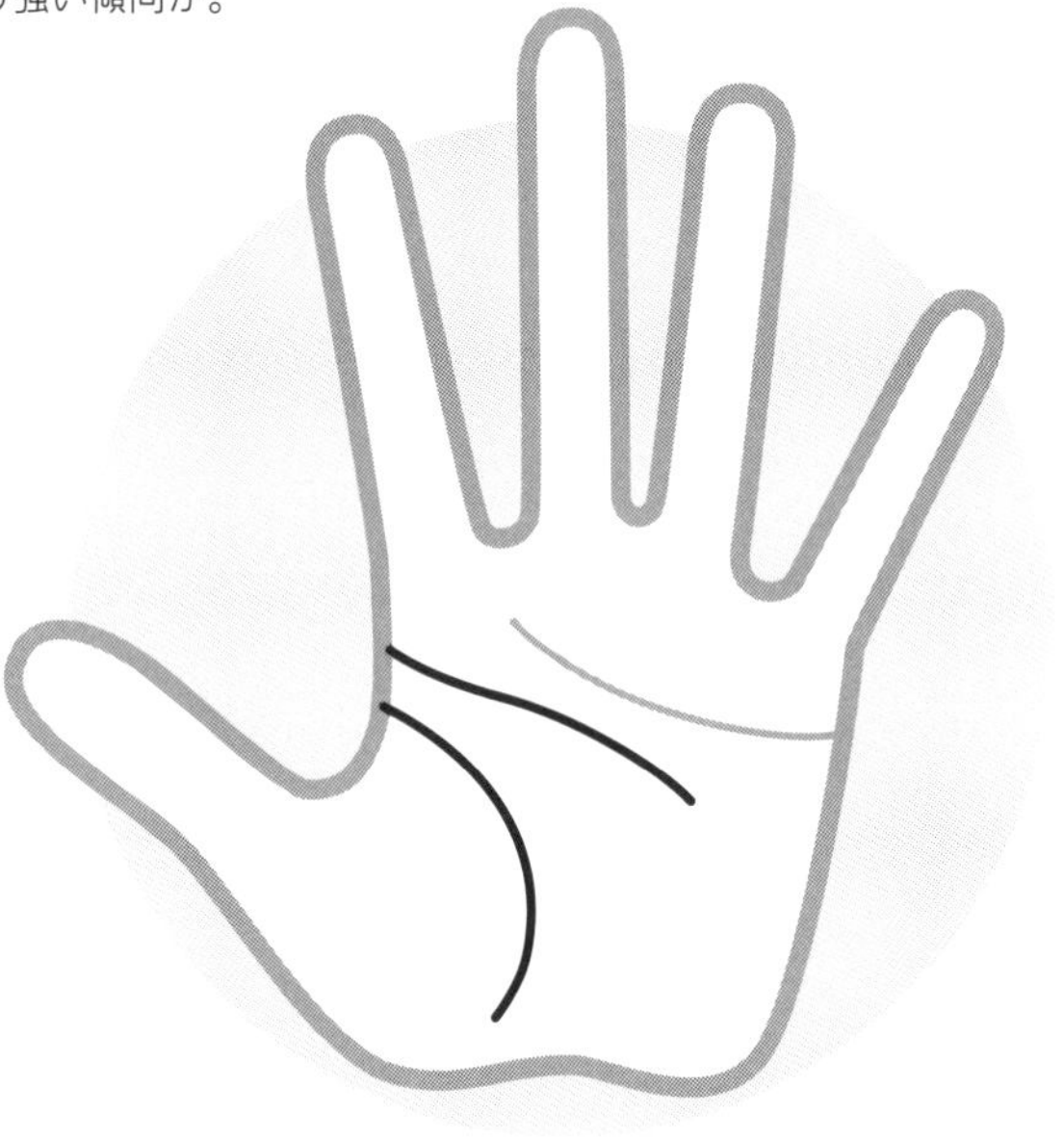

自由気まま?!まさに ゴーイングマイウェイ!

マイペースな人です。**我《が》が強く、人の意見に合わせず、自分の意見を通すタイプ。**

自分が認めた人以外の話は聞けないようなところがあります。

デスクワークより**人と接する派手な仕事を好み、平凡を嫌う傾向**があります。

芸能界ではモデルさんにこのKY線が多く、ボクがみたモデルさんは、ほぼ全員、この相でした。

また、テレビのディレクターや本の編集者など、クリエイティブな仕事をする人にもこの相は一定割合いるのですが、みなさん「いい仕事」をされるようです。相手の都合を優先するのではなく、「こうすべき」と理想に突き進むので、いい結果がでるのです。

●●● チェック！

女性の場合は、家庭にじっとしていることができない人が多く、専業主婦になりづらいという傾向があります。

結婚相手には、女性が家庭以外の社会で活躍することに理解を示してくれる男性を選んだほうがいいかも。

●●● 傾向とウラ対策！

この手相の人は、**プライドが高く、繊細《せんさい》な神経の持ち主である反面、周囲に認めてもらえていないというジレンマをもっています。**

なので、その傷ついた自尊心や葛藤《かっとう》をくすぐってあげるといいかもしれません。

「〇〇さんて、本当に才能のある人ですよね。みんなをグングンひっぱってくれて。なのに、さりげなく、周りに気配りもできて…」なんて、本当は空気が読めていることを強調してあげましょう。

単純に「ほめ言葉に弱い」というのも、このタイプの特徴です。ミエミエのお世辞でも、100パーセント真に受けて喜んでくれます。

ありがちな行動

😐口論になると、ついつい言いすぎてしまう。

😐「おまえ」といわれると「名前あるんだけど！」とイラっとする。

😐「今日、飲みに行かない？」と遠慮がちに誘うのではなく、「さっ、飲みに行くぞ。早く帰り支度をしろ」と、有無をいわさない。

😐洋服などで「どっちがいいと思う？」と聞くわりに、「こっちかなぁ」と答えると、「え～ッ！こっち？」と不満な顔をする。

あやまりま線

ザ・女王様。私がいちばん偉いのよ！

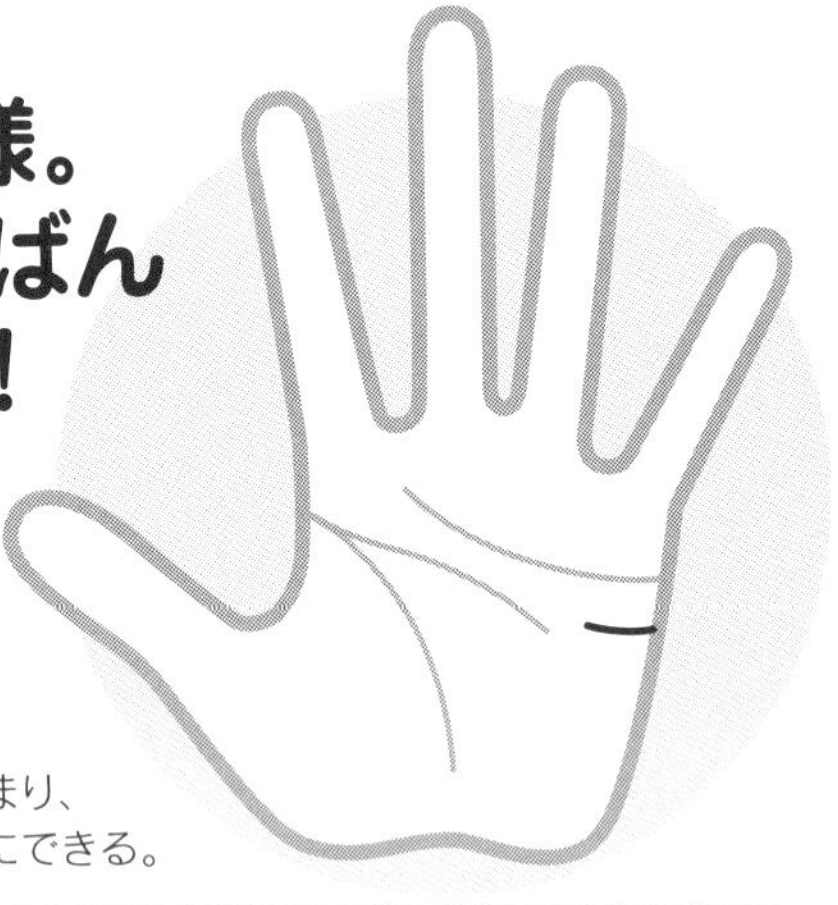

感情線の下に走る線。
小指下の外側から始まり、
感情線と頭脳線の間にできる。

マイペースで、人に「あーだ、こーだ」いわれるのが、とにかく嫌い。**少しわがままで自己中心的、型にはめられたくありません。**

尊敬できない人、納得できないことには、反抗的な態度をとることも多々あります。

注意！

少し理想が高く、周りの人にもそれを求めてしまいがち。

人に注意するときにも**「ザ・正論」**なので、相手の逃げ道をふさいでやりこめぬよう、気をつけてくださいね。

「ハラを割り、本音をぶつけてこそ人はわかり合える！」が持論なので、ときには朝まで討論する覚悟も必要です。（でも、この人に対して本音で話すのは容易ではないのですが…）。

そこまでの関係になれば、**情が厚く、面倒見がいい人**なので、ディープなつき合いができます。

- **口癖は「別に……」。**
- **会話の途中、相手を黙らせてしまう**（黙らせていることに当人は気づかない）。
- **それでいて「なんで黙っているの」と怒りだす。**
- **人の欠点はよく気がつくが、自分の欠点には気づかない。**

不思議ちゃん線

周りを自然になごます“天然系”癒しの天才！

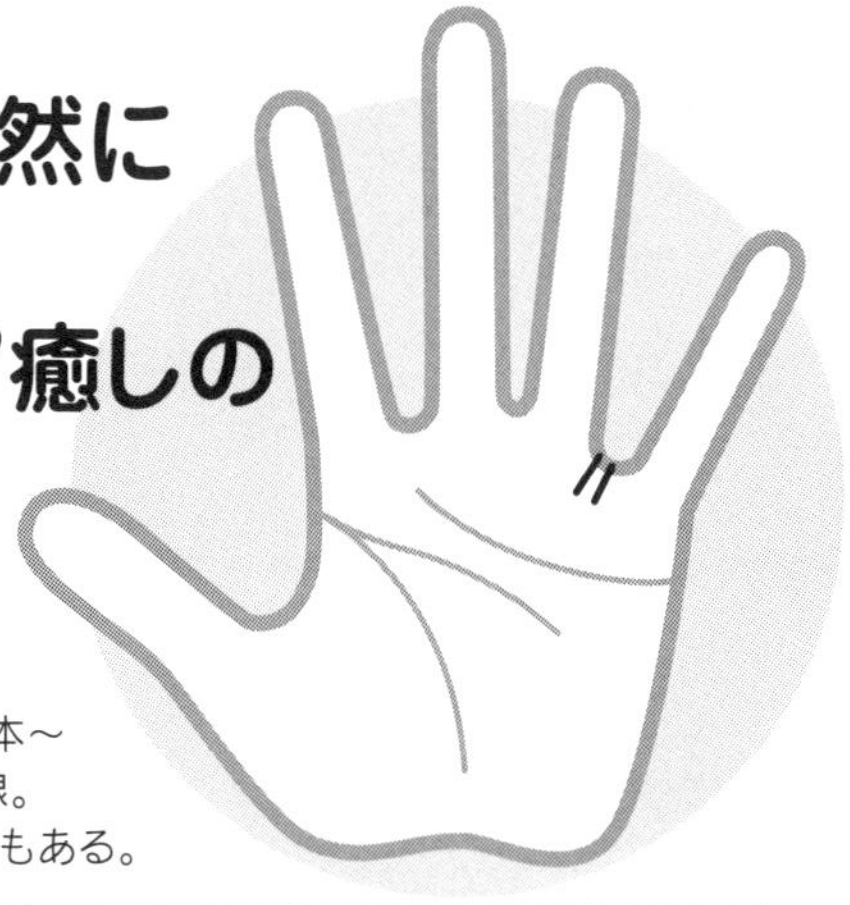

薬指と小指の間に1本〜数本、短く縦に入る線。薬指の下に入る場合もある。

この人といるとホッとしたり、気持ちがラクになったりという**癒《いや》し系**。疲れたときや、落ち込んだときには、必要不可欠な、**オアシス的存在**です。

見た目もポワ〜としていることが多く、「ゆるゆる系」の天然素材という印象。

いっぽうで、いつもワクワクしていたいので、**落ち着きがなく、衝動的な行動がみられることも**。

このため周りをふりまわしがちで、その意味では〃小悪魔的〃な人かも。

このタイプの人を束縛《そくばく》しようとしたり、締《し》めつけたりすると、魅力が半減してしまうので、やさしく見守ってあげてくださいね。

- **小動物をみて、必要以上に「かわいい〜〜〜!!」という。**
- **飲み会などで「私の高校の同級生に似てる」とか、「知り合いの弟の○○に似てる」とか返事に困ることをいう。**
- **写真に写るときは、いつも同じ顔だったり、みんなで「変顔《へんがお》」で写ろうといったのに一人「決め顔」で裏切る。**
- **自分のことを「えりかはぁ…」とか名前で呼ぶ。**
- **メール打ちが異様に速い。**
- **ケンタッキーチキンを、ものすごくキレイに食べる。**

浮気線

飽きっぽく一人じゃ満足できない困ったちゃん?!

生命線の内側（親指の根元側）に平行してできる1〜2㎝の短い線。

別名「情愛線」とも**「一人じゃ満足できま線」**ともいい、つき合っている人がいても、つい浮気心を抱いてしまいがちな人にできる線です。

恋愛に意欲的で、性欲も強い傾向があるので、**火遊びに走る可能性も大！**

「彼が浮気をしてるかも…」なんて疑いをもったときは、この線をみてみましょう。線が強くでていたら、彼に今、浮気心が芽生《めば》えているかも。監視強化です。

また、もしも自分の手にこの線をみつけたときは、どこかにフラフラっと飛んでいかないよう、しっかり自分を抑《おさ》えてくださいね。

お笑い芸人、ミュージシャンの方などには、本当に多くみられました（笑）。

- **髪形をすぐ変える。**
- **安売り店に行っても、必要じゃないものまで買うため、結果、お金を使いすぎる。**
- **ムード作りが上手。**
- **話題が豊富でどんな話にも合わせられる。**
- **沖縄名物「ちんすこう」の文字をみるとビクッとする。**
- **お金を借りる時やおろす時は、一万円ではなく二万円。**
- **ペンやライターをしょっちゅう無くす。**

ビア・ラシビア線

フワフワと雲のよう！3人でも満足できないツワ者?!

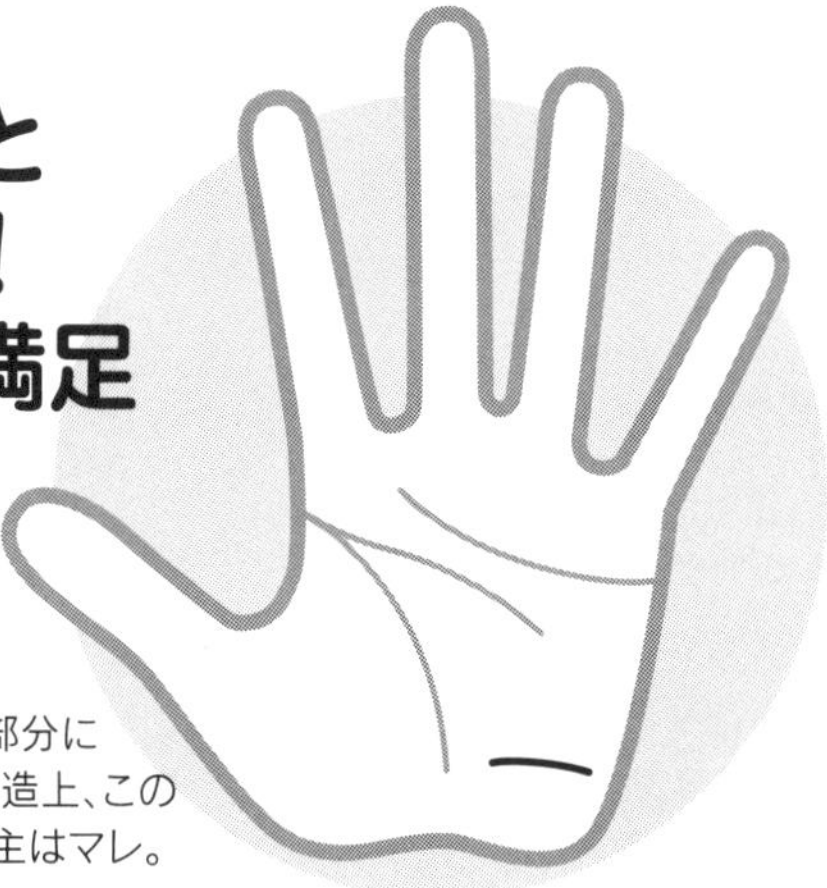

小指側の手首に近い部分に横に伸びる線。手の構造上、この線はできづらく、持ち主はマレ。

別名**「3人でも満足できま線」**というパワーあふれる存在。

束縛や決まり事が大嫌い。とにかく**自由でいたいと願う人ですが、その反面、退屈しやすいので、常に夢中になれるものや、刺激を与えてくれる仲間を強く欲します。**

興味がコロコロ移る傾向は恋愛相手に対しても同様で、3人でも満足できない相。

知的好奇心を刺激してくれる異性にひかれます。

また、自分勝手なクセに、異性にはよくモテます。

どこかにすぐ行ってしまいそうな危うさがあるので、放っておけなくなるのです。

●●● 傾向とウラ対策！

束縛を嫌うので、「今日、何時に帰るの？」なんて聞いても「えっ？そんなことわかるワケないじゃん！」と取りつく島もなし。

ひな鳥をみつめる親鳥のような大きな心でつき合わないと、うまくいきませんよ。

😐予定をコロコロ変える。

😐旅行に行くときも無計画。

😐恋人に何週間も電話しなくても平気。そのうえ「電話してよ」なんていわれると、イラッとしちゃう。

勝ち気線

負けず嫌い！自分をアピールできる積極派!!

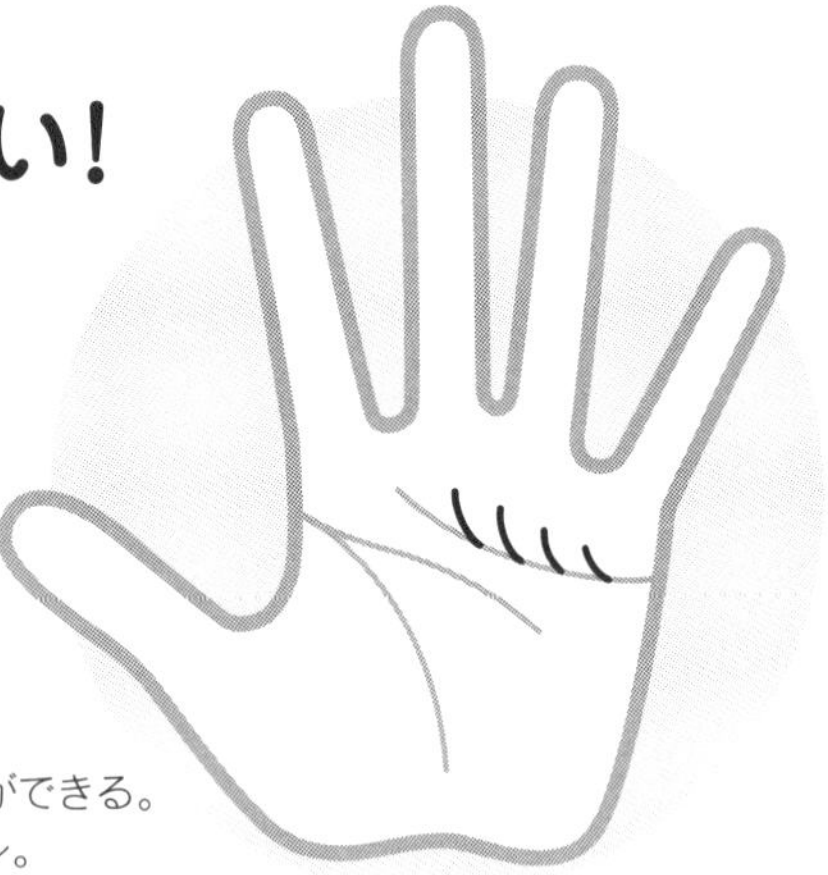

感情線の上側に端線ができる。この線がある人はマレ。

積極的に自分を押し出していけるタイプです。**明るく開放的な性格は、同性だけでなく、異性を惹《ひ》きつけます。**とにかく負けず嫌いなので、恋愛でも、ライバルが出現すると、俄《が》然《ぜん》、燃えてしまいます。

注意！

この線の持ち主は、内面は繊細なのに、「プライドが高く自信家」とか「自己主張が強い」という誤解をうけがちです。

負けず嫌いで向こう気の強い性格がウラ目にでると、わがままで意固地《いこじ》になったり、それが元で破壊や混乱を巻き起こすことにもなりかねないので、ご注意を！

攻略法！

この線がある人を落としたい場合には、「最近告白されてるんだよね」などと、モテていることをアピールして別の異性の影をちらつかせると効果的かも。

　また、意中の人にこの線があった場合には、ジラシ作戦も効果的です。メールの返事をわざと2～3日返さなかったり、しばらく電話をしなかったりして、相手を心配させると、燃え上がってくるかもしれませんよ。

ストーカー線

嫌なことが忘れられない！クヨクヨ心配症の人。

感情線の下側に端線ができる。勝ち気線とは性格傾向も対照的で、多くの人にみられる。

恋愛でも、「勝ち気線」の人はライバル出現に燃えるのに、このストーカー線の人は「あの人はモテるから、私にはムリ…」と、引いてしまうところがあります。

相手に対して気を使うタイプですが、あれこれ細かいことに神経を使い、苦労を一人で背負っていませんか？

●●● 傾向とウラ対策！

少し消極的で、**慢性的な人間不信、デリケートで傷つきやすいという傾向**もみられます。

失恋や仕事の失敗も引きずりがちで、切り替えベタ。でも、いつまでもそこに留まっていてはソンですよ。前を向いて新たな道を進んでくださいね！

周りの人はこの人に対し、不安を抱かせないような配慮も必要です。メールの返事などはこまめに、即レスを心がけましょう。

- 😐**フラれた相手が忘れられず、無言電話をしてしまう。**
- 😐**好きな人の名前を入力して、パソコン検索したりする。**
- 😐**上司や先輩から「頑張れよ」といわれると、「私、頑張ってないんだ…」と、いらない深読みをして、勝手に落ち込む。**
- 😐**趣味は「反省」。**

二丁目線

思いやり十分！もしかしたら同性もイケる？

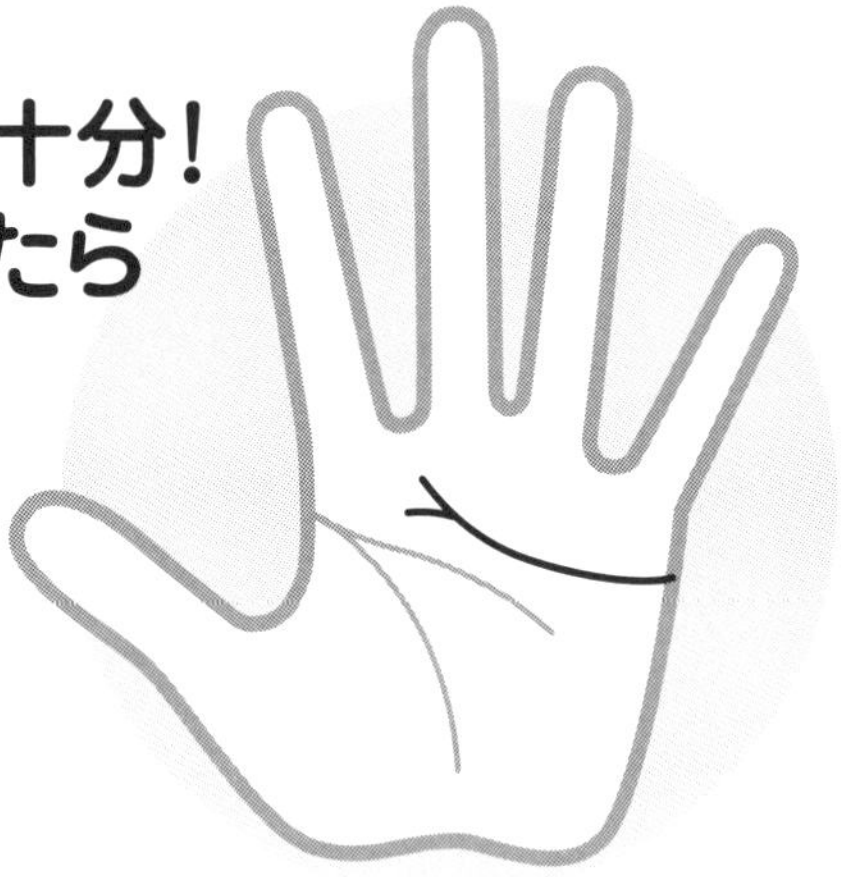

感情線の先が二股に分かれている。

なぜか、同性愛者の方に多い線ですが、もちろん、このような線があるからといって、必ずしも同性愛に走るわけではありません。

でも、ボクがみた二丁目方面の方にはほぼあったという線です。

自覚はなくても、もしかしたら、その可能性があなたのなかに眠っているかも?!

●●● こんな魅力も！

この線は別名「**思いやり線**」ともいい、**相手の立場で物事を考えられる方にできる相**です。

相手を楽しませたり、さりげない気配りができるので、**恋のチャンスも多い**はずです。

そういえば、二丁目の方は、ひじょうに気づかいが上手で、あれこれ細かいところにまで目が行き届く方ばかりですよね。

その意味では、恋人にこの線があったらラッキー！

でも、人一倍やさしいからこそ、心に深い傷を負うと、同性に走ってしまうこともあるのかもしれませんね?!

- 😐 **パートナーシップにすぐれ、スキンシップ大好き。**
- 😐 **信頼関係を大切にすることで精神的に安定する。**
- 😐 **信頼されると、とことん尽くす。**

あげまん線

結婚したい人No.1!周りの運気も上げる女神様！

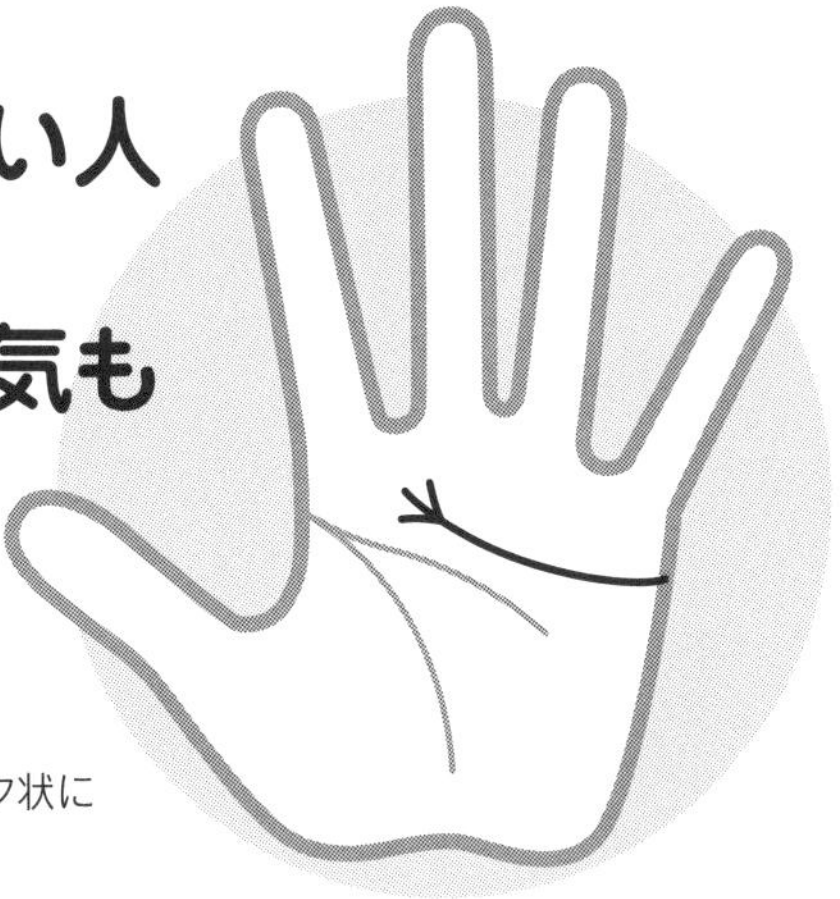

感情線の先がフォーク状に三股に分かれる線。

パートナーの気持ちをしっかり支えることで、**相手の隠れた才能や魅力、実力をどんどん引きだすことができる人**です。

また、周りの人の運気をも上げてしまいます。

男性からみたら、これ以上の女性はいないでしょう。

見た目も魅力的で、多くの人に親しみをもたれる穏やかな人柄です。

めったにお目にかかれない相ですが、**この線をもつ女性と出会ったら、即プロポーズを！**　いっしょにいるだけで運気をあげてくれる、まさに**幸運の女神**です。

ちなみに、タレントのスザンヌさんにはこの線がありました。

●●● こんな魅力も！

いっぽう、**男性にある場合は**「あげちん線」。

もし、今の彼にこの線があったら、絶対に手放してはダメですよ。すぐ婚姻届にハンを押してもらってください。

恋愛だけでなく、仕事でも力を発揮します。

会社にこの人がいたら業績は上がるし、テレビ界では番組にこの人が出演したらヒットする。というワケで、みなさん、この線の人を必死に探し歩いてください。

トラウマ線

①感情線の入り口、小指の下あたりから感情線が
鎖状にできている。
②あるいは、感情線上に島が
いくつかできている。
お見通し線と
似ているが違う。

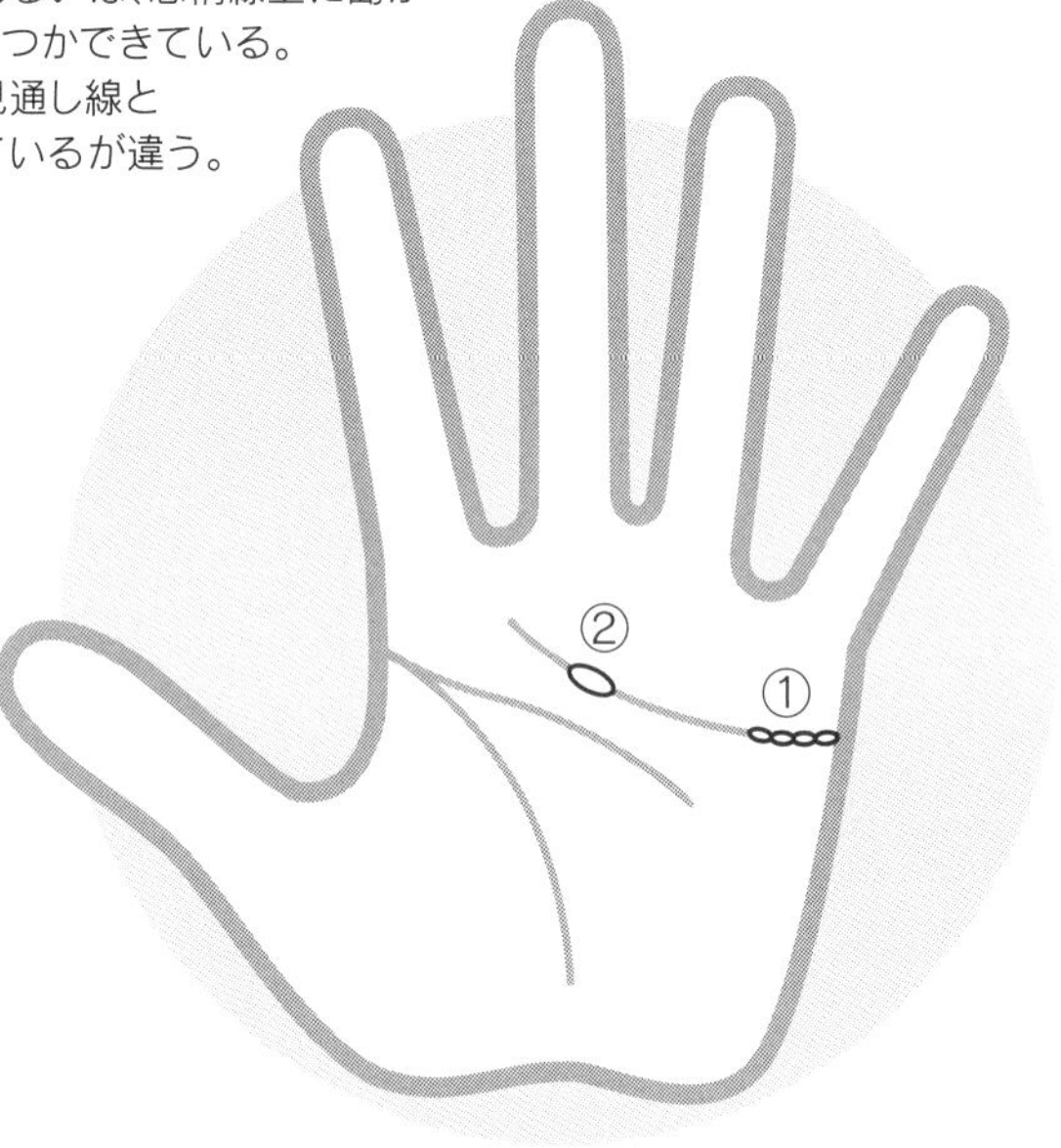

好きになるのが怖い？
本気になれぬナイーブさん。

過去に起きたつらい経験を、うまく解消できていない人にできる線です。

もちろん、恋愛の傷が癒《い》えていない人にもできます。

ただし、失恋の傷が癒えたり、苦しみを乗り越えると、島は消えてきます。

●●● 傾向！

このタイプの人の愛情表現は、ひじょうに積極的な人と、完全に内にしまいこむ人の、両極端に分かれる傾向があります。

「嫌われたくない」という気持ちが強すぎるため、うまい距離感がつかめないのです。

積極派の人は、相手の都合を考

えず一方的になったり、異常なくらいの媚《こ》び方をする人も少なくありません。

いっぽう、消極派の人は、自分の意思をきちんと伝えられなかったり、妙に冷めてみえるところがあります。

でも、ずーっと過去にとらわれているのはソンですよ。積極的に外にでたり、新しいことをはじめて気分を変えてみませんか。

攻略法！

このタイプの人は、けっこうモテます。影のある雰囲気にひかれるのか、「私があなたの心の傷を癒してあげる！」と、放っておけなくなるのです。

でも、このタイプの人に、強引に迫ってはダメ。時間をかけてゆっくり、優しく、閉ざした心を開いてあげましょう。

ありがちな行動

😐衝動買いをする。

😐周りがみえなくなる。

😐好きな洋服は、黒、紺、グレーと基本的に地味。

😐毎回、買ってきた服を周りから「そういうのもってるじゃん」といわれる。

😐寝る前に目覚まし時計をしっかりセットしたのに、やっぱり不安になりもう一回目覚ましを確認する。

このほか――

😐メールを打つときに、この文章はどうとかこうとか…あれこれ考えて、けっきょく送らない。

😐笑ってごまかす。

😐電車ですいていてもドアの前に寄り掛かって立つ傾向も。

😐心理ゲームをだされると、直感で即答しなきゃいけないのに、じっくり考え込んでしまう。

😐カラオケでマイクをもつとき、上のほうまでマイクを包むようにもつ。

😐テレビ番組『はじめてのおつかい』の大ファン。

😐ガムの捨て頃がわからず、味がないのにずっと噛《か》んでる。

😐mixiではマイミクをふやすことに情熱を燃やす。

未練タラタラ線

過去を引きずり、なかなか前に踏み出せない?

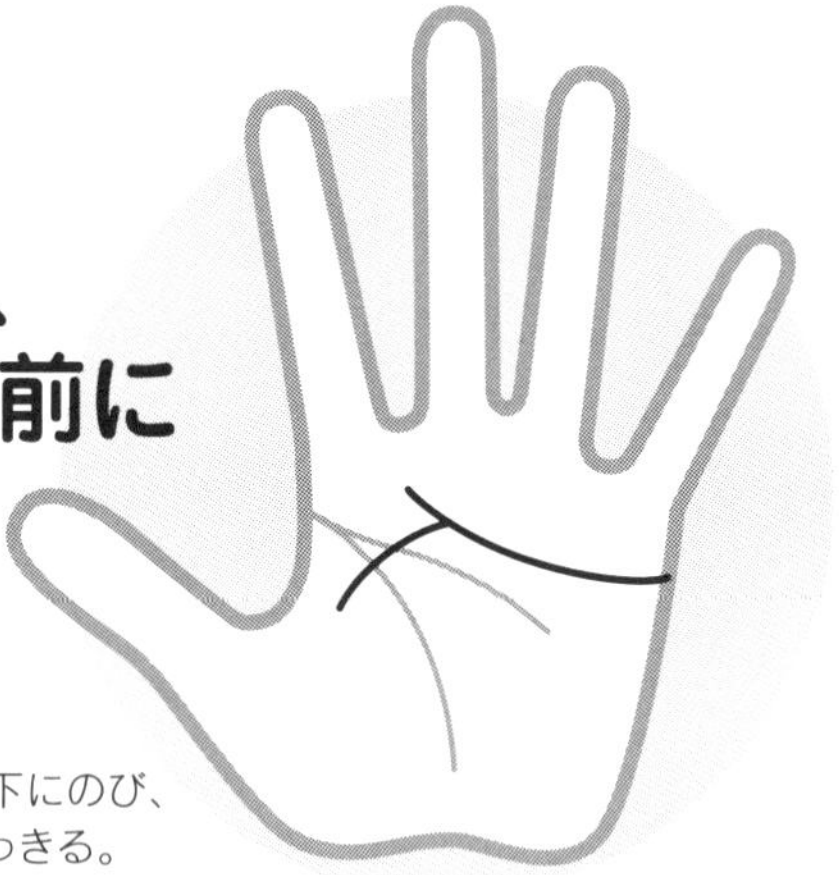

感情線から長い線が下にのび、頭脳線と生命線を突っきる。

別れた恋人をいつまでも忘れられない人です。

ステキな相手の思い出を胸に生きること自体は悪くないのですが、その度合いが人より大きすぎるようです。

結婚している人にもよくある相です。ひょっとして、「生活の安定を狙って結婚したけど、まだ昔のカレを愛してる」なんて、ドラマを地でいくようなタイプかも。

「新たな恋もしなくちゃ」と、心ではわかっているのに、基本的に悲観的なので、**近場で、次の恋を探す傾向**も。社内恋愛などで「間に合わせの恋」をすることもありますが、長つづきしません。

「前の恋人は私を成長させてくれた。ありがとう」と、きっぱり区切りをつけて、次の一歩を踏みだしましょう。

●●● チェック!

- 😐**朝のテレビの占いで一日憂鬱《ゆううつ》に。**
- 😐**携帯電話が目の届く位置にないとパニックになる。**
- 😐**ちょっと携帯に着信がないと、すぐにメールセンターに問い合わせる。携帯電話依存?**
- 😐**居酒屋では、おしぼりや箸袋などをいじって手元が忙しい。**
- 😐**人の話は基本的に右から左。**

ガラスのハート線

すぐに心を閉ざしがち?!「みんな優しくして!」。

感情線が鎖状にできている。

女性に多い相です。**鎖状の線は、繊細さと神経質さの表われで、みずから心を閉ざしてしまう傾向が。**ちょっと強い言葉をいわれただけで傷ついてしまうことも。

いっぽうで、「その食べ方ダメ」とか「言い方がイヤ」などとNG項目も、やたらと多いタイプ。

●●● 注意!

「こうあってほしい」という理想と期待の意識が高いのに、心のキャパシティが広くないため、マイナス面があると、すぐに心のシャッターを閉めてしまいます。なので、恋のチャンスも逃しがち。

異性に対して少し広い心をもったり、寛容さを示すと、恋をつかみやすくなりますよ。

やさしい言葉、甘い誘惑に弱いので、悪い男にコロっとダマされないよう、ご注意ください。

- **☺ファッション誌を毎号買う。**
- **☺流行の服を着ないと不安。**
- **☺友達と出かける前日に「明日何着ていく?」と本当は聞きたいのだけど、ストレートに聞けないので「雨が降ったら何着ようかなぁ」などと微妙な独り言で確認する。**
- **☺遠足の日には、目覚ましが鳴る前に起きてしまう。**

とばっちり線

いざこざに巻き込まれるかも?! 細心の注意を！

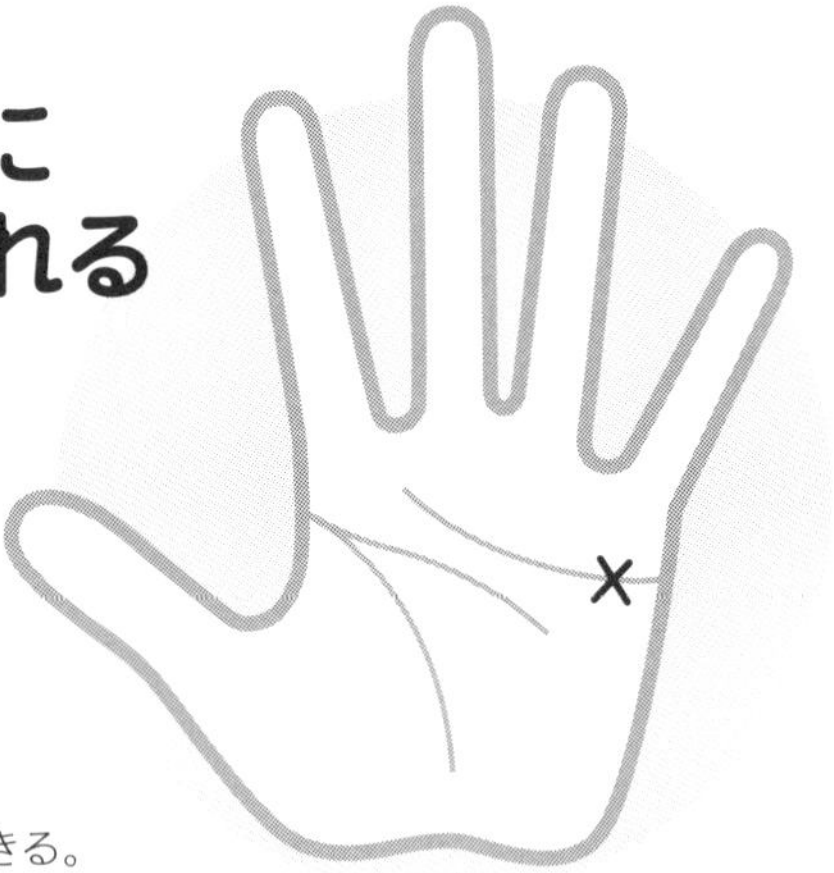

感情線の上に×ができる。

ひじょうに珍しい相です。

じつは「浮気をされやすい人」の手相（17ページ参照）があるのですが、この「とばっちり線」は、もっと可哀想な人といえそう。**自分はなんにも悪くないのに、パートナーの落ち度によってトラブルに見舞われる可能性がある暗**示だからです。

●●● **注意！**

「夫の浮気相手が乗り込んできて修羅場《しゅらば》」とか、**「妻が多額の借金をしていて修羅場」**とか、急に修羅場がやってきそう。

なので、この線を自分の手にみつけたら、「パートナー絡みで大変なことが起こりそう」と覚悟だけはしておいたほうがよいかも。

パートナーの言動に注意したり、「なんでも相談してよ」と声をかけたりして、事前の回避《かいひ》を試みるのも、一法かもしれません。

とはいってもこの線は一時的な線で、その間だけ気をつけていれば大丈夫ですので心配しすぎないように。

自分のことに精いっぱいで相手に興味がなくなってきている印ともとれるので、「もう一度相手をしっかりみつめ、初心を思い出し、関係を見直す必要がありますよ」ということかもしれませんね。

ラテン系線

一気に燃え上がる情熱系！ワンナイトラブもあり?!

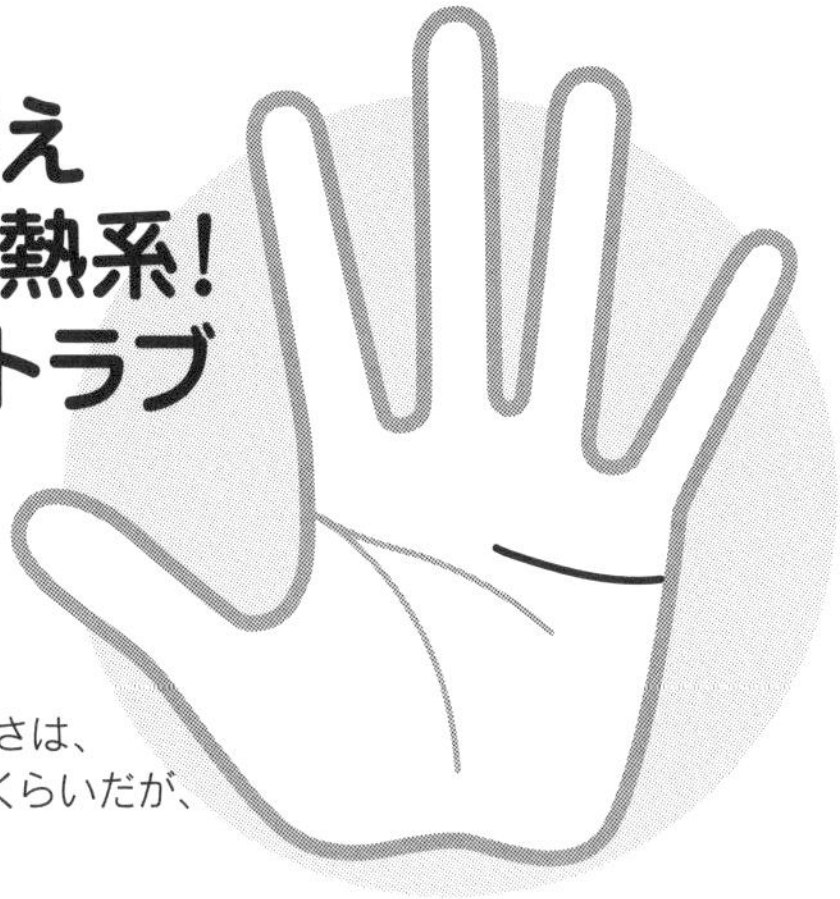

感情線の平均的な長さは、人差し指と中指の間くらいだが、それより短い場合。

「熱しやすく冷めやすい」「好き嫌いが激しい」といった恋愛傾向があります。

短気なところがあり、すぐに熱くなったり、冷静さを失うことも。直感的、衝動的な行動もよくみられます。

「俺が俺が」と、自慢や自己アピールも得意ですが、本心をさらけだせず、「だれも俺の気持ちをわかってくれない」とイラつくことも。

基本的に**ウソがつけない**ので、**相手への不信感や疑いが態度に現れてしまいがち。**

恋愛大好き人間で、合コンなどでも気になる相手の隣に座ったり、大胆にアプローチするタイプです。

攻略法！

このタイプを口説くなら、短期集中で一気に攻めたほうが落としやすいといえます。

トロトロ攻めていると、相手は心変わりして、どこかにいっちゃいますよ。

- **恋人をすぐ自分の友達や親に紹介したがる。**
- **怒って家を飛びだしたくせに「何で止めないの?」とまた戻ってきて怒る。**
- **好きな人ができると冷静さを失い、相手を過大評価しがち。**

奥手線

時間がかかる慎重派? よくいえば“大和撫子”

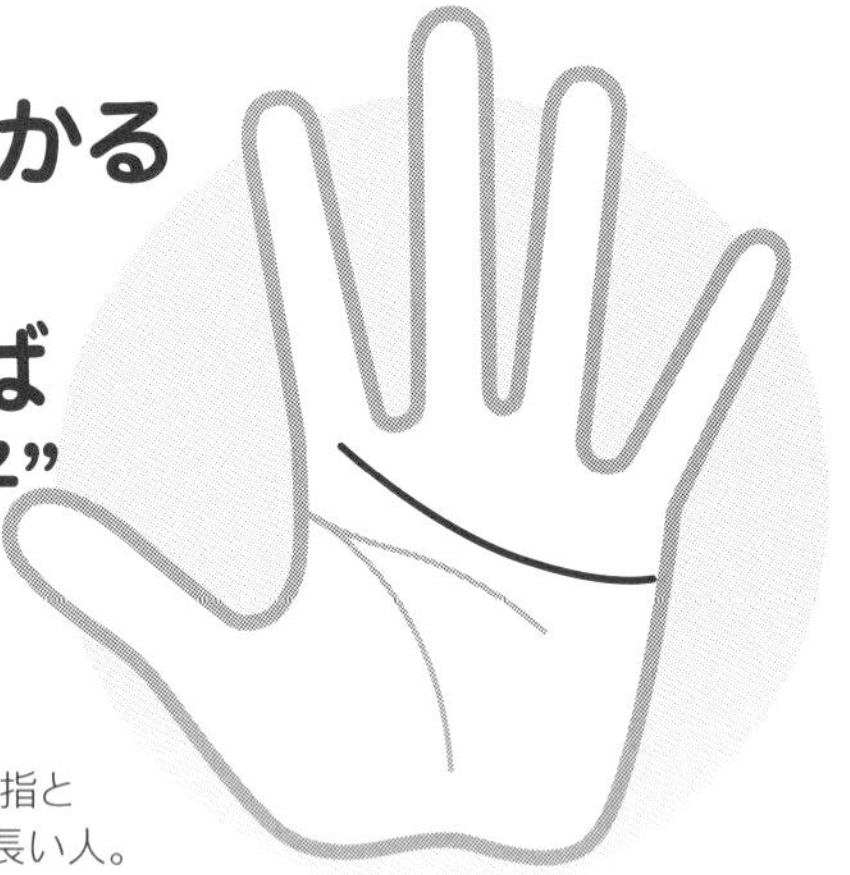

感情線が平均(人差し指と中指の間くらい)より長い人。

なにごとにも慎重で、恋愛にも溺《おぼ》れない人です。
ストレートな感情表現が苦手で、何を考えているのかわからないようなところがあります。
恋愛中もどこか冷めている感じを受けますが、熱くならないのは、本当の自分をだして傷つくのが恐いから。相手と心の距離を置いて、自分を守ろうとするのです。

●●● ウラ利用!

基本的には自分大好き人間なので、傷つくと、殻《から》に閉じこもりがちに。相手を執念深く恨《うら》む人や、妙に疑い深くなる人もいます。
異性に対する理想は少し高めで、最初は自分を抑えて行動します。しかし、関係ができてしまえば、感情が倍加し、執着する人もいます。
もしも意中の相手がこのタイプなら、あせらず、まずは友達づき合いから。

😐 カラオケでノリノリになれない。照明を落としたがる。

😐 コンサートで「のってるかい?」と聞かれて、恥ずかしそうに「イェィ!」と小さく応える。

😐 恋人と別れ話のとき「あのときあげた○○を返して」などと、困ったことをいいだす。

良妻賢母・マイホームパパ線

最良のパートナー！幸せな家庭を築けそう！

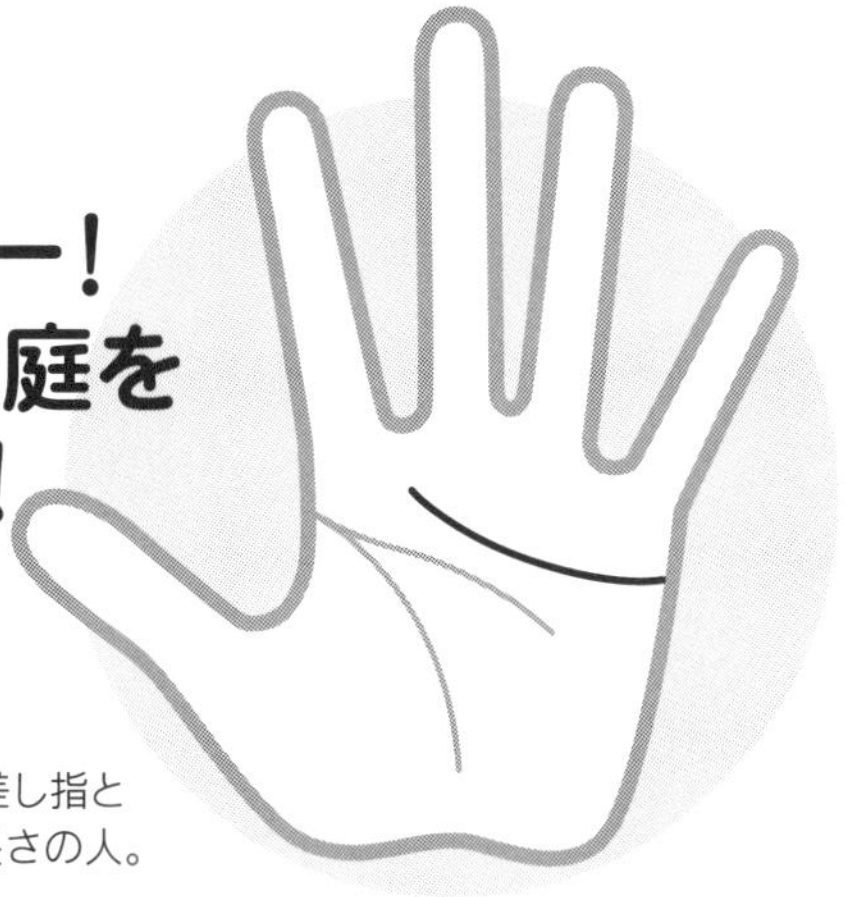

感情線が平均的（人差し指と中指の間くらい）な長さの人。

心のバランスがとれている人です。行動や思考のキャパシティが広く、生活力があります。

結婚したとたん「釣った魚にエサはやらない」と豹変《ひょうへん》する人がいますが、このタイプは大丈夫。

仕事も頑張り、適度に遊びますが、でも家族をおろそかにするようなことはないため、**幸せな家庭を築けます。**

楽しいことが大好きで、面倒見もよく、人づき合いも上手と、バランスのよさが魅力です。ただ、「面倒見のいい自分」に酔いしれる傾向もあり、「〜してあげた」と**恩着せがましい面がでることも。**

まぁ、そうはいっても、基本的には、純粋に人に愛を注げるタイプで、かつ感情的にも起伏《きふく》が少なく穏やかなので、恋愛や結婚相手には、もってこいの人といえるでしょう。

●●● 恋愛の鉄則！

大きな意味での恋愛傾向には「ラテン系」「奥手」「良妻賢母（マイホームパパ）」の3タイプがありますが、**恋愛相手を選ぶときは、同じような線をもつ者同士のほうが、相性はいい**といえます。

相手の気持ちもわかり、ふりまわされることも少ないので、**愛情運はアップ**します。

恋愛後回し線

恋愛より仕事?! アネゴ肌のキャリアウーマン!

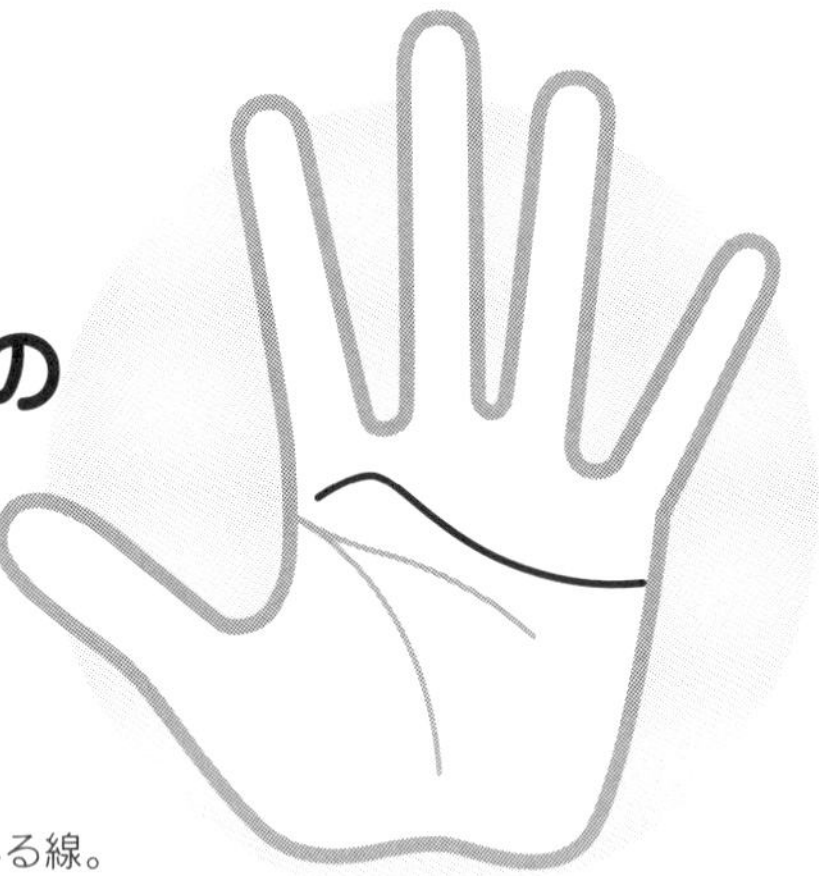

感情線が長く、最後は少し下降している線。

恋のチャンスは少ない人かもしれません。

モテないタイプではないのですが、**異性に対する理想が高すぎたり、仕事人間だったり、趣味の人だったりするため、どうしても恋愛は後回しになりがち。**

ただし、ひとたび恋人ができると、所有欲や嫉妬《しっと》心の強さから、相手を独占しようとする傾向も。相手の裏切り行為は許せません。

また、生活のあらゆる面で、自分の好みを押し通して、世話を焼くようなところもみられるので、恋人にすると、少々、窮屈に感じるかも。

●●● チェック!

結婚した後は、イニシアチブを握りたがる傾向があるので、**カカア天下や亭主関白になりがち。**

つき合っていたころは甲斐甲斐《かいがい》しく相手を立てていた人でも、いざ結婚すると、尻に敷《し》きたがるという一面もあります。

婚期を逃した(?!)アナウンサーの方にこの手相がいましたし、仕事バリバリのキャリアウーマンには多い線です。

女性の場合、「姐御《あねご》」的な雰囲気もあり、年下の男性とつき合ったり、結婚したりする人も多いようです。

しわしわ線

そのしわの一本一本は感受性の豊かさの証し!

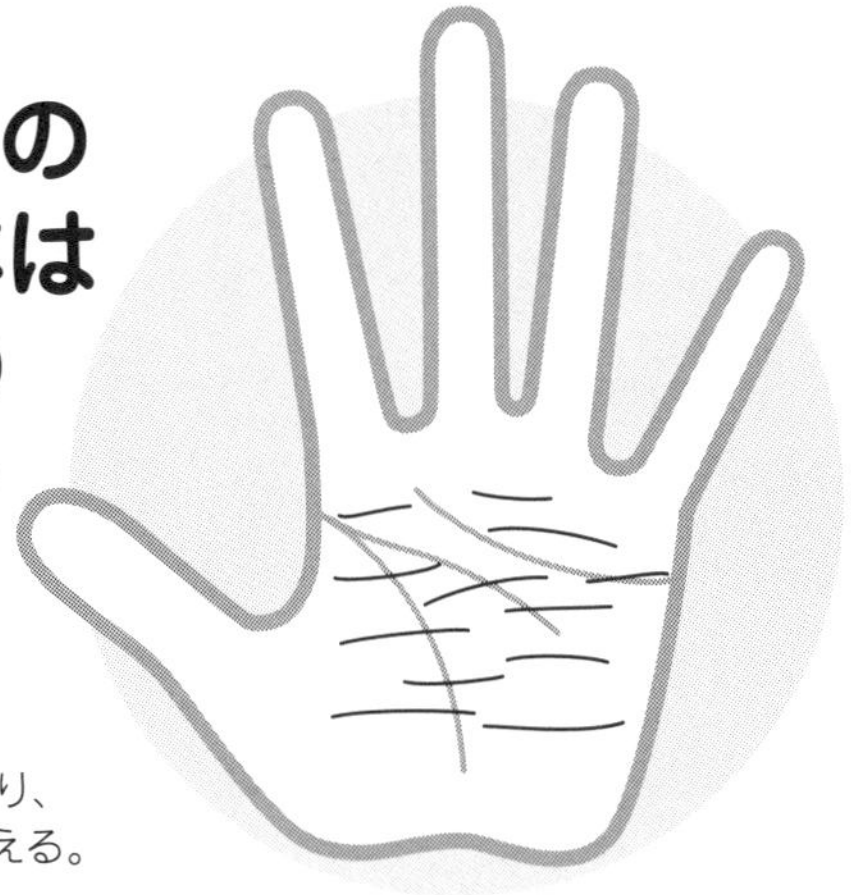

手のひら一面に、細かい線が無数にあり、しわしわのようにみえる。

女性の方に、ときどきみかける相です。「私、手のひらに線がいっぱいあって、手相の本とかみても、どれがどの線かわからない…」という人がいます。

でも、そういう細かいシワがたくさんある人は、**繊細で感受性の強い人**。相手の気持ちを敏感に察知して気を配れる人の証し、といえます。

感受性が強すぎるために、今までのツラい経験が心に刻まれ、それが手にも現われているのです。

また、想像力がとても豊かなので、**ドラマのような恋愛に憧れる傾向**もあります。

勘が鋭く、ウソをすぐに見抜けたりする能力があります。

いっぽうで、熱い人や、強い押しに弱かったりします。もしも意中の人がこの手相なら、アプローチするときは、ガンガン行きましょう。

チェック!

- **記念日大好き。**
- **ドラマの影響を受ける。**
- **涙もろい。**
- **動物好きをアピールする。**
- **赤ちゃんをみると、「いないいないばぁ」をやってしまう。**

気づかい屋さん線

深い心配りと優しさあり！いつも一緒にいたい人！

感情線が、人差し指近くまで、急上昇してのびている。

良くも悪くも母親の影響を強く受けている人です。**思いやりがあり、人の気持ちを敏感に感じ取ることができます。さらに、礼儀正しくて、ロマンチック。**

　この相の人がパートナーだと、自分の気持ちを察してくれて、さりげなく支えてくれるので、いっしょにいても居心地がいいし、魅力をひきだしてくれます。

　場と立場をわきまえ、TPOに応じた行動がとれる人なので、どこに連れていっても安心。たとえば、両親に紹介しても、友達の集まりに連れて行っても、ウケは悪くありません。

　安定したパートナーシップがとれる相手といえます。

●●● チェック！

　恋愛向きなので、誘いも多く、**「恋多き人」**なんて印象をもたれることも。相手をすぐに好きになる傾向もあるので、悪い人にダマされないよう、少し用心が必要かもしれませんね。

- **微妙な空気が読める。**
- **相手の求めがわかる。**
- **励《はげ》まし上手。**
- **相手が力を発揮できるよう、お膳《ぜん》立《だ》てがうまい。**

二重感情線

優れた人格者で人気者！ただ、恋愛は不器用…

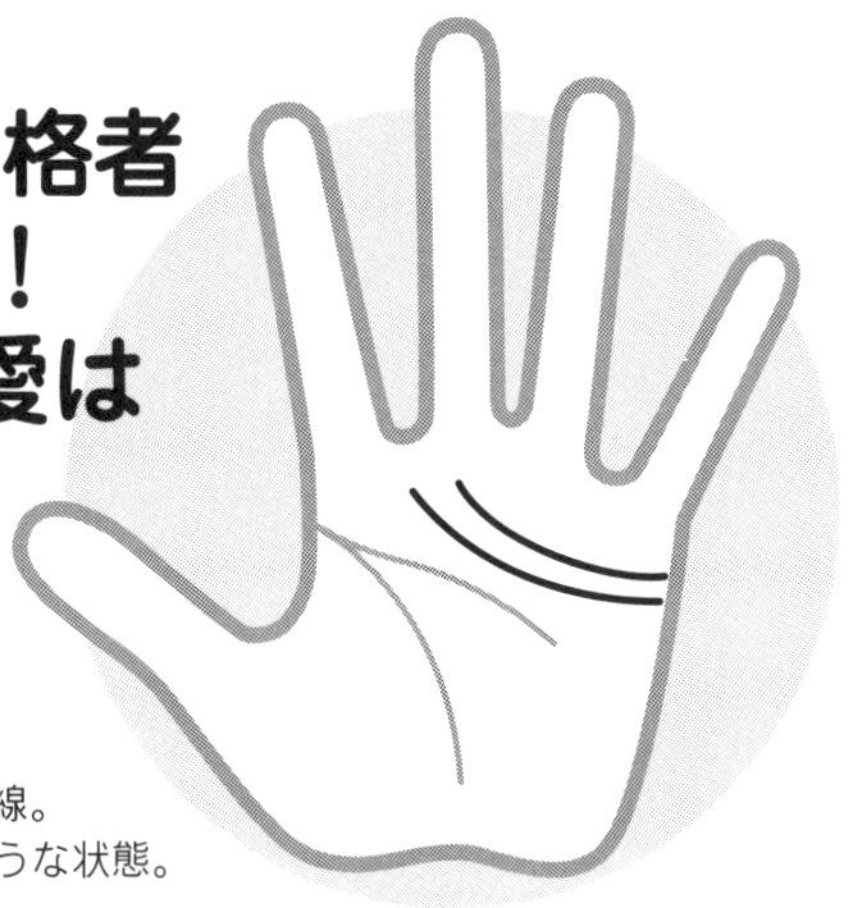

感情線に沿うような線。
感情線が二本あるような状態。

その線が示すように、感情が人より多い人といえます。

「感情が多い＝気が多い」というのではなく、**仕事と家庭の両面に力を発揮できたり、いろいろな人を結びつける能力**があります。

　面倒見がよく、友達思いで、周囲への気づかいもバツグン。寛容で、人の気持ちや立場もよく理解できるので**「すぐれた人格者」**として慕《した》われます。

●●● さらにこんな人も…

恋愛には、正直、不器用そう。

好きな人の前だと緊張したり、本来の自分がだせなくなる傾向もあります。が、その段階を超えてしまえば、充実した恋愛ができそうです。

●●● チェック！

なかには「白黒はっきりさせたがる」人もいて、このタイプは、自分のなかに二つの感情があり、その葛藤で、精神的に苦しむことになるかもしれません。

　結婚後は、女性なら**「肝っ玉母さん」**的な存在になり、家族の精神的な支柱になりそうです。

　家族ぐるみのつき合いなども上手で、楽しい家庭生活が送れるでしょう。

悲しみのモノサシ線

とにかく、あなたは苦労されました…。

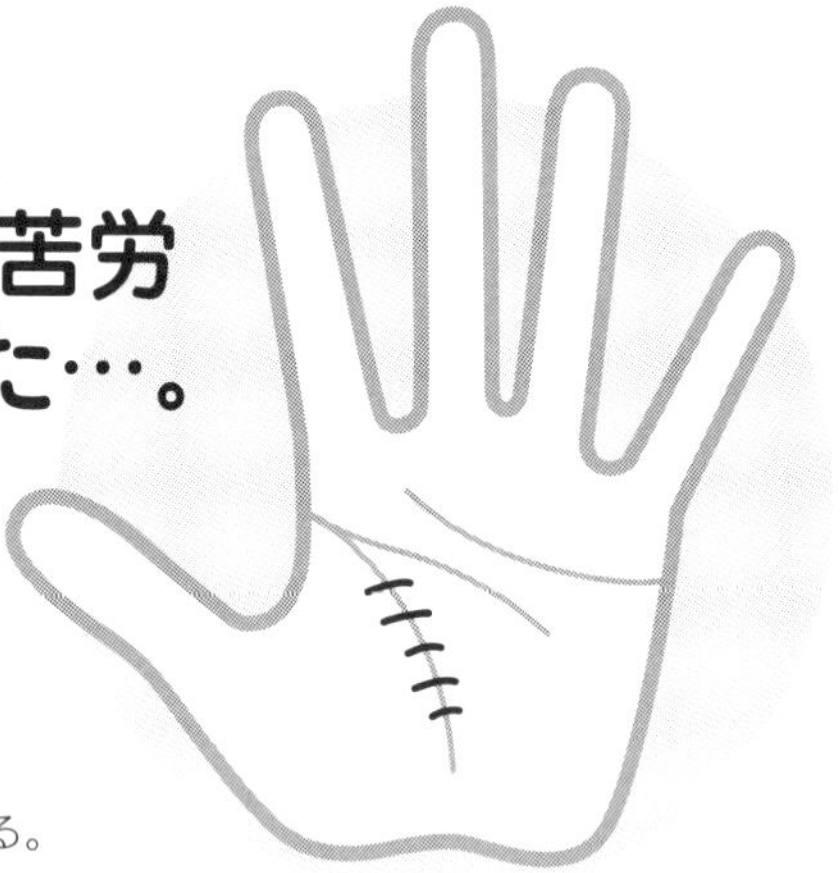

生命線を横切る
細かい線が何本もある。

人生のツラい経験が手に刻まれています。別名を**「悲傷線」**。どちらかというと女性に多い相です。

他人の痛みがわかるので、涙もろく、哀れみ深いのですが、人がよすぎるため、困っている人を放っておけません。なので、ダマされやすいという弱点も。

注意！

恋愛では、**いったん好きになったら、献身的に、一人の人を愛しつづけるタイプ。**

結婚後は幸せになれますが、その前に、悪い人にひっかからないか心配です。素直で、人を疑わない純粋さが、危険な恋へと走らせそう。「恋は盲目」とは、まさにこの人のためにある言葉です。

チェック！

女性なら保母さんや看護師さん、男性なら個人経営のお店や飲食店など、細やかな気配りが必要な職業に向いています。きっと人気の店、人気の人になるでしょう。

金八先生が昔、「悲しみが多い人ほど人に優しくできる」というようなことをいっていましたが、まさにそれを地でいく人。

とても心が強く、困難にくじけない、スバラシイ人です。

「手相」のギモンにお答えします

Q1 手相は一人一人、違うもの？

世間には、本当にたくさんの人がいますが、まったく同じ手相の人はいません。

なので、血液型や星占いとはちがい、その人のみの占いです。

たとえば、双子のお笑いコンビ「ザ・たっち」の二人は、生年月日、血液型、生まれ育った環境、すべて同じなのに、手相はまったくちがいます。

兄のたくやくんの手相の特徴は「二重頭脳線」。

弟のかずやくんの手相で際立つのは「スポーツ線」。

いうなれば「合理型」と「直感型」で正反対です。

この手相が示すとおり、ふだんの彼らは、片や「しっかり計算や計画をしてから動く人」、片や「思い立ったらすぐに行動する人」なのです。

Q2 手相は変わるもの？

手相はどんどん変わります。3か月もあれば、どんな人でも大きく変化するし、ときには2、3日で変化が起きることもあります。

ボク自身、手相のみすぎで「眼精疲労」の線が現れ、びっくり！　ボクのマネージャーは、カノジョができたら「結婚線」がどんどんのび、別れたらみるみるなくなっていきました！

だから、手相をみて「いい線がない」と落ち込む必要はありません。いい線がなければ、でるよう努力すればいいのです。そうすればきっとでてきます。

手相はあくまでも「今、こんな傾向にある」という〝目安〟。なので、楽しく前向きに、自分の手相とつき合ってみてください。

いい線があったときも、有頂天《うちょうてん》になってはイケマセン。天狗《てんぐ》になって努力を怠ると、せっかくのいい線が消えてしまうこともありますからね。

Q3 人の手相をみるときの注意は？

手相は、相手の手をとりながらみるものですが「下心ありあり」では困ります（本当はそうであっても、うまくやること）。ぜひ、**楽しく会話しながらみてください。また、けっして相手が後ろ向きにならないよう、気をつけてくださいね。**

手相は古い歴史がありますが、いうなれば統計学なので、すべて当たるとはいえません。

また、未来のことは自分で切り開いていくものですから、ズバズバと、相手が傷つき、落ち込むようなことばかりいってはイケマセン。

手相をみることは、思っている以上に大きな影響を及ぼします。どのようにお話しするかは、ボクも一番気を使うところです。

Q4 そもそも手相って何？

「手相」は5000年も前にインドで生まれ、「こんな人にこんな線があった」というデータをまとめた**統計学に基づく〝学問〟**でもあるんですよ！

昔の中国のお医者さんは、胃カメラやレントゲンのない時代に、手相で病気の診断をしていたなんて話もあります。

最近は、脳と手相についての研究も進められています。

人間の体のなかで一番高度な働きをしているのは、なんといっても手です。これは脳と手のあいだに密接な関係があることを示しています。

手は脳からの指令によって動きますが、**その人の性格によって手の動かし方に個人差があり、その結果、手のしわにも、ちがいがでてくるのです。**

ドイツの哲学者カントも、「手は外部にでた、もうひとつの脳だ」といっています。

どうです？「手相のスゴさ」がわかってもらえましたでしょうか。

CHAPTER 2

仕事の章

思考傾向がよくわかる頭脳線の占い方

頭脳線は、線の長さや角度で、その人の考え方や仕事の傾向がわかります。

一般的な頭脳線の長さは、薬指の下あたりといわれます。

☆

頭脳線が短い人は直感力にすぐれ、ものごとを瞬時に判断する力がありますが、その反面、短絡的な傾向もみられます。あまりものごとを深く考えずに、思いつきで、軽はずみな行動にでてしまうことも。注意力が散漫なところがあり、ケアレスミスや、早とちりが多いかも。

ただし、「ウラオモテがない」という利点もあります。

頭脳線が長い人ほどものごとを深く、じっくり考える熟考型といえます。

ただし、口癖として「俺たちのときはこ

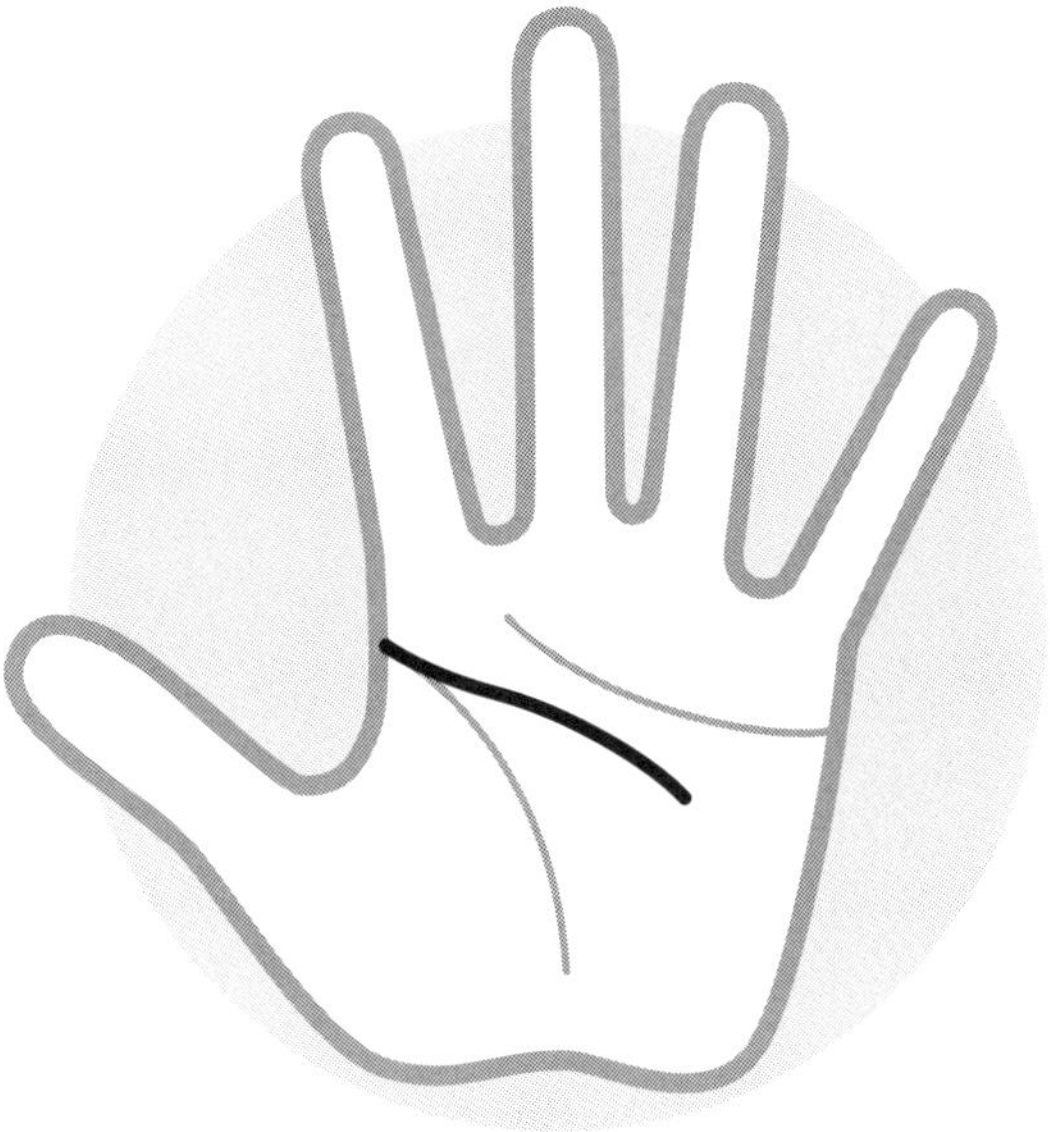

うだった」とか「昔はよかった」などと過去を振り返りがちなところや、あれこれ悩み、決断に時間がかかることも。
　でも、失敗やミスは少ないタイプです。

☆

　頭脳線が上向きな人は、合理的な考え方ができる人です。どちらかというと、理系タイプといえるでしょう。
　下向きな人は、ロマンチストで夢見がちな人、文系タイプといえます。線が下に向かうほど、この傾向は強まります。

頭脳線が長い人ほど
ものごとをじっくり考える熟考型！
頭脳線が下に向かう人は
夢見るロマンチストタイプ！

ユーモア線

未来のお笑い芸人?!サービス精神でアゲアゲ。

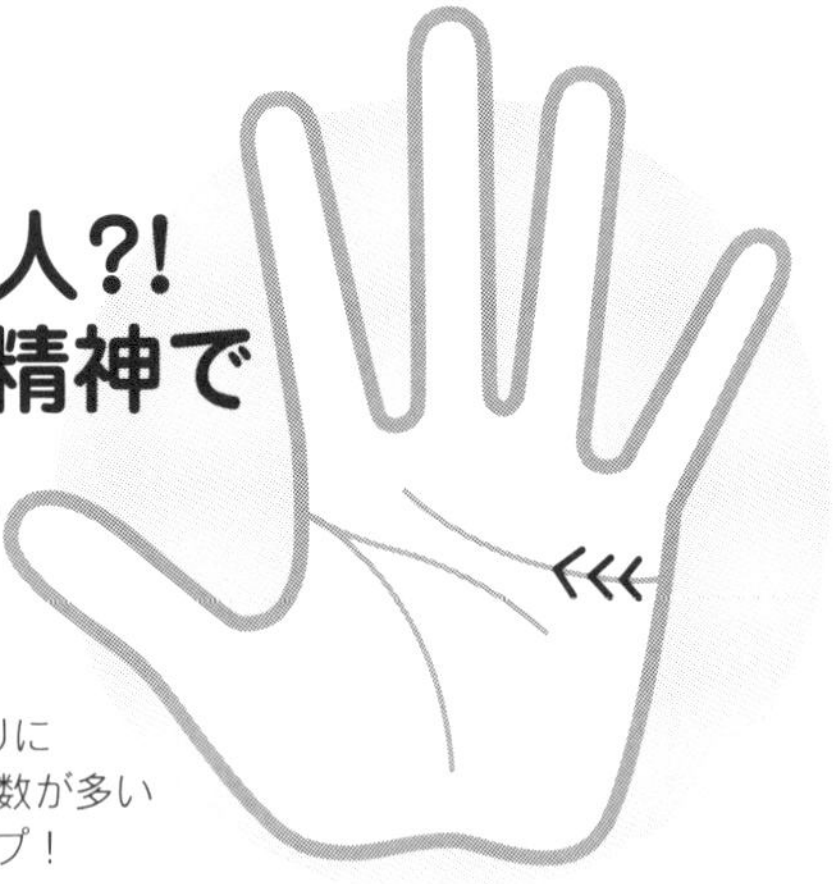

感情線の入り口あたりにくの字状にできる線。数が多いほど、ユーモア度アップ！

人を楽しませ、場の雰囲気を和やかにできる**ムードメーカー的存在**です。楽しいことが大好きで、社交的なため、周りに自然と人が集まってくるのもうなずけます。**お笑い芸人や人気者に多い線**です。

注意！

この人がいるだけでパッとその場が明るくなりますが、照れ性なところがあり、すぐに茶化したりする傾向も。

真剣なセリフやロマンチックなムードが苦手なため、本心がみえないなんて誤解されることはありませんか?

でも、どんなふうにみえても**根はマジメな人**。

合コンでは盛り上げ役に徹するため、いなくてはならない貴重な存在ですが、盛り上げるだけ盛り上げて、最後はクールなイケメンにいいところをもっていかれるという「ソンな役回り」かも?

- **口癖は「あの番組は深夜のままのほうがよかったよなぁ…」。**
- **一般の方でも、大御所芸能人のことを「さん」づけでよぶ。**
- **人へのプレゼント選びが得意。**
- **なぜか、おいしい定食屋さんをたくさん知っている。**

アナウンサー線

巧みな話術でハートをキャッチする人気者！

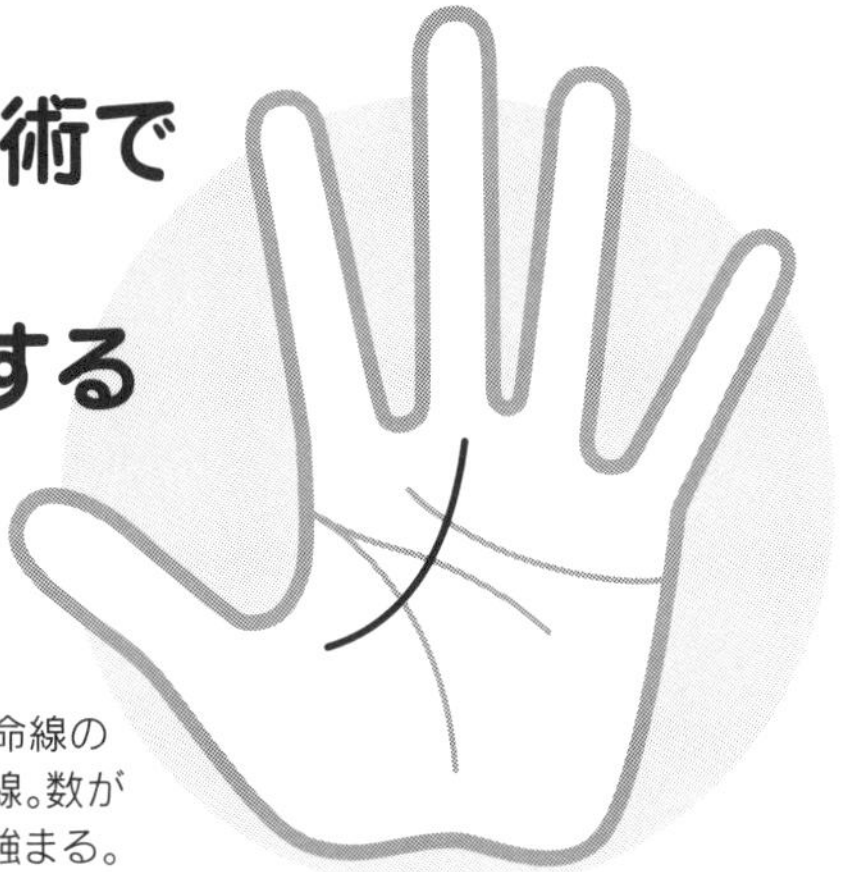

中指のつけ根から生命線の内側にかけてできる線。数が多いほど意味合いも強まる。

別名「**おしゃべり線**」ともいい、人前で話すことに天賦《てんぷ》の才を発揮する人にでる相です。**アナウンサーの方にも多くみられ、トークが上手な芸人さんにもよくあります。**

一般の方の場合、会議でのプレゼンテーション能力などに長《た》けています。たいした企画じゃなくても、この人の手にかかるとなぜか面白く聞こえてしまうといった才能があります。

講師や営業、そしてじつは詐欺師向き(笑)。対人能力が高く、魅力的で説得力があります。

こんな魅力も！

恋愛でも、言葉巧みに相手のハートをがっちりキャッチ。歯の浮くようなセリフも絶妙な間と表現でいえるため、ロマンスも多そう。

アドバイス！

もしもこの線があるのに、人と話すのは苦手、なんて人は、才能はあるので積極的に人とコミュニケーションを計ってみては？

ライター線

文章を書かせたら大先生！企画書作成も◎。

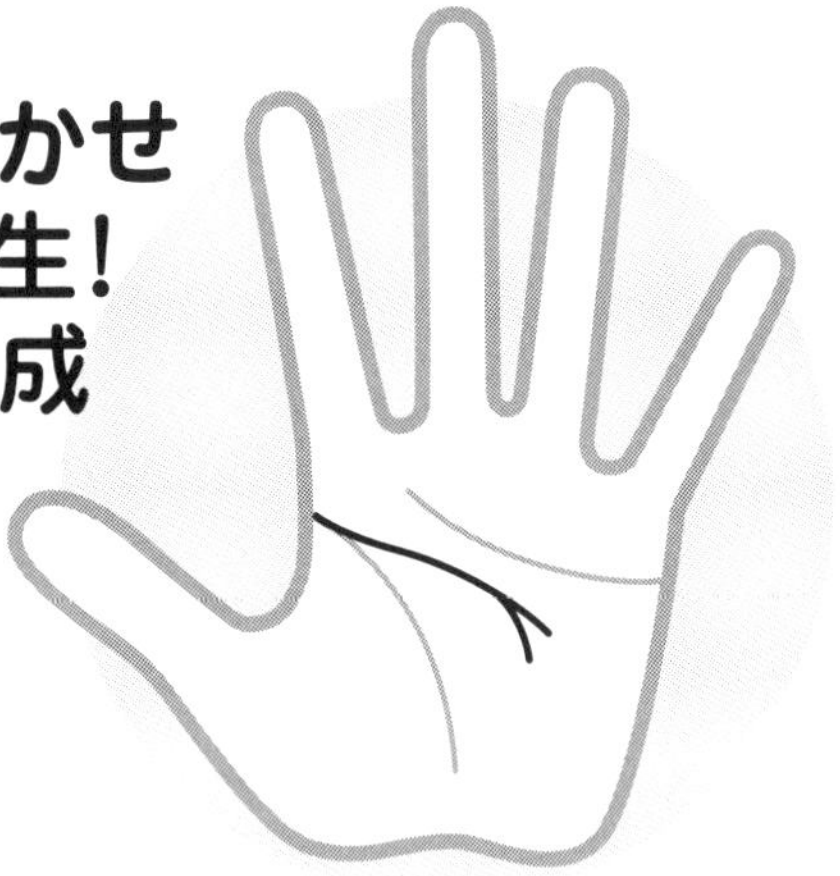

頭脳線の先が二股に分かれている。

別名**「作家線」**ともいい、文字どおり、**文才にあふれた人にでる相**です。

仕事では、立案、企画書作成能力にすぐれているため、営業、企画、開発…とさまざまな場面で、堅実に力を発揮します。

ものごとを構成する能力があるので、イベントや、プライベートのパーティなどでも、裏方の仕切り屋として活躍しそう。

アドバイス！

話術より文章で相手を説得する技能があるので、バンバン企画書を提出してみて！　ブログなんて始めたら？　人気サイトになるかも。

ありがちな行動

- 「お〜いお茶」のペットボトルに書いてある俳句がひそかな楽しみ。
- 観察力にすぐれる。
- 物事を多面的に考える。
- 電車の中吊り広告、商品の注意書きなど、ついつい活字を目で追ってしまう。
- 人間ウォッチング好き。
- 話がまどろっこしい。
- サプライズ好き。

ベンチャー線

スゴイ向上心！会社からの独立もうまくいく…?!

生命線から縦方向に、
頭脳線を突き抜けるように
でている線。

別名**「上昇線」「向上線」**。向上心にあふれ、**成功への道をガンガン突き進める人**です。

はっきり長い線があったり、たくさん本数があれば会社からの独立もうまくいくかも。

でも、この線がないからといって、落ち込むことはありません。ない人は、自分で独立の道を進むより、会社の傘の下で守られていたほうが力を発揮できる人です。

意志が強く、立ち直りが早いという性格と、仕事においては、実用性、統括力、自己管理能力に長《た》けているので、**企業や企画の創始者の資質に恵まれています。**

仕事人間になりがちという注意点はありますが、成功を約束された方のようです。

チェック！

「向上線」は、かなり変化しやすい線で、**本人が努力・奮闘するとみるみるうちに強く、深く刻まれていきます。**

自分の現在の努力が、どの程度運気を強くしているかを知る一つのバロメーターとしてみると面白いでしょう。

上司の方は部下を評価するときに、この線をみてみましょう。本当に努力してるか否かが一目瞭然《りょうぜん》です。

カリスマ線

親指側、手首のほうから、
上に向かってのびている線。

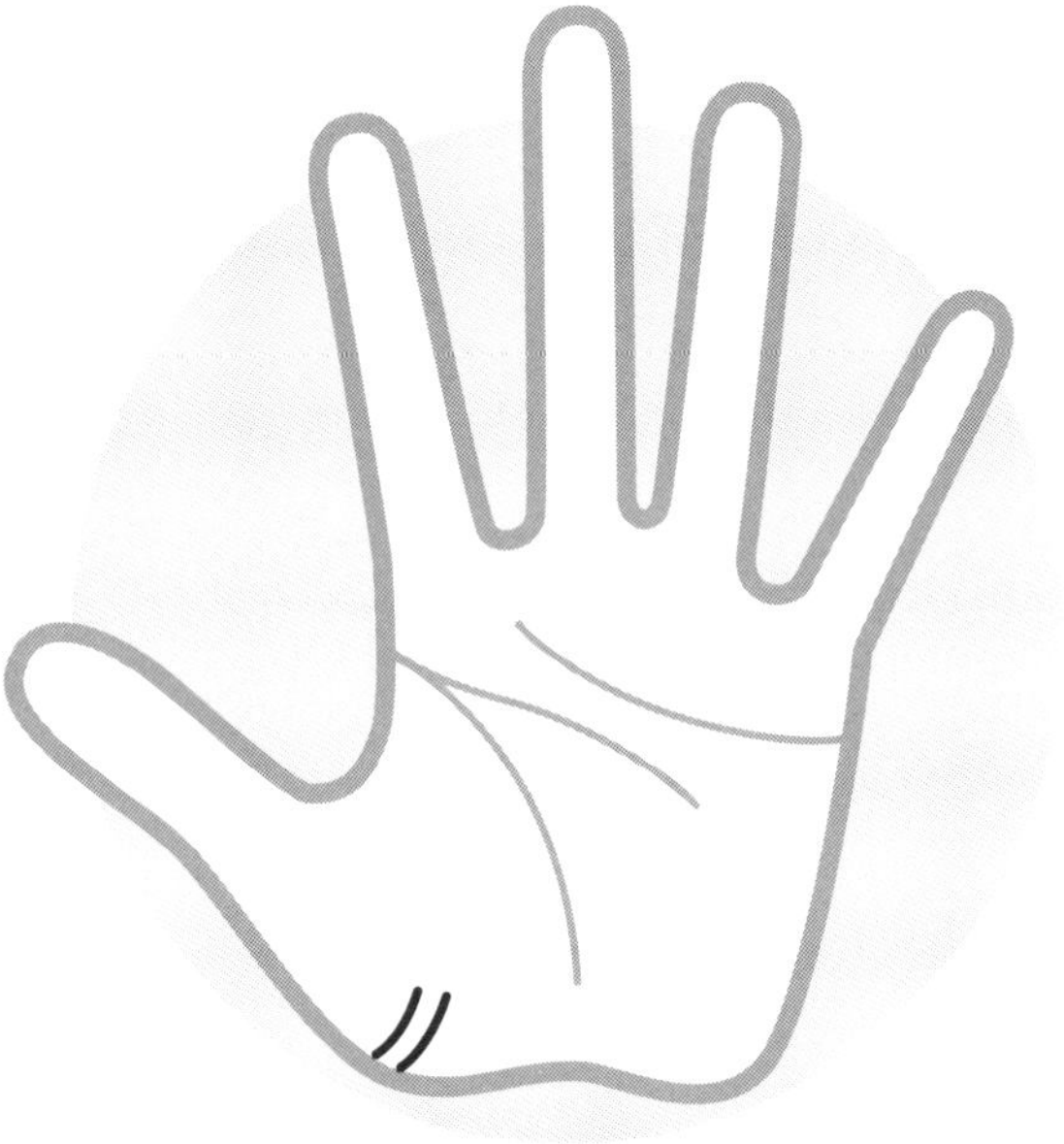

人望と人徳あるリーダー。理想の上司No.1!

人から厚い信頼を寄せられ、人徳のあるリーダーに多い相です。常に人の目を惹《ひ》きつけ、さまざまな場面で注目の的《まと》となる存在です。

責任感、正義感が強く、寛大《かんだい》で愛情深いので、人に頼られ、リーダーシップをとるタイプです。

また、周りの人たちに支えられるいっぽう、みずからも周囲を支え、励《はげ》ますことができるので、ますます信頼度が高まります。

公私ともに人望を集められる人が多いので、お葬式にはたくさんの参列者がきてくれますよ。

●●● さらにこんな人も!

この相の人は、年を重ねるにつ

れ、ボランティア活動への関心が高まってくるかもしれません。

人のために動けるので「徳のある人」が多く、それにともない運も強い傾向があるようです。

注意！

仕事でも「人の役に立っているか？」「みんなに喜んでもらっているか？」という点にやりがいを感じます。また、それが達成できると自信につながるので、もし悩んだときは、それができているかどうかを確認すると、考えがブレず、前向きになれます。

ただし、周囲の期待に応えようとして疲れることがあるので、ご注意を！

ウラ利用！

タレントでも、冠《かんむり》番組をもつような人には、この線があります。

会社の人事部の人は、リーダーを選ぶときに、この線があるかないかをみるといいでしょう。

新入社員の採用面接で、いきなり「手相をみせてください」なんていうスタイルが流行るかも。でも、人事部のみなさん、いきなり手を握ってセクハラで訴えられても知りませんよ（笑）。

部下の人で、もしも今「どっちの上司についていこうか」なんて迷っている人がいたら、上司の手をみてみましょう。この線の強い人に迷わずついていくべきです。

ありがちな行動

- とにかく世話好きで、面倒見が良い。
- 定食屋さんのメニューでは、この店ではこれと決めている。
- 言葉の影響力が大きい。
- 弱みをみせるのが苦手。
- 伝統やシブイもの好き。
- 家庭をおろそかにしがち。

二重頭脳線

通常、1本しかない頭脳線が
2本ある状態をいう。

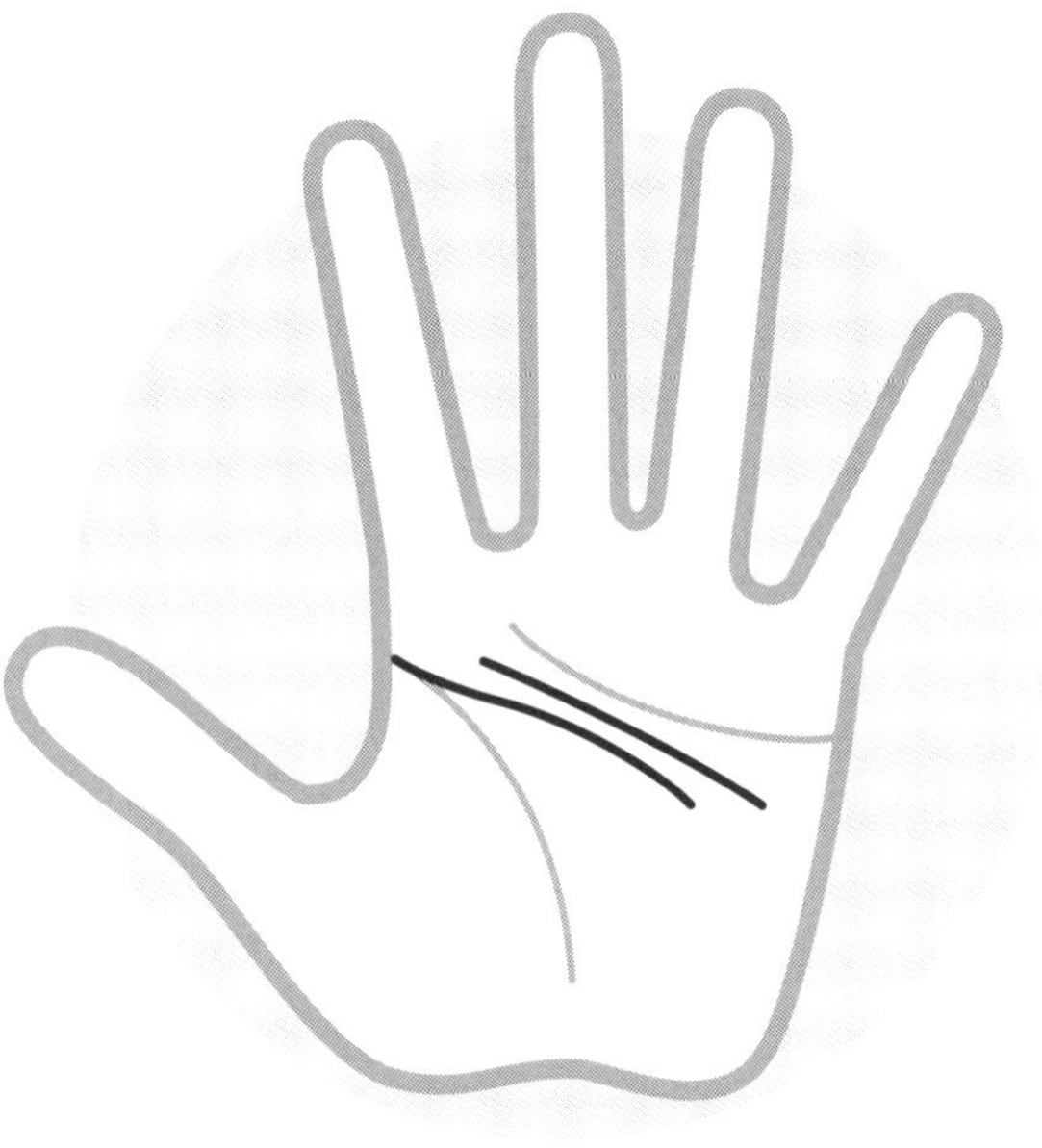

まさに最強ビジネスマン！ 人事の方は即採用を!!

二つの特性をもった頭脳線が存在することになり、意味合い的にも**「二面の才能」**をもつことになります。

多才多芸でなんでも器用にこなすことができ、そのぶん成功する可能性も高まっていきます。

二重頭脳線があり、かつ運命線が複数本ある場合は、本業のほかに趣味などでも成功する事を暗示します。

●●● こんな魅力も！

二重頭脳線は、生命線の起点から発した直線的な頭脳線なので、**頭の回転が速く、現実主義的な性質をもつことを示します。**

また、生命線と大きく重なり月《げつ》

丘《きゅう》方面へといたる頭脳線なので、**精神的・美術的才能をもつことも示しています。**

めったにない相で**「最強の頭脳線」**といわれ、まさに頭脳明晰《めいせき》な人です。

意外なあの人にも！

じつは、ボクの事務所の後輩、双子の「ザ・たっち」のお兄ちゃん「たくやくん」にこの線があったんです。

意外だと思う方もいるかもしれませんが、そんなことはありません。番組中では常に求められているコトを理解し、コメントも振る舞いも空気を読みながらできる本当に頭のよい人。後輩ながら、尊敬するところがとても多い人です。

お茶の間ではすっかりおなじみの「ザ・たっち」ですが、あれだけみなさんから愛され、テレビに欠かせない存在になっているのもうなずけます。

注意！

頭がよく合理的に物事をテキパキこなせるので、仕事で成功する確率もかなり高いといえます。

ただし、独断的態度、強情さ、怠惰、仕事中毒が前面にでることもあるので、ご注意ください。

チェック！

知的欲求が強いため、いろいろなことに興味をもちます。変化を求め、新しい環境への適応能力も抜群です。

とにかく行動力、決断力にすぐれ、思ったことをすぐ行動に移せます。

自分の意志で行動すれば大きな智恵が獲得できます。さらに、持ち前の機転の早さと直感力の鋭さ、そして集中力を武器にして、**誰よりも輝ける人**になります。

人事の皆さん、会社の面接でこの手相の人がきたら、即採用！

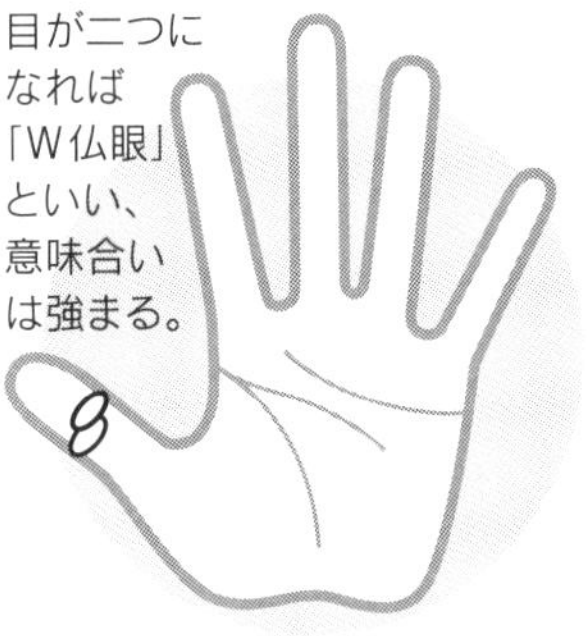

目が二つになれば「W仏眼」といい、意味合いは強まる。

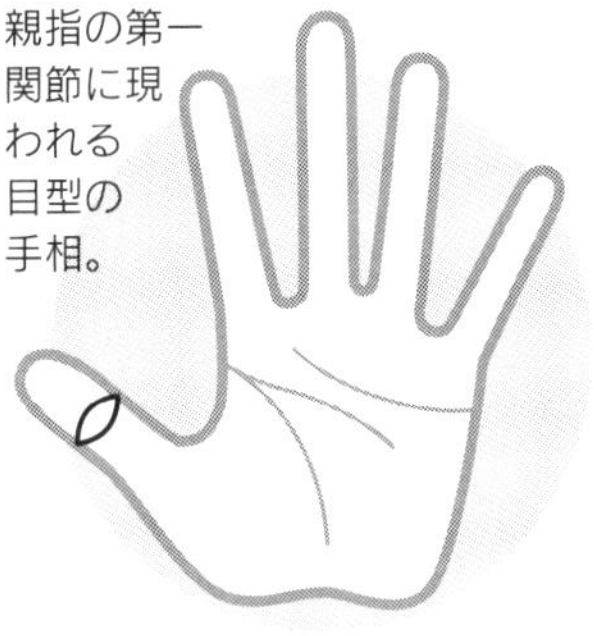

親指の第一関節に現われる目型の手相。

仏眼

記憶力抜群！超能力や霊感も…?!

第一関節が目の形になっているその相が暗示するように、ある種の念力の持ち主とか、超能力、霊能力の持ち主にでるといわれています。占い師にも多い線です。**「眼にみえない力」を感じたり、幽霊がみえる**なんてことも。

さらに、ズバ抜けた記憶力の持ち主にもでる、といわれています。**「人一倍記憶力がいい」**とか**「頭の回転が速くて驚かれる」**といったふうに、特殊な知能を有しているケースが多く**「メモリー線」**ともいわれます。テストなんかでの一夜漬けも得意。

●●● チェック！

細かいことまでよく覚えているので、悪くいえば「執念深い」と思われることも。「あなた、あのときこういったわよね」なんて、何年も前の話を持ち出してくることもあるので油断できない人です。

- **スピリチュアルという言葉に感じてしまう。**
- **一度会った人の顔や名前を忘れない。電車で目の前に座った人と街でスレ違いざまに「あれ、あの人誰だっけ」となることも。**
- **一回通っただけで、道を覚えてしまう。**
- **幼いころの記憶が鮮明にある。**

神秘十字

ひらめきは天下一品！スピリチュアル大好き?!

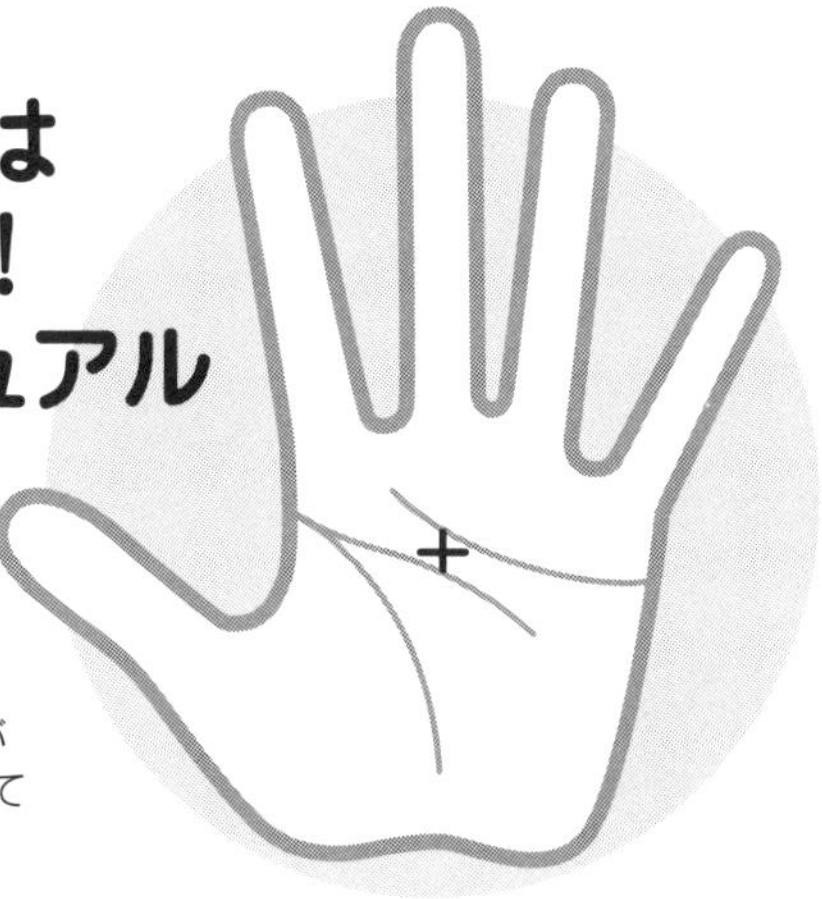

感情線と頭脳線を結ぶ横線に、縦線が交差して十字になっている相。

信仰に篤《あつ》い人が多く、「仏眼」と同様、超能力や霊界など、眼にみえないものに興味をもったり、その存在を信じている人に多い相。

素晴らしい守護霊に守られているといわれ、**とても運の強い人**といえます。

極めて直観力にすぐれ、「ふと予定を変更したら災難を免《まぬか》れた」とか、「事故にあっても一人だけピンピンしていた」とか、「夢でみたことが実際に起きた」……といった体験をした人には、この相がでているかも。

とにかく、スピリチュアルなことに縁が深い人です。

こんな魅力も！

どんな状況も、うまく切り抜けられる才能があります。

神聖なもの、美しいものを人一倍感じとれる、**繊細な感性の持ち主**です。

平凡なことでは満足せず、常に新しい夢や理想を追い求めて行動します。その特異な才能を活かし、詩人や小説家、ものづくり職人としての活躍も期待できます。

- **不思議な話にひかれる。**
- **運命という言葉に弱い。**
- **愛読雑誌は『ムー』。**
- **生まれつき運がいい。**

イチロー線

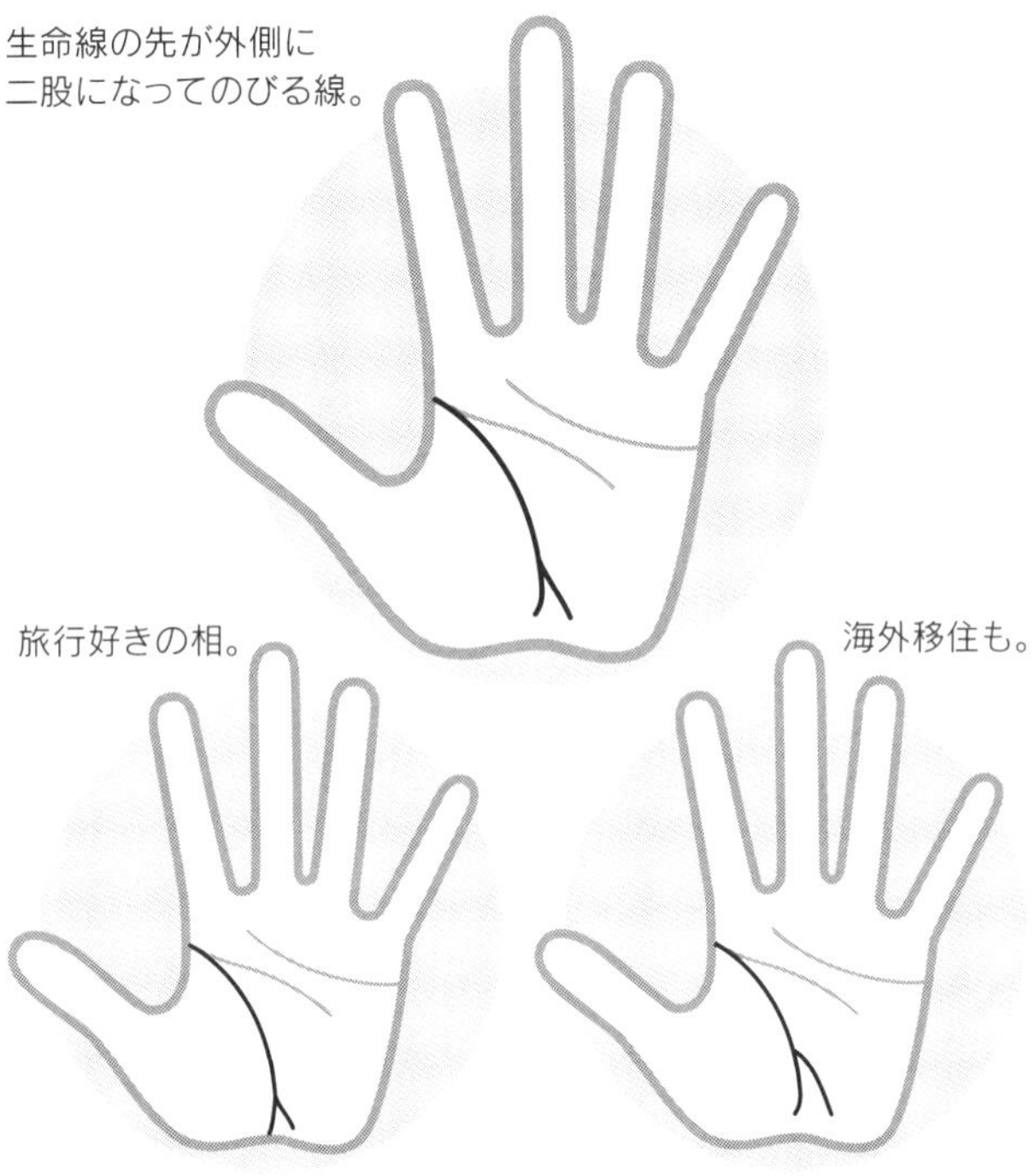

生命線の先が外側に
二股になってのびる線。
旅行好きの相。
海外移住も。

実家から離れて成功を招く！海外進出もあり?!

実家から離れた場所で生活や仕事をしたほうが活躍を期待できるという人です。

かなり長くのびている場合は、海外に目を向けて活動してもいいかも。

●●● こんな人も！

別名「**旅行線**」ともいい、旅先で幸運がある人にもできる線です。

この線が、生命線の上部付近から大きくはりだして刻まれる場合は、海外に移り住んだり、故郷から遠く離れて暮らすことを暗示します。

また、生命線の下部付近から小さくはりだして刻まれる場合は、たんに旅行好きなだけだったりも

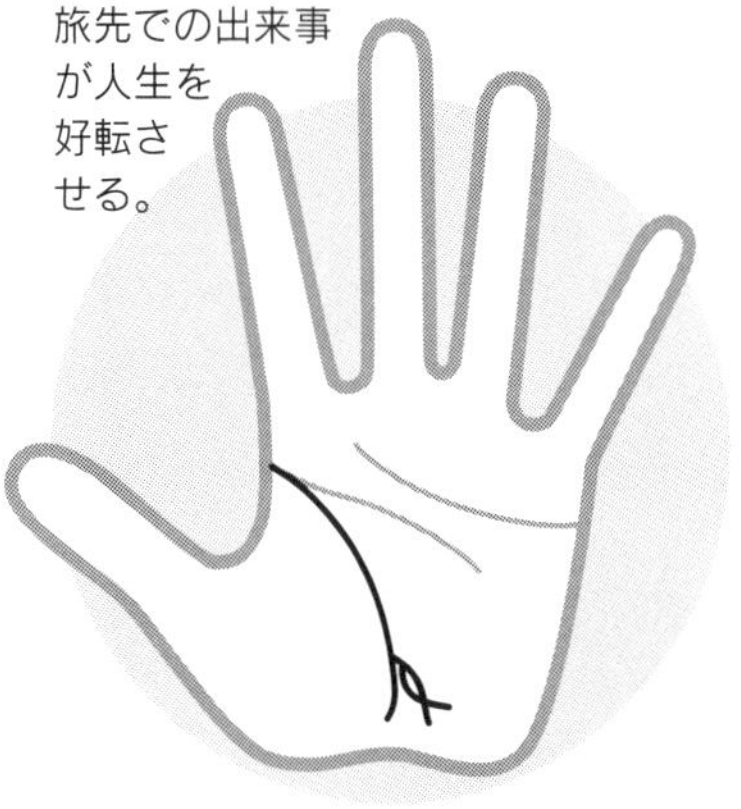

旅先での出来事が人生を好転させる。

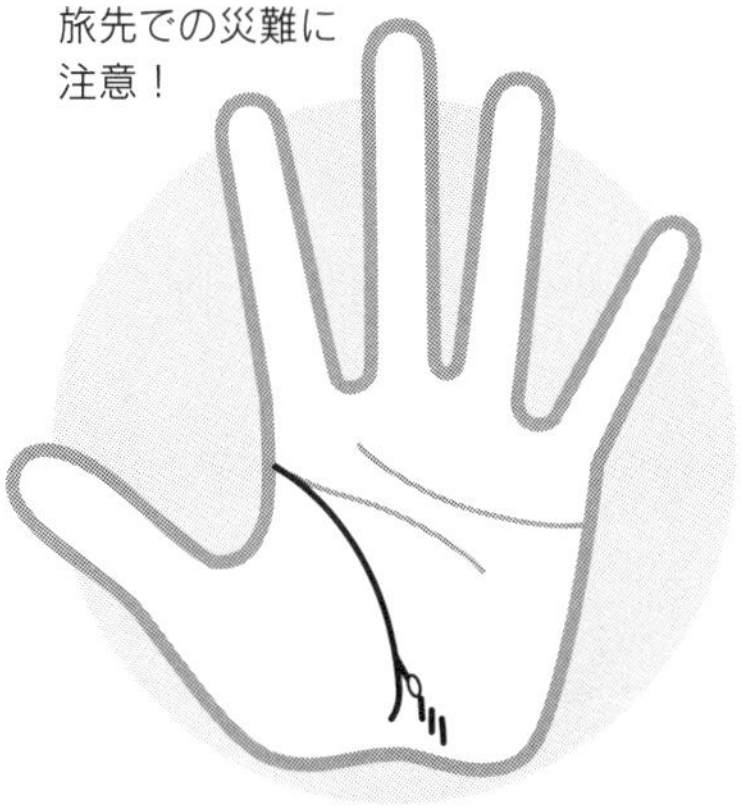

旅先での災難に注意！

します。

旅行の規模が大きくなればなるほど、旅行線の開き具合が大きくなる傾向にあるようです。

注意！

その名のとおり、旅行に関する事象がでる線で、頻繁に旅行にでる人や、海外旅行に行く人、年に数度しか故郷に帰れない人の手に現われます。

上右図のような旅行線になんらかの異常が生じている場合、旅行先・転勤先で災難・トラブルに巻き込まれることを暗示します。

また、旅行線につく島（上右図）は、旅先で受けるショッキングな出来事を暗示します。

もう一度、旅行のプランを練り直すなどして、いつも以上に注意をしてもらう必要があるかもしれませんね。

旅行線につくフィッシュ（上左図）は旅先で生じたなんらかの出来事が、人生を大きく好転させることを意味します。

さらに！

メジャーで成功をおさめているイチロー選手のように、活躍の場を世界に広げても成果が期待できるという意味で「イチロー線」という名前にさせてもらいました。

今、特技やすぐれた仕事の技能をもつ人は、世界をめざしてみませんか。

世渡り上手線

頭脳線の上にできる
縦方向の端線。

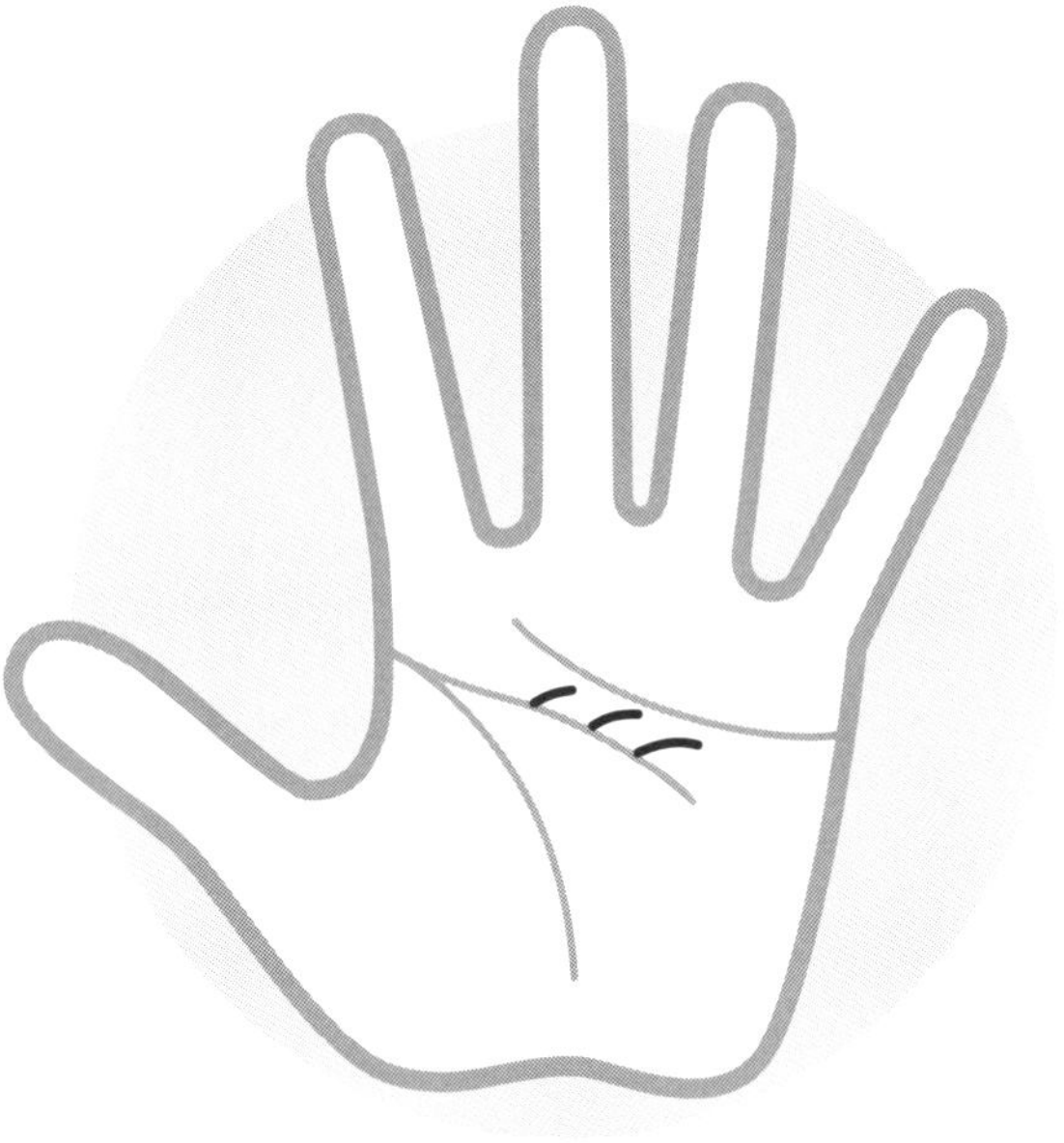

バランス◎、順応性◎。社会を上手に渡り歩ける！

その名のとおり「世渡り上手な人」にできる線です。勉強ができる頭のよさではなく、**「社会で必要な頭のよさ」**をもった人。

高い順応性があり、のみこみが速く、なんでも器用にこなすことができるため、**大成する人が多い**といえます。

常に自分の立ち位置を理解して、空気を読みながら上手にふるまえます。

お金儲けの才能もあり、社交的でコミュニケーション能力もすぐれているため、人気者が多いのも特徴です。

協調性はありますが、八方美人で調子がいいところもあるので、その点、ご注意を。

お見通し線

感情線上、薬指の下
あたりにある
2～4個の楕円。

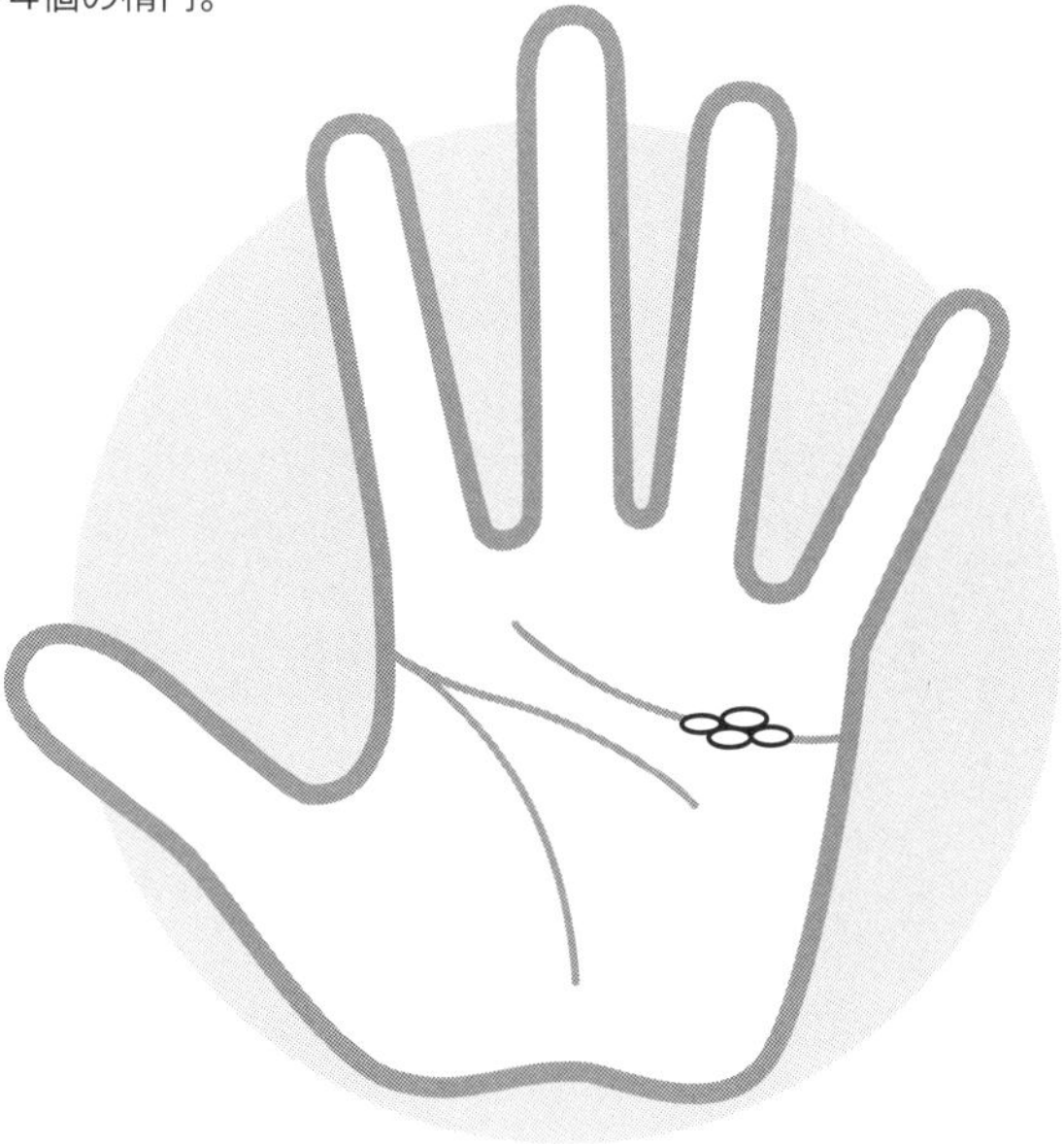

問題解決なんてお手の物！
別名「大岡越線」?!

頭の回転がとても速く、物事の本質を瞬時に見抜く力のある、まさに「なんでもお見通し」という人です。

ポンッ、と瞬時にベストアンサーをだしてくれるため、他人からよく相談をもちかけられるかも。

悩みを聞いてもらうには、うってつけの人といえます。

ありがちな行動

- 😐あっという間に人の特性や本性を見抜ける。
- 😐観察力が鋭いので、人の欠点が目についてしまう。
- 😐心理学など、人間の内面に興味をもつ人が多い。

ギャンブル線

月丘に縦に刻まれる弧形の線。

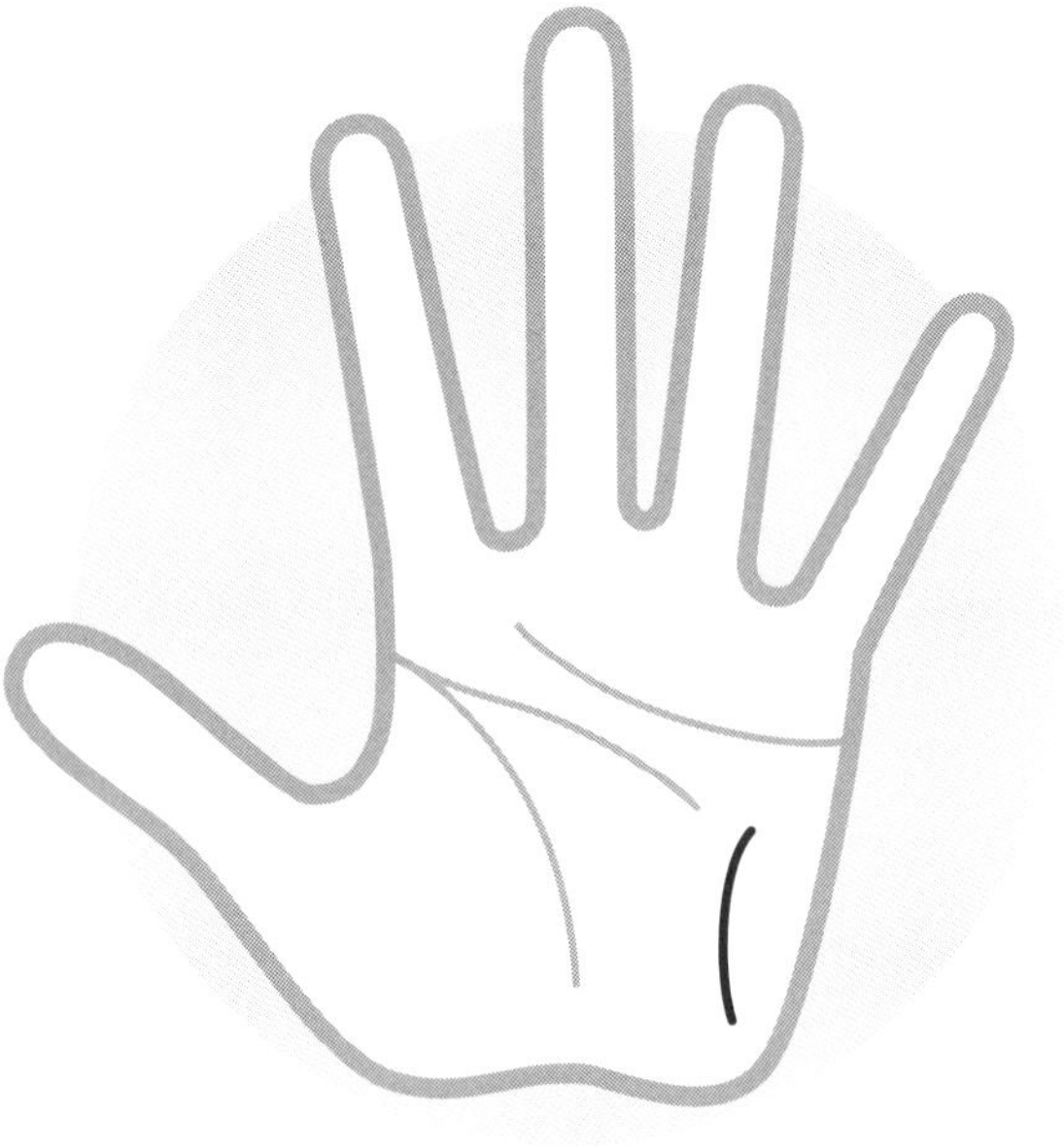

勝負運No.1！直感冴える天性のギャンブラー！

ギャンブルに強い博才《ばくさい》のある人にでる線です。

勘が鋭く、ひらめきの強い人にも現われるので**「直感線」**ともいいます。

この直感とは霊的・神的な直感力を表わすこともありますが、スポーツ選手に刻まれていることが多いようです。

この線がでる「月丘《げっきゅう》」という位置は、縦の線が刻まれにくい部分ですので、とても珍しい線といえます。

もしも明確に刻まれている人がいたら、ある種の霊感の持ち主かもしれません。

一発で相手の特性を見抜くような人に現われるため、占い師にもよくある相です。

スポーツ線

頭脳線の末端、
あるいは途中が切れている。

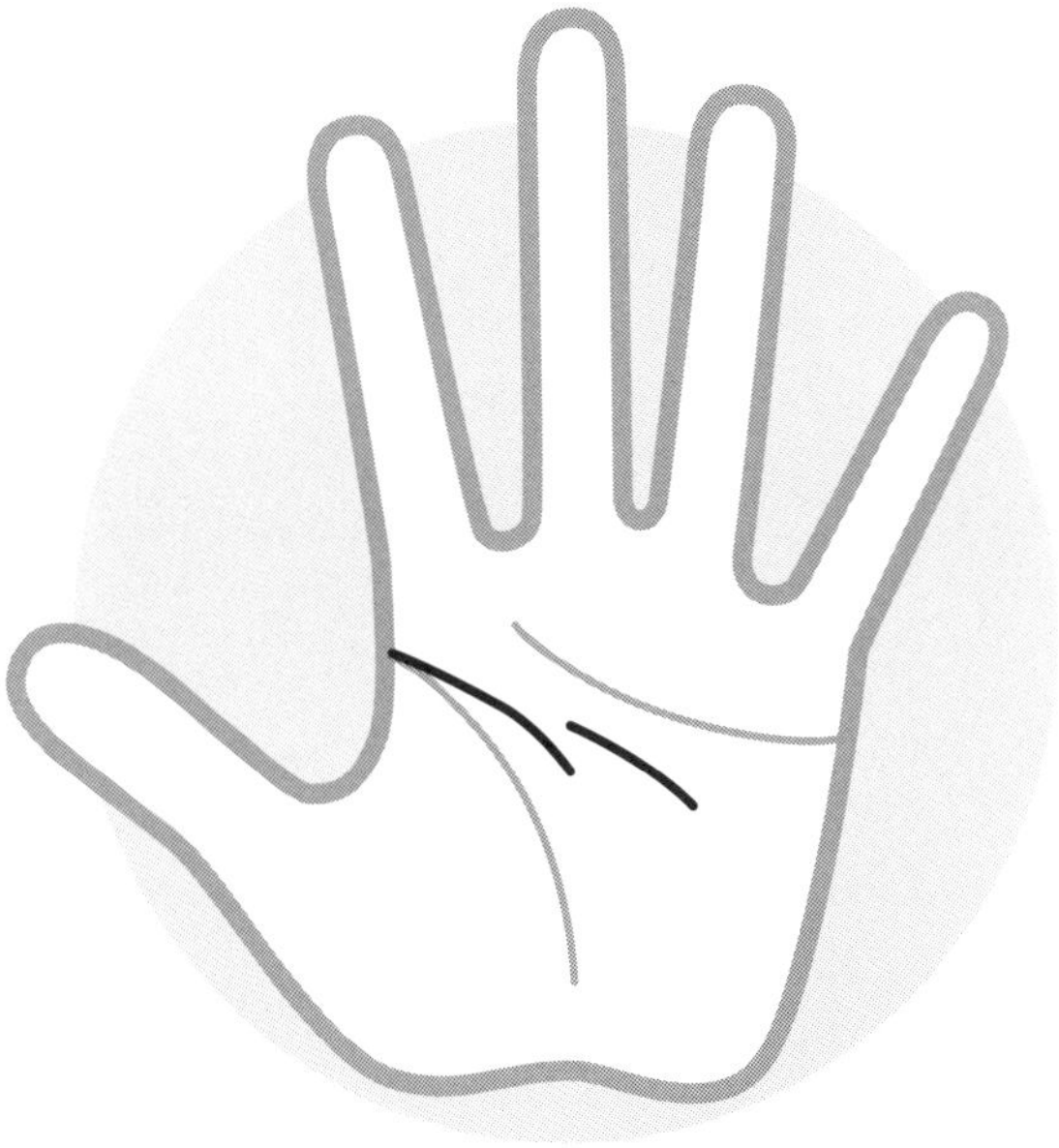

運動神経抜群！
体を動かすことも大好き！

運動神経や競技の能力が発達していて、**体を動かすのが得意なタイプ**です。

じっさいにプロのスポーツ選手に多くみられますが、手先が器用な人や音楽家、ダンサーにもこの線の持ち主が多くいました。

「動物的カン」ともいえる能力をもっているため、迷ったときは、頭であれこれ考えるよりも、直感に頼ったほうが成功に近づきそうですよ。

自分の能力を鍛《きた》えることにも熱心で、そのためにコツコツ地味な努力をすることも得意です。

ただし、エネルギッシュなため、せっかちで落ち着きのない一面も。とはいえ、行動が道を切り開く人。「考えるよりまず行動」ですよ！

ますかけ線

感情線と頭脳線が一直線になる珍しい線。
片手だけなら百人に一人で「百人つかみ」といわれ、
両手になんてあったら
千人に一人の「千人つかみ」
といわれる。

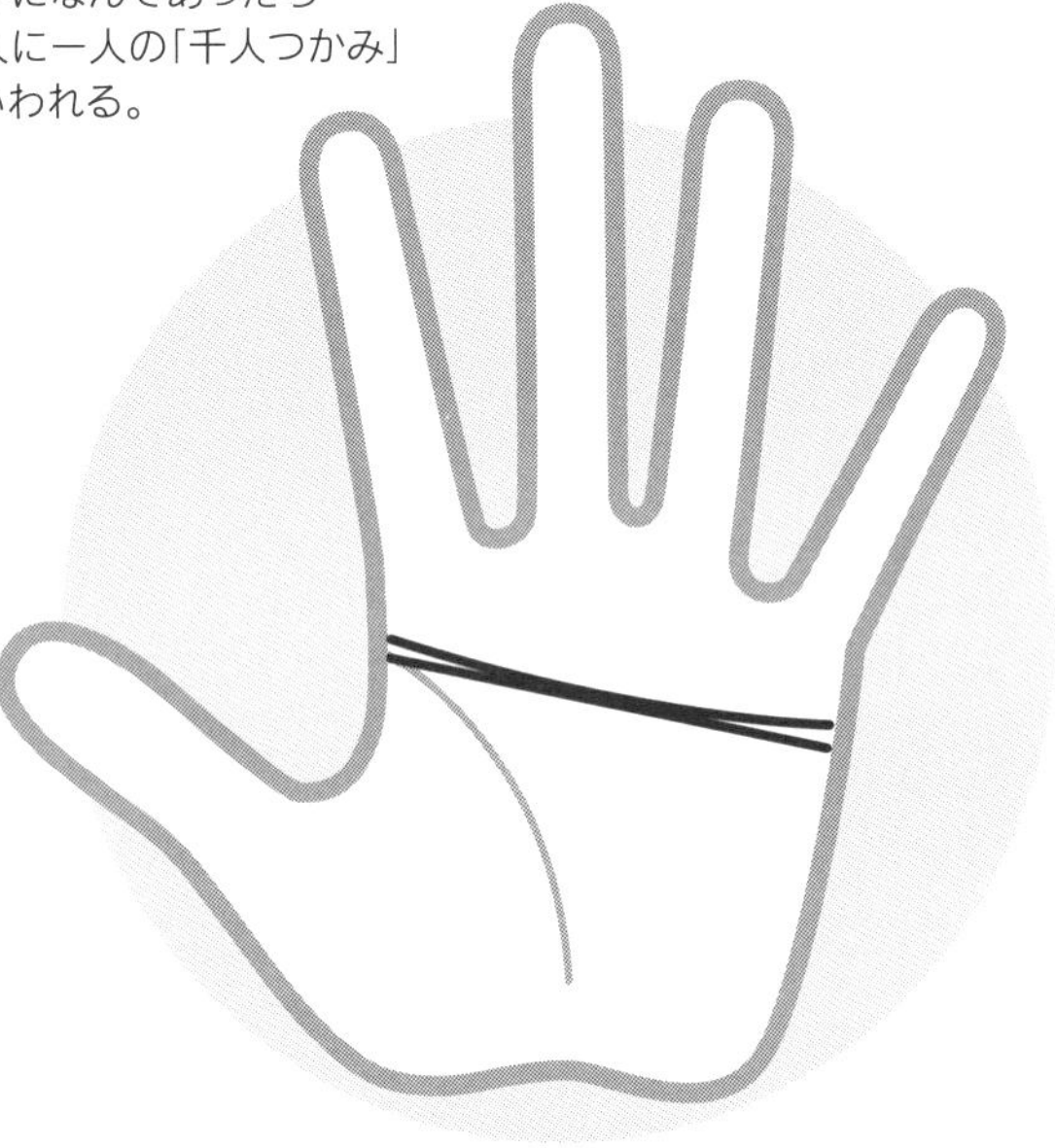

波乱万丈な人生！
とはいっても“天下取りの相”。

天才肌の大人物に現われるとされ、徳川家康にもあったといわれることから**「天下取りの相」**ともいわれます。

指導者の資質をもっていて、独特の魅力と個性、先進的な考えで人を惹《ひ》きつけます。

マジメで多才な人でもあります。

●●● こんな魅力も！

ワンマンで多少強引なところもみられますが、じつは内面の不安やぐらつきを隠すためそのように振る舞っているだけ。

野望達成のために、休まず活動できる気力もあります。

また、**知的で直感力にすぐれ、**

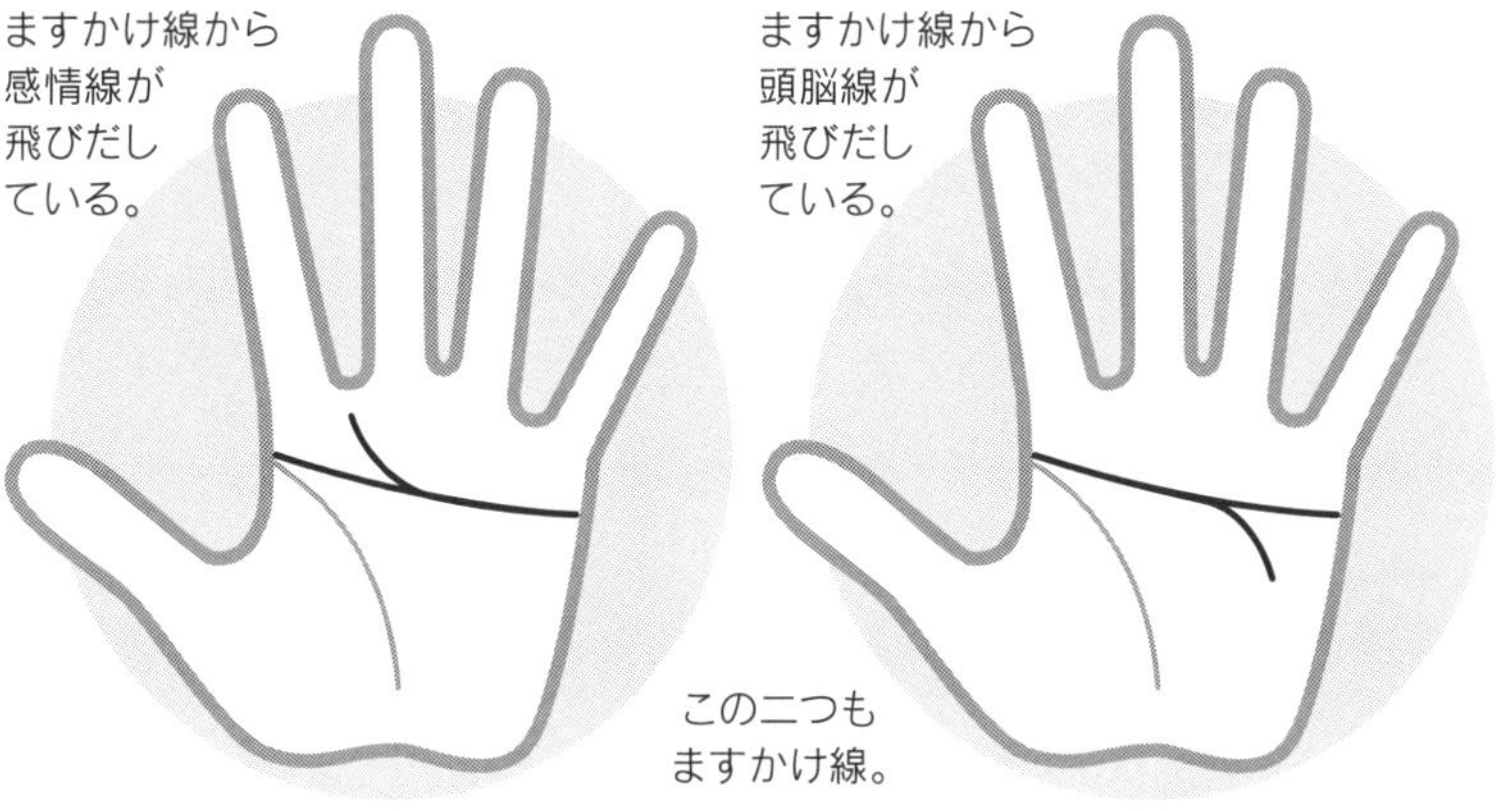
ますかけ線から
感情線が
飛びだし
ている。
ますかけ線から
頭脳線が
飛びだし
ている。
この二つも
ますかけ線。

想像力も豊か。統率力、高い戦略性もあります。

●●● チェック！

常に忙しくしていないと不安になる一面もあります。

商いに奇才を発揮するといわれますが、**その運勢は浮き沈みが極めて激しく、大成功の後の大失敗、大失敗の後の大成功と両極端。**

一時的に大きな損失をしても、すぐに取り返してしまうほど、運気に上下があります。

●●● 注意！

どの分野でも成功できる才能豊かな人ですが、儲からないと思うとすぐあきらめる淡白さと、つかんだ物は絶対に放さない貪欲《どんよく》さの両面を持ち合わせています。

性格としては頑固《がんこ》で意地っ張り。一度いい始めたらテコでも動かない面もみられます。

ただし、強情・意地っ張りな性格が裏目にでると、周りの人に**「とっつきにくい人」**や**「変人」**、**「変わり者」**と思われてしまうかもしれません。

嫉妬心や執着心も人一倍強いので、恋愛相手がこの相だと苦労するかも。

オタク線

月丘の下部で、手の甲から手の側面を通り、手のひらまでつづいている線。

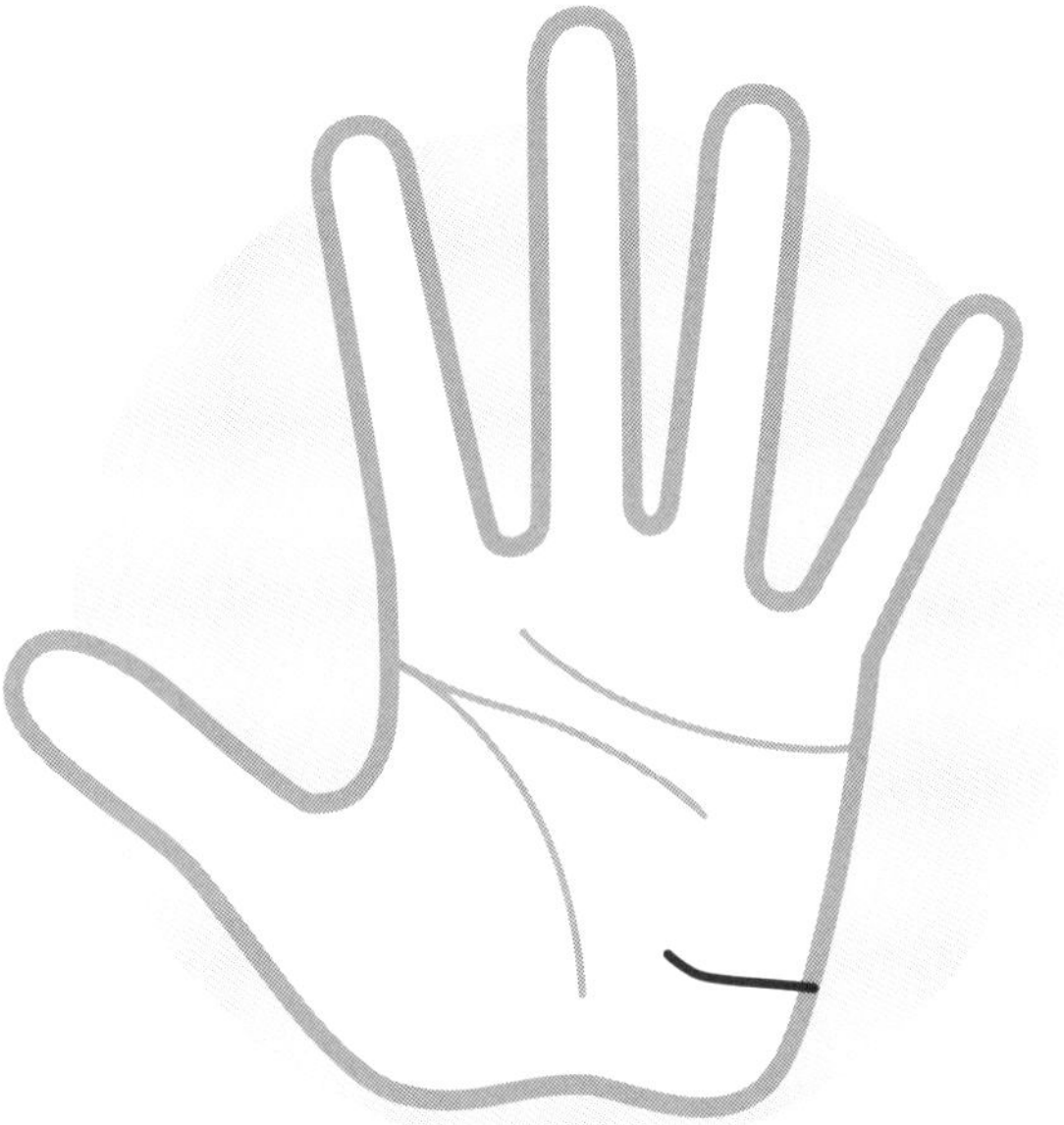

型にハマれば強さを発揮。こだわりすぎな面も。

凝《こ》り性な人に現われる線です。ものごとに対して没頭する性質がありますが、夢中になりすぎて周りがみえなくなることもあるので、この点においては注意が必要です。

この線の持ち主は、一つの物事への集中力と持続力があるため**「職人的気質」が必要な分野の仕事に就《つ》くとよいかも**しれません。

なんにしても、ハマりすぎには要注意です。

ありがちな行動

- 収集癖がある。
- うわべトークが苦手。
- 買い物は一人が好き。

実業家線

事業も次々と成功！お金を生み出す“やり手”No.1！

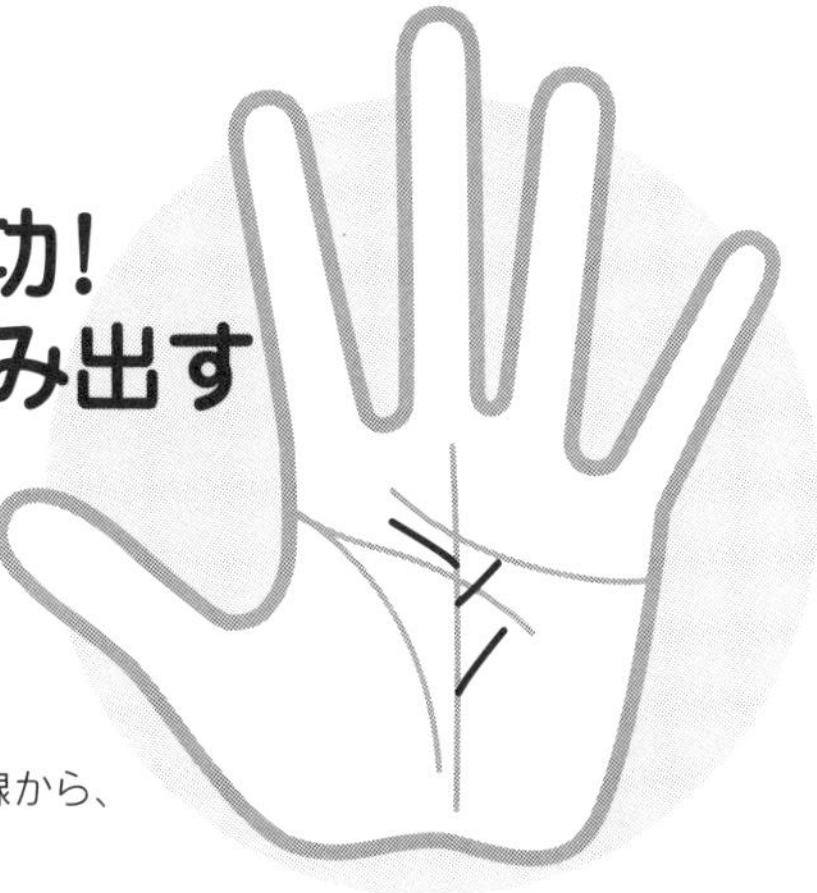

手のひら中央の運命線から、斜め上にでている線。

まさに**「やり手」**といわれるほど商才に長けた人です。**リーダーシップがとれて、金運がよいという、すばらしい手相**です。

複数の事業を同時に成功させる可能性があり、バイタリティにあふれています。

芸能界でいえば、大橋巨泉さんや神田うのさんなどにあったといわれる相です。

本業のほかに、手広く、複数の事業を副業としてやっていても、そこからさらにチャンスを広げられる能力があります。自分の可能性を広げるべく、いろいろなことに挑戦してみてください。

チェック！

器用で多才、マルチな能力があり、成功を約束された人ですが、**ちょっとミーハーで、新しいもの好き**、それが高じて「移り気」となり、人に迷惑をかけることも。

また、奥底にある怠け癖が顔をだすこともありますので、気をつけてくださいね。

すごい年上とか、すごい年下とか、自分と年齢の離れた人がチャンスをくれることが多いようです。

またこの線は、**今やっている自分の仕事が、どんどん多様化することの暗示**でもあります。

不動産線

運命線と金運線を
横切る線のこと。

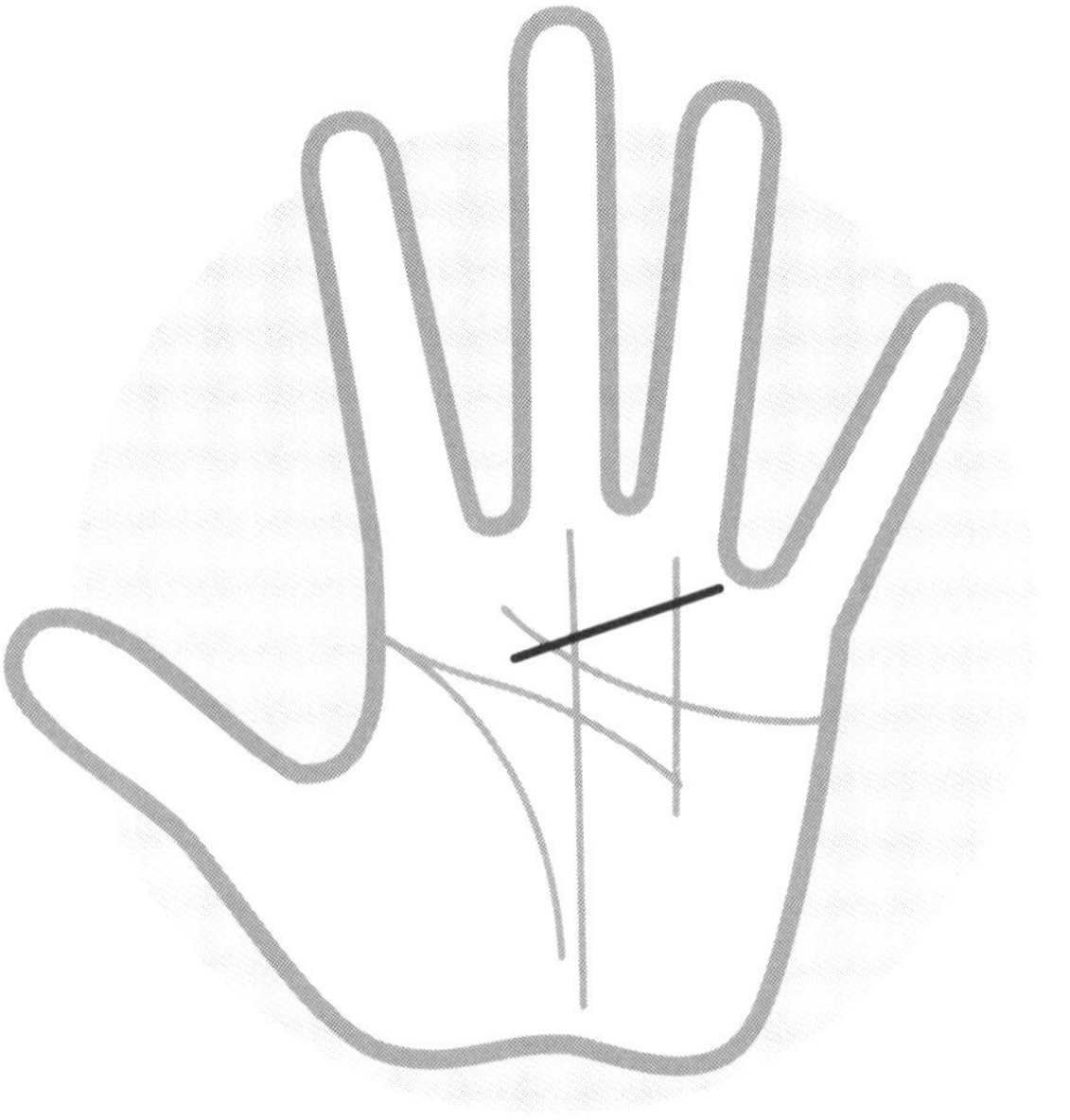

不動産関係に力を発揮！ マイホーム購入も吉?!

その名のとおり、**不動産に強い人**。不動産にかんする仕事をすることで、お金を得られる相です。マンションやアパート、駐車場経営など、家賃収入で暮らせる人にもできます。

さらにこんな人も！

「そろそろマイホームの購入を考える時期かも」という暗示でもあります。「いい物件にめぐり合える」というサインでもあるので、家探しの準備をしてみては。

若い人の場合は「引っ越し運が上昇している」というサインであったりします。

基本的には、お金に恵まれた人といえるでしょう。

ヘッドハンティング線

一本の運命線ではなく、切れ切れの運命線が連なっているもの。手首のほうから、左に左にと左上がりになっていく。

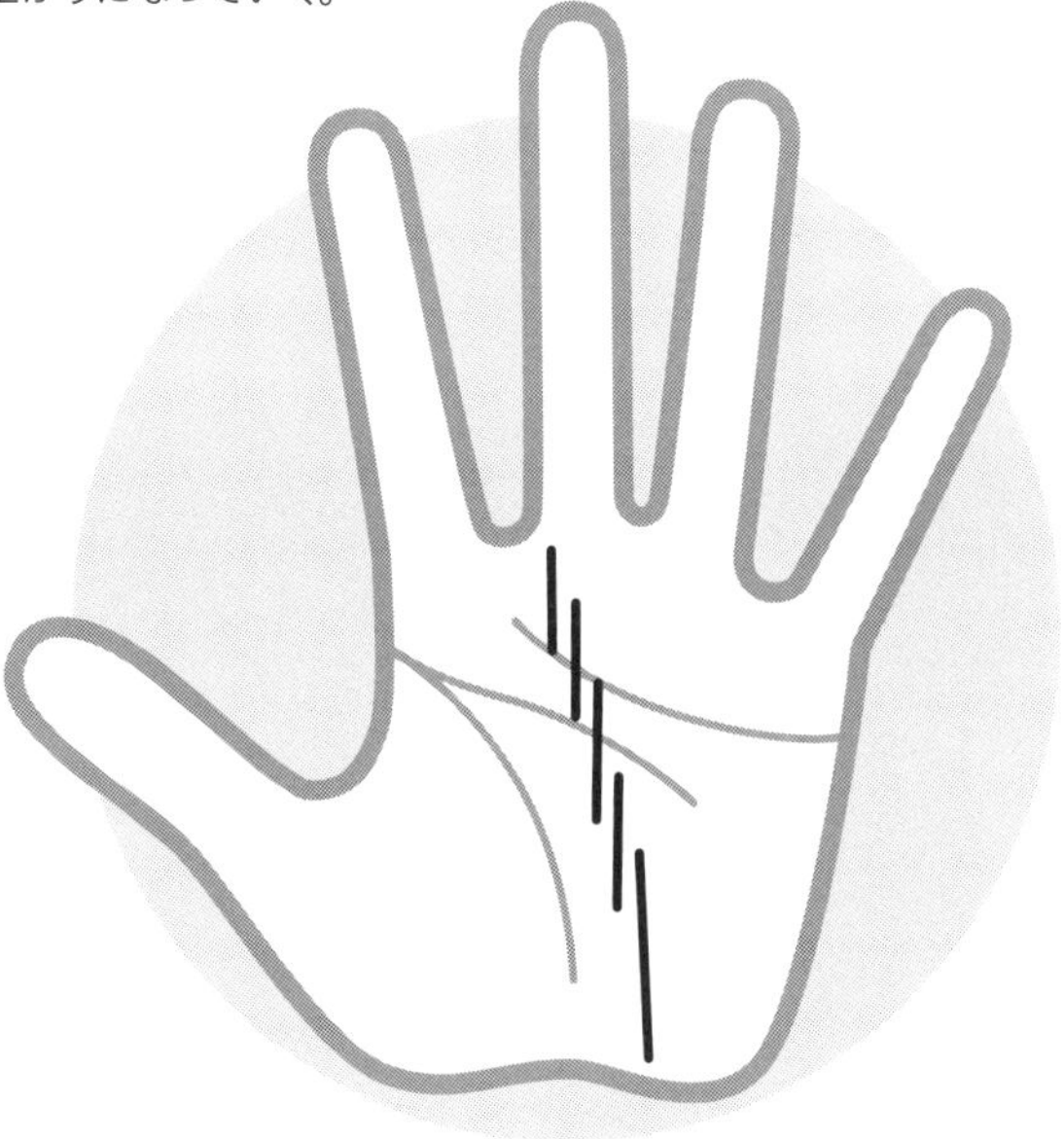

転職が明るい未来を暗示?! 昇進の可能性も…！

別名**「転職線」**ともいい、仕事を変えることでステップアップしていける人です。

以前よりヤリガイのある仕事に就けたり、年収アップ、昇進なども暗示します。なので、転職や「会社を辞めたい」と思っている人は、思いきって動いてみては。人生が好転するかもしれません。

こんな魅力も！

転職先で成功できるあなたは社交的で、強い信念と強靭《きょうじん》な意志の持ち主です。理想や刺激を常に追い求めるタイプで、冒険や旅行も大好きな人です。

多少、しきりたがりの傾向もみられます。

あしながおじ線

第三者からの援助が?! 感謝の気持ちを忘れずに!

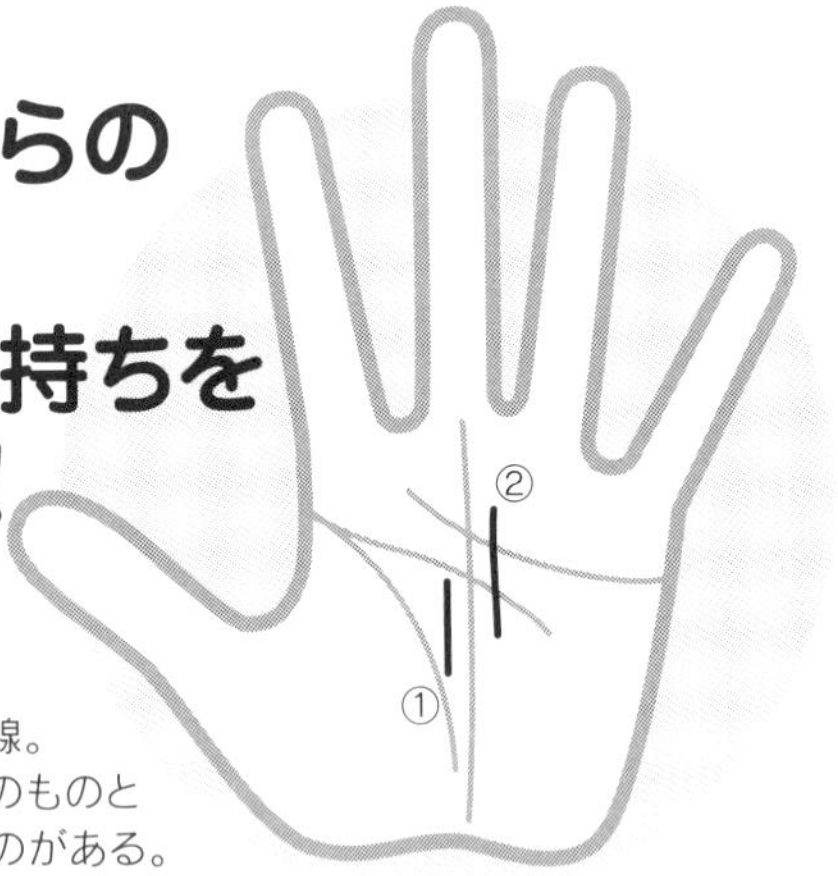

運命線の脇にできる線。
①内側(人差し指側)のものと
②外側(薬指側)のものがある。

第三者の援助や助言によって成功できる相です。

内側(人差し指側)の線は家族や親せきの、外側(薬指側)の線は他人の援助を期待できる人です。

人生や仕事における大事な選択や決断の際は、内側の人は身内に、外側の人は第三者に相談することがよい結果につながります。

ふだんの仕事も、人に支えられることで成長できます。

家族の存在を支えにして思いきり仕事ができる人、部下や上司、社外の人に支えられて成長する人がいます。もちろん、成功は自分の実力によるものですが、その影には、いい助言をしてくれる人がいたり、いい出会いがあったり、第三者の存在がみえます。

チェック!

名参謀をもつことで、さらに運をのばす人ですが、その選び方も、内側(身内)か外側(第三者)かに分かれます。

その人の助言を、すなおに聞けるか否かが、成功のカギを握るといえるでしょう。

この相の人は、**常に人のつながりを大切にすることがポイント**。うわべだけのチャライつき合いや、相手を利用する打算的なつき合いは、先を暗くするのでご注意を。

長つづきしま線

飽きっぽく投げ出しがち?! 少し忍耐力を!

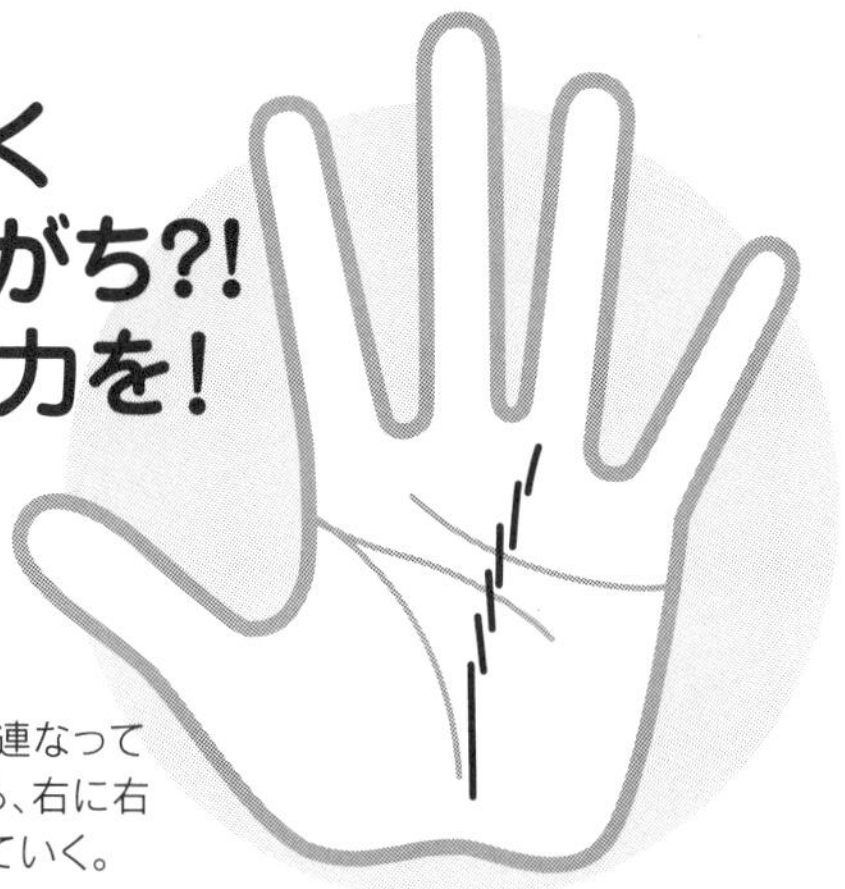

運命線が切れ切れに連なっている。手首のほうから、右に右にと右上がりになっていく。

別名**「投げ出し線」**。飽きっぽく、なにか一つのことにじっくり取り組むことが苦手な人です。グラビアアイドルの方などによくみられました（笑）。

基本的に、正義感が強く、人に気をつかえる人ですが、忍耐力がないのは弱点。

注意!

感情が表にでやすく、ちょっと無責任になりがちな面も。

コツコツ努力が苦手で、すぐに夢を語りだします。また、グチが多く、早トチリする傾向も。

どっしりと腰を落ち着けて取り組むクセをつけないと、ずっと定職につけないなんてことにもなりかねませんよ。

- **口癖は「要は」「逆に」などで、〝デキます的なオーラ〟をだす。**
- **「俺がドームに行くと巨人負けちゃうんだよ」とか、売れた夕レントをみて「俺はかなり前から目をつけてたよ」とか、お笑い番組や若手芸人をみて「俺のほうが面白い」などという。**
- **流行を先取りする。**
- **下北沢に多そう。**
- **自己弁護が多い。**
- **先輩よりも後輩と遊ぶのが好き。**
- **気分によって電話にでない。**

商売人線

数字を扱わせたら天下一品！でもお金に執着は×。

頭脳線の先が上に向かっている。

超現実派の人です。物欲・金銭欲が強く、ものごとに強く執着するタイプです。

株取引や銀行員など、お金に関する仕事に就くと吉。すごい力を発揮し、天職といえそうです。

●●● 注意！

ただし、あまりにアコギになりすぎると、敵をつくることになるので、この点にはご注意を！

完璧主義で批判的な面がありますが、そのぶん、仕事はきちんとやりたいタイプ。なので、部下や周りの人は、息が詰まってしまうこともありそうです。

ムードづくりはけっして上手とはいえず、感情に流されることもないので、他人には冷たい印象を与えてしまうかも。

- **迅速《じんそく》な判断力にすぐれる。**
- **仕事でうまくいかないと、少し暴力的になることも。**
- **良くも悪くも父親の影響や体質を受け継ぎ、男性っぽい。**
- **ものの考え方が極端。やるときはとことんやるが、いきなり方向転換することも。**
- **来るものは拒《こば》まず、去るものは追わず。**
- **なにより自分の要件を優先。**
- **敵に回すと怖い。**

理系線

論理的な思考の持ち主！頭の回転も速い!!

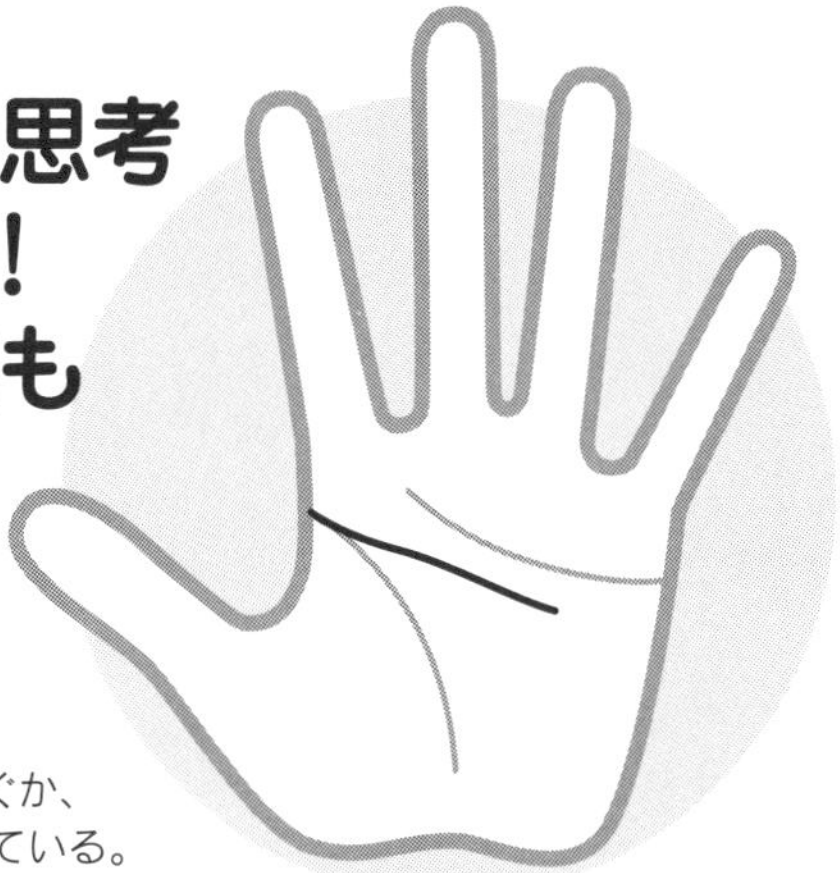

頭脳線の先がまっすぐか、やや下降気味に流れている。

理系方面への適正を表わしている相。**物事を論理的に考えるのが得意な人**です。現実派ですね。

直感やひらめきよりも、自分のなかで構築された理論を重視し、そこから導きだされた答えで進むタイプ。

●●● こんな魅力も！

論理的で行動力もありますが、頑固。ただし、探究心旺盛《おうせい》で、頭の回転が速く、リーダータイプといえます。ものごとを瞬時に判断して行動に移す能力もあります。

基本的に、人の上に立つ資質がありますが、精神よりもむしろ物質方面への適正が強いので、部下を掌握《しょうあく》するときは、ウソでもいいから気持ちをわかってあげる態度をしたほうがいいですよ。

- **感情も情報も入り乱れたグチャグチャの話を「要はこういうことね」とスッキリ整理できる。**
- **記憶力にすぐれ、飲み会の席のどうでもいい与太話まで覚えている。**
- **肉の焼き方はこうとか、鍋奉行が多い。**
- **自慢話が多い。口グセは「最近、睡眠時間、3時間だよ」。**
- **カウンセリング能力があるが、人の話に興味はないかも。**

文系線

愛される お調子者! 独自のアイデアが光る!

頭脳線の先が下降している。

物事を論理的に考えるのは苦手な人です。

でも、ひらめきや独自の発想、アイデアには自信あり。**創作活動に向き、作家や美術・芸術方面への才能を秘めています。**

ちょっとお調子者が多いようですが、それも大きな魅力。

周りからのサポートを得て、自信をもって突き進んだときのパワーとエネルギーはすさまじく、だれよりも輝ける人です。

ぜひ、いい意味で周りからノセられてくださいね。

他者が理解してくれると、どんどん実力がでるタイプなので、応援してあげましょう。

●●● 注意!

基本的には性格も明るく、職場を元気に盛り立てたりもしますが、**意外と小心者で、傷つきやすい面も**あります。

失敗に落ち込むこともありますが、クヨクヨ考えているのが面倒になり、**そのうち勝手に立ち直ります。**

😐**カラオケでノリノリ。人の歌のときにも大声で歌う。**

😐**車でダッシュボードの上のサングラスを取ろうと手をのばしたらクラクションを押してしまう。**

芸術家線

美的センスはピカイチ！妄想の世界が好き？

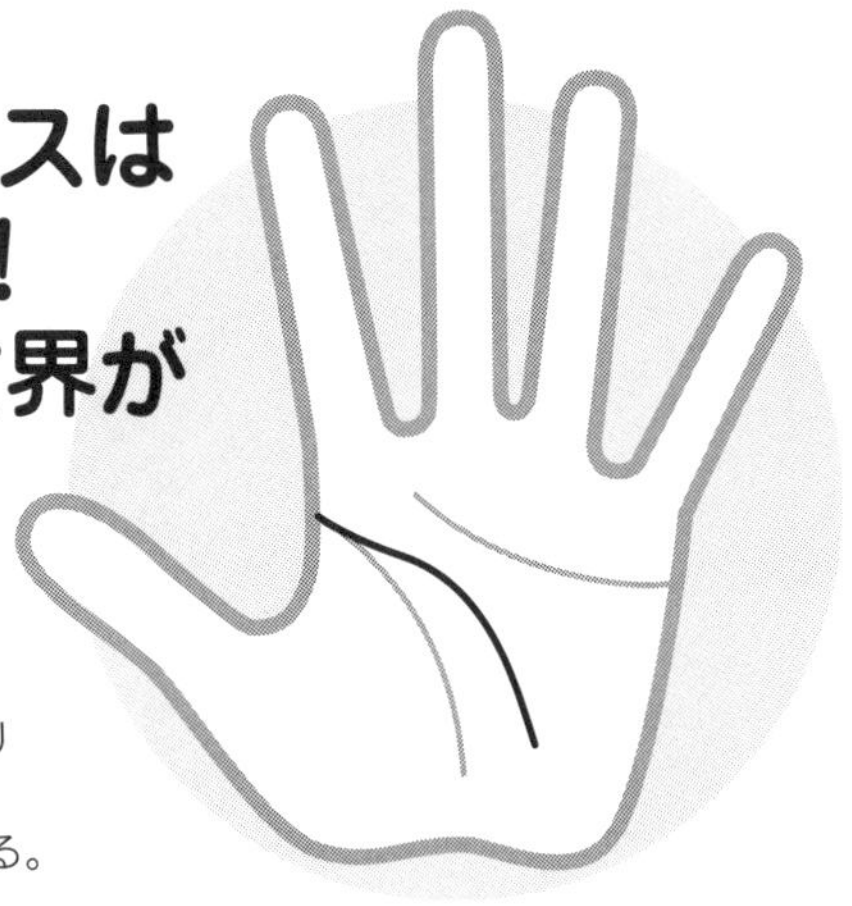

頭脳線の先が、かなり極端に下がり、手首近くまで下降する。

基本的に「文系タイプ」の延長ですが、**頭のなかで夢物語を描いたりする傾向がより強い人**です。美術・芸術に関する才能はピカイチ。ただし、現実から目をそむけがちなので、生活力の乏《とぼ》しい方が多いかも。タレントさんにはかなり多い手相です。

●●● 注意！

別名「**妄想族線**」。思考がどこまでも膨《ふく》れる傾向があります。

また、かなりのロマンチストなので、元気なときと落ち込んだときの差が激しいかもしれません。ものごとを深く理解したい人なので、一人で物思いにふけり、孤独になることも。

何か問題があると、逃げたり後回しにする傾向はないですか？もう少し早めに行動するクセをつけましょう。

- 😐**いくつもの仕事を同時にすすめられない。**
- 😐**仕事はいつも期限ギリギリで、「あと三日あれば」が口グセ。**
- 😐**じつは過去を振り返りやすい。**
- 😐**寂しがり屋の割に、一人でいることが好き。**
- 😐**「私って○○な人じゃないですか？」と会話は自分本位。**
- 😐**知的で少し変わった異性が好み。**

ひきこもり線

繊細でデリケート。でも殻に閉じこもりがち？

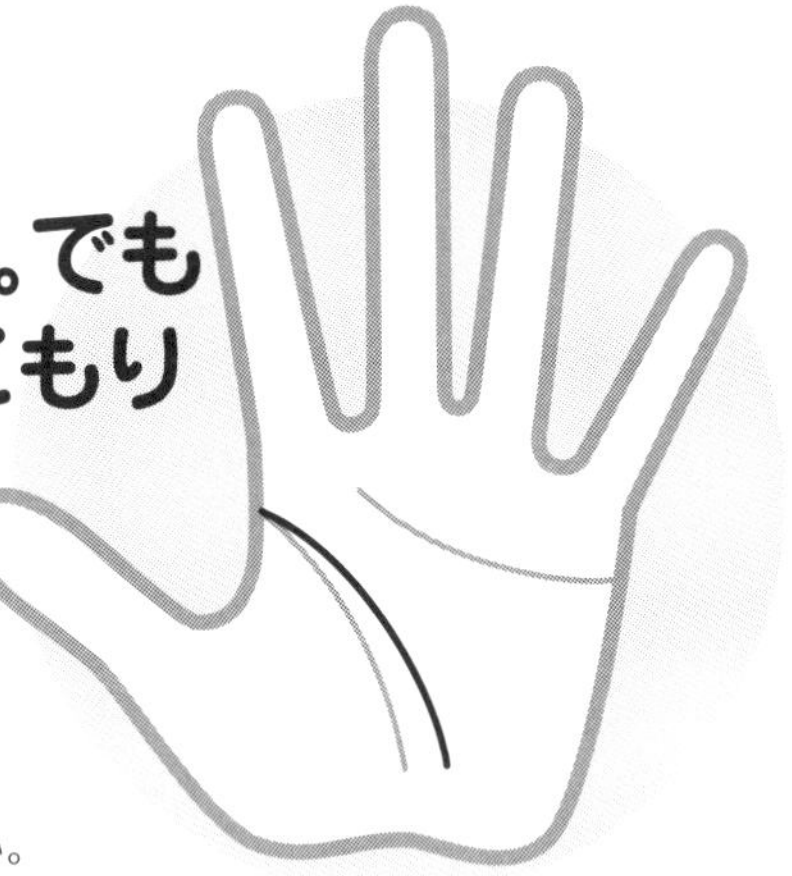

頭脳線が急下降し、
さらに張り出し方も弱い。

厄介な問題から逃げようとする傾向があります。

感受性が強く、繊細なので、トラブルへの警戒心も強いのですが、そこに強い自己愛が加わるので、問題から自分を遠ざけて我が身を守ろうとします。

●●● 自己矛盾の人！

自分の才能を強く信じているために、失敗すると「私のせい」と自分を責めてしまいがち。なのに、自分大好き人間なので、責任を放棄して逃げだすことも。

マイナス思考と自信が同居するので、ふつうの人が気にしないことでも悪いほうにとらえたり、自信があるくせに、「どうせ私なんか」といって、周囲の気をひく困った人も。

その繊細さと、高い批判精神を武器にすれば、辛口のコメンテーター的な存在に。職場でも重宝される人になれますよ。

- **携帯をキラキラ飾りつける。**
- **大きい音に弱い。**
- **相手がコップをガンと置くと「怒ってるの？」という。**
- **外食よりコンビニ弁当派。**
- **美容院やタクシーでは話しかけられたくないので寝たフリをしてしまう。**

消極線

争い事は大の苦手。なかなか自信が持てません。

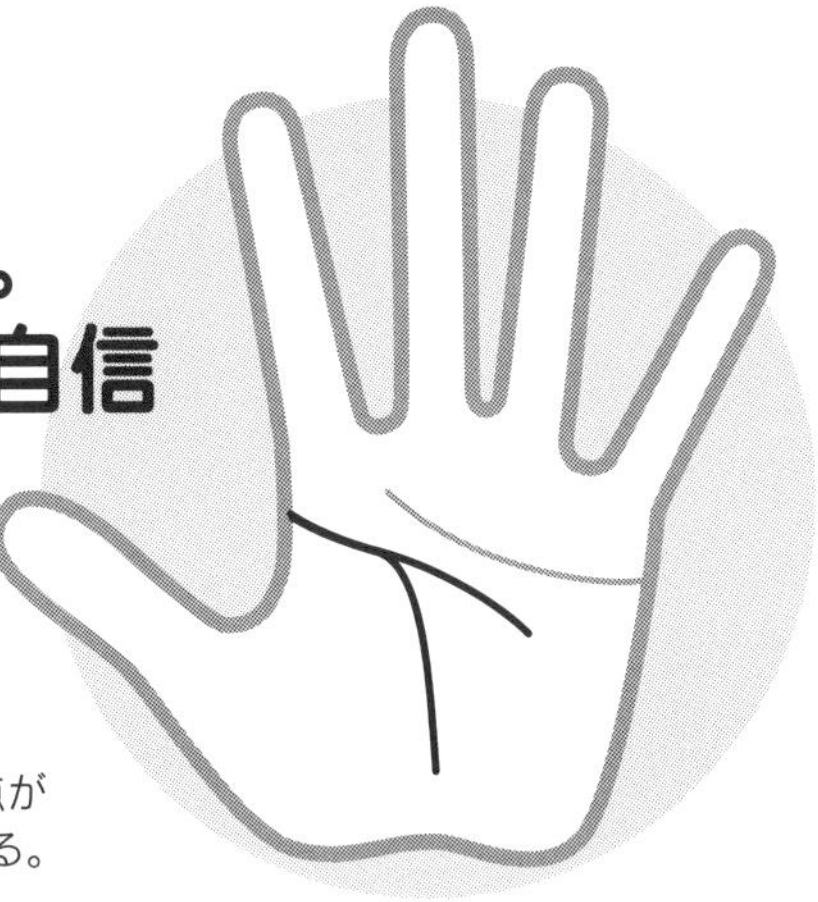

頭脳線と生命線の起点が大きく(2～3㎝)重なる。

慎重派な人です。この二つの線がくっつけばくっつくほど、依存度が高く、相手にふりまわされやすいといえます。

心配症、自信がない、忍耐力の欠如《けつじょ》などから、流されがちな人が多いようです。

●●● アドバイス!

自分の意見はこうですと言い切ることも苦手。洋服屋さんに行っても、店員さんが「なにかお探しですか？」と寄ってくると、「あ、大丈夫です」と逃げたりしがち。

周りに気を使いすぎて疲れていませんか？ **もっと自分をだしても大丈夫ですよ！**

- **人にものを貸したあと「返して！」といえない。**
- **占いは「いいことしか信じない」と口ではいうが、悪いことを忘れられない。**
- **「わかる、わかる」が口グセ。**
- **会議で発言するとき「○○さんもいったように」とか、「まあ、こんな意見もあるんだ程度でちょっと聞いてほしいんですが」とか保険を打つ。**
- **沈黙や間が怖くて、しゃべりつづける。**
- **笑顔なのに目が笑ってない。**
- **恋愛は半径5メートル以内。**

引っ込み思案線

常に漠然《ばくぜん》とした不安を抱えている人です。**優柔不断、気持ちが変わりやすい、心配症**などの傾向もみられます。

人によい印象を与えたい！ という気持ちばかりが先行しがち。周りの空気ばかり読みすぎて疲れていませんか？

●●● **注意！**

ときには積極的に発言しないと、「あいつは依存してばかりで自主性のない人だ」なんていわれてしまいますよ。

相手に合わせてばかり？ もっと自分を出して！

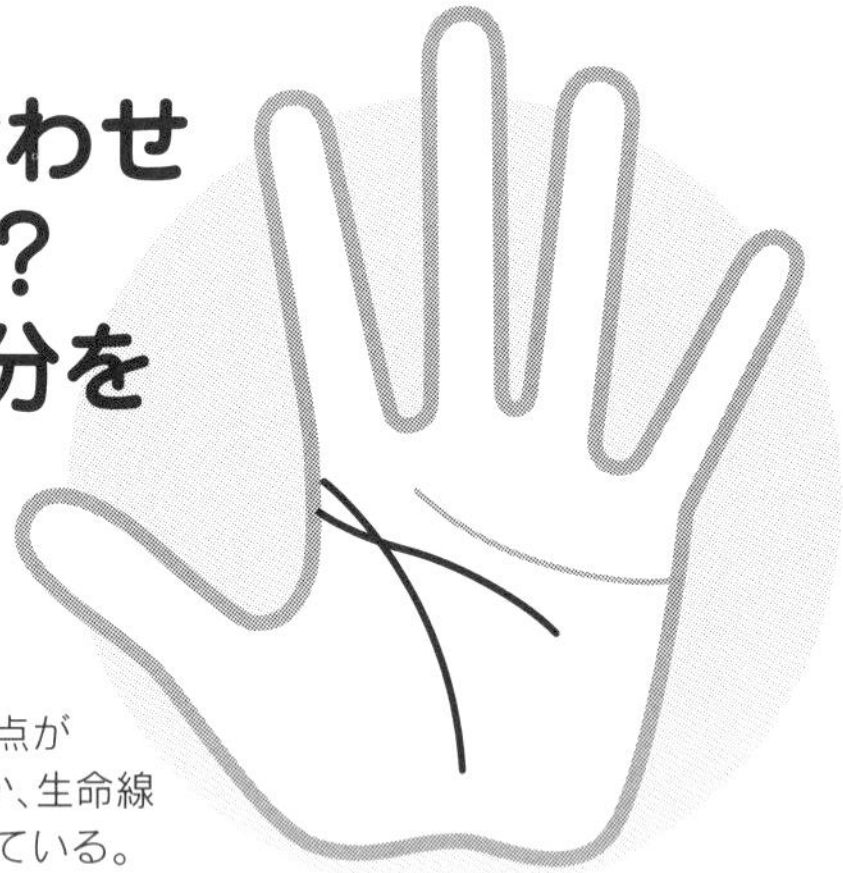

頭脳線と生命線の起点が大きく重なるどころか、生命線が頭脳線の上からでている。

不安や心配事があるとイライラしたり、人に冷たくなったりするので、常に前向きを心がけて。

感情の起伏《きふく》が激しいのですが、親しくない人にはそれがわからないので、「情緒不安定」と思われてしまうかもしれません。

- **😐レストランのメニューがなかなか決められない。店員さんがきて追い詰められると「じゃあ、○○さんと同じもの」と半端な決断をする。**
- **😐強く頼まれると断れない。**
- **😐バイト仲間から「次の休み代わって」とよく頼まれる。**
- **😐タダで残業してしまう。**
- **😐待ち合わせ場所は、なぜか相手の家の近く。**

ボランティア線

人類の奉仕者！高い理想に突き進む聖人か?!

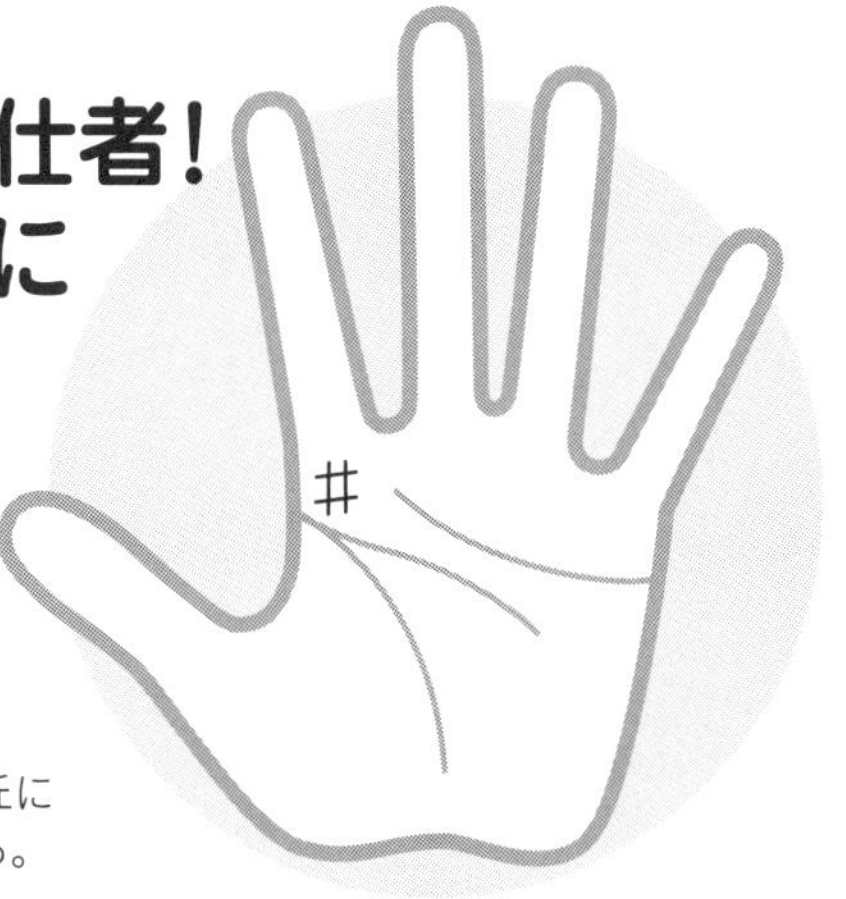

人差し指の下の神秘丘にスクエア(#)ができる。

社会福祉的な仕事が天職の人。**ボランティア精神が旺盛**で、とにかく人のために動くことが苦にならない。っていうか、それに喜びを感じるタイプです。

「自分はこの世に生まれ、人のためになにができるのだろう」と常に自問自答する崇高《すうこう》な気持ちの持ち主。**お金にならない活動も、愛があればOK**です。

●●● チェック！

人に何かを根気よく教える能力にも長《た》けているので、教師なども適職。

強い使命感をもって生きているので、ちょっと頭のかたいところもありますが、基本的に「いい人」です。

ただし、ズボラな人や、道徳観に欠けた行動、反社会的な行為には、うるさいところも。

それが行き過ぎると、融通《ゆうずう》のきかない頑固者になったり、独善的な理想主義者となって、人から煙たがられることもあるので、注意が必要かもしれません。

- 😐**趣味は、電車で席ゆずり。**
- 😐**電車で化粧してる女性の前で咳払いをしてしまう。**
- 😐**ニュースをみていて、ツッコミを入れてしまう。**

ナイチンゲール線

小指と薬指の間のつけ根あたりに入る
2～3本の縦線。
薬指の下に入ることも。
不思議ちゃん線よりも
長いのが特徴。

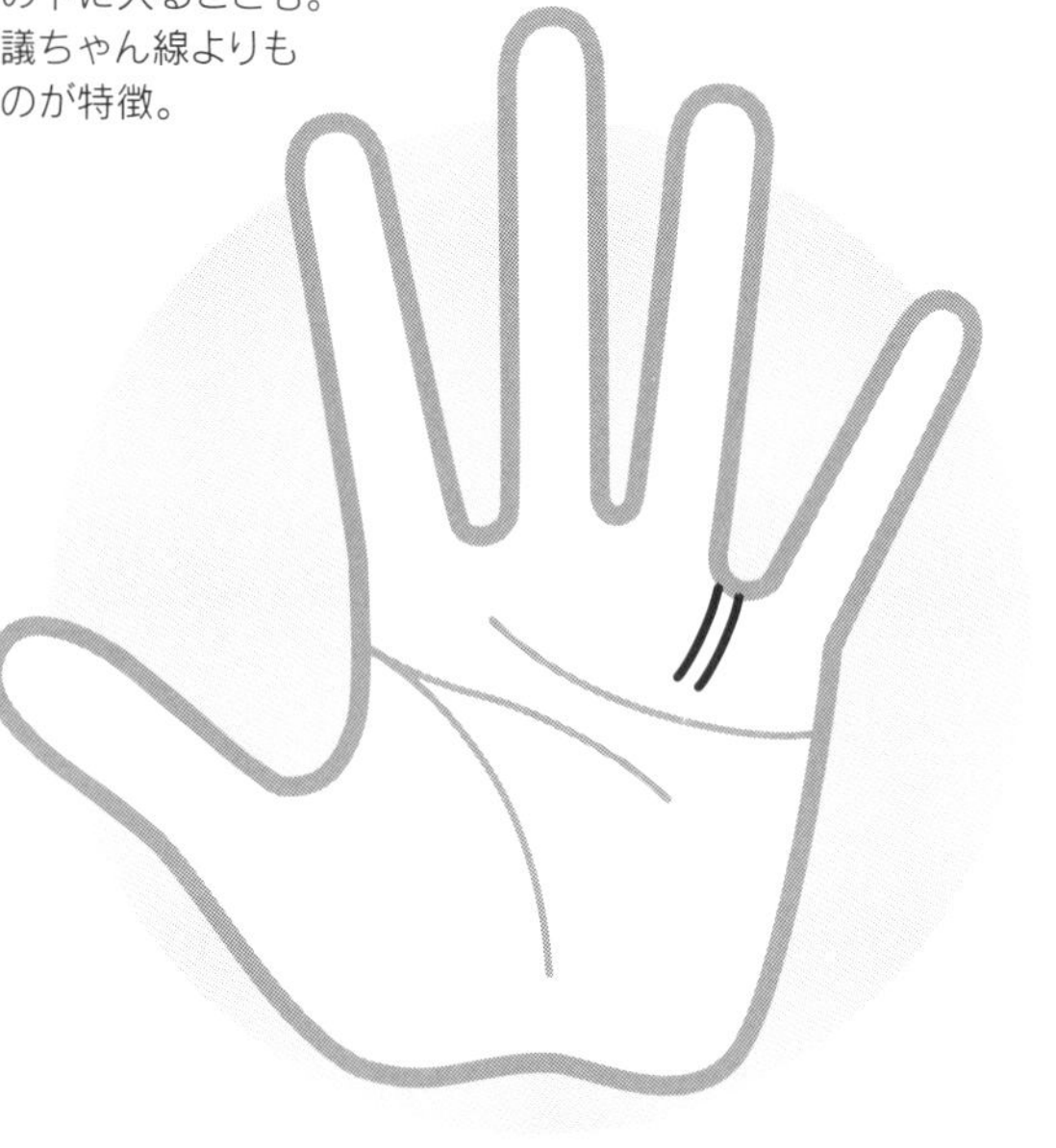

天性の癒し系。医療関係で力を発揮する弱者の味方！

別名「メディカル・ライン」ともいい、医師や看護師さんなど、医療の技術に長けている人に現われる線です。

製薬会社などでも力を発揮できそう。

人を癒す仕事への適正が高いので、カウンセラーなどにも向いています。

病気やケガをしたとき、あるいは疲れたときに、そばにいてくれるだけでホッとする人っていませんか？

そんなタイプには、この線のある人が多いようです。

弱い存在に力を貸して助けてあげられる人なので、獣医さんや保育園の先生などにも向いていそうです。

CHAPTER 3

結婚の章

婚期や不倫がよくわかる結婚線の占い方

小指の下と感情線の間にできるのが結婚線です。

この結婚線については、多くの人の誤解があるようです。たとえば、「私は結婚線が3本あるから3回結婚するのですか?」という俗説。

でも、そんなことはありません。

基本的に、結婚線が複数本ある場合は、いちばん長くて、強い(はっきりした)線で占うだけです。

とはいっても、理想的には、長い線がビシッと1本だけあるものがよいとされています。

ひとりの人を愛し、生涯添い遂《と》げる運命にあるといわれます。

☆

結婚線の基本的な見方として、結婚線がグイ~ンとのびてくると結婚が近いという暗示、といわれます。

☆

結婚線の位置でおおよその婚期もわかるといわれます。

小指のちょうど中間あたりを目安に、結婚線がそれより下に刻まれている場合は「早婚線」、上に刻まれた場合は「晩婚線」

といわれます。

男性の場合は、その中間の目安が27歳～28歳くらい。

女性の場合は24歳～25歳くらいと考えます。なので、女性の場合、中間より上にあれば25歳以降、中間より下にあれば24歳以前の結婚を暗示します。

ボクが手相をみてきたなかで「早婚線」の女性は、学生時代からつき合っていた彼と結婚したとか、恋に落ちた勢いで結婚したとか、赤ちゃんができて結婚したとか、親が早くしろというので結婚したとか、若いころに〝やんちゃ〟していた…というケースが目立ちました。

東京に住む人の初婚年齢は地方より高い、というデータもあるそうですが、手相にもそれが現われていたのは、驚きです。

幸せ婚線

ハッピーライフ間違いなしの幸せ者!

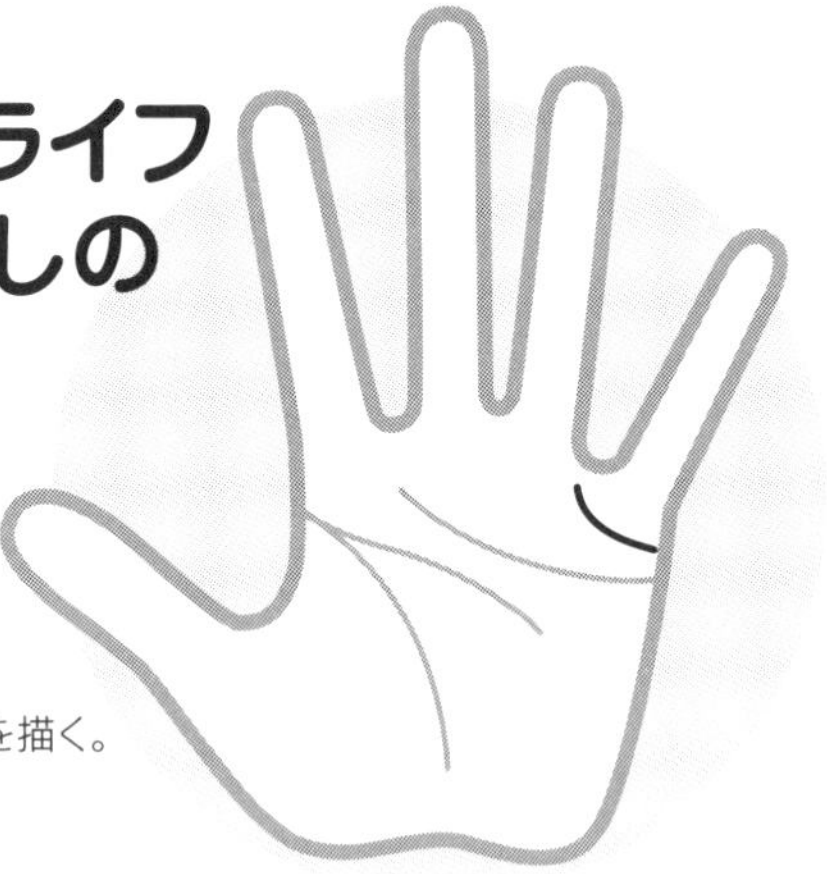

結婚線が上昇カーブを描く。
上昇しているほど、
その度合いも強まる。

文字どおり、幸せな結婚生活を送れる人に現われる相です。

なので、まだ未婚の方、おめでとうございます! あなたには、**夢のような結婚生活が待っていますよ**(笑)。

●●● 結婚してる人は!

すでに結婚している人は、今、とても円満な家庭生活が送れているはずなので、今後も奥さんやダンナさんを大事にしてくださいね。**良妻賢母、マイホームパパが揃《そろ》う理想的な家庭**といえます。

もしも今、結婚に自信がもてないという人も、この手相の人をパートナーに選ぶことで結婚運が引き上げられ、安定した家庭で、心身ともにハッピーな生活を送ることができるでしょう。

相手を自然に気づかうことができる、まさに「結婚のエキスパート」なので、その温かくおおらかな雰囲気が、家族全員に浸透し、幸せな家庭を築けるのです。

- **記念日を大切にする。**
- **家庭サービス大好き。**
- **「趣味は?」「家族です!」。**
- **仕事が忙しくても家庭に持ち込まない。**
- **家ではピリピリしないし、「ありがとう」を忘れない。**

玉の輿線

お金持ちがそこに?! あなたは未来のシンデレラ!

結婚線が長くのび、薬指の下に走る金運線を横切るもの。

お金持ちの人と結婚し、金銭的になんの不自由もない人生を送れるという夢のような線です。

今現在「私ってビンボーかも」と思っている女性の方でも、もしこの線があれば、可能性は大!

お金持ちの集まるパーティや、エグゼクティブとの合コンに、どんどん顔をだしましょう。

●●● 男性も逆タマに!

男性にある場合は「**逆玉の輿（ギャクタマ）線**」。

資産家の娘さんや社長令嬢など、結婚相手の存在によって金運が跳ね上がる、ひじょうにラッキーな線です。

「今つき合っている彼女はお金持ちでない」という場合、**結婚によって「二人の金運がアップする」とも考えられます。**

たとえば、二人ではじめた小さな飲食店が大繁盛してビルが建ったという話もあります。

「結婚線が金運を突き刺してのびている」という手相を信じ、彼女を大切にしてくださいよ。

後ろ向き線

結婚線が下降カーブを
描いている線。
下図のようにカーブが
下降するほど、結婚に
後ろ向きだったり、
結婚生活に溝が。

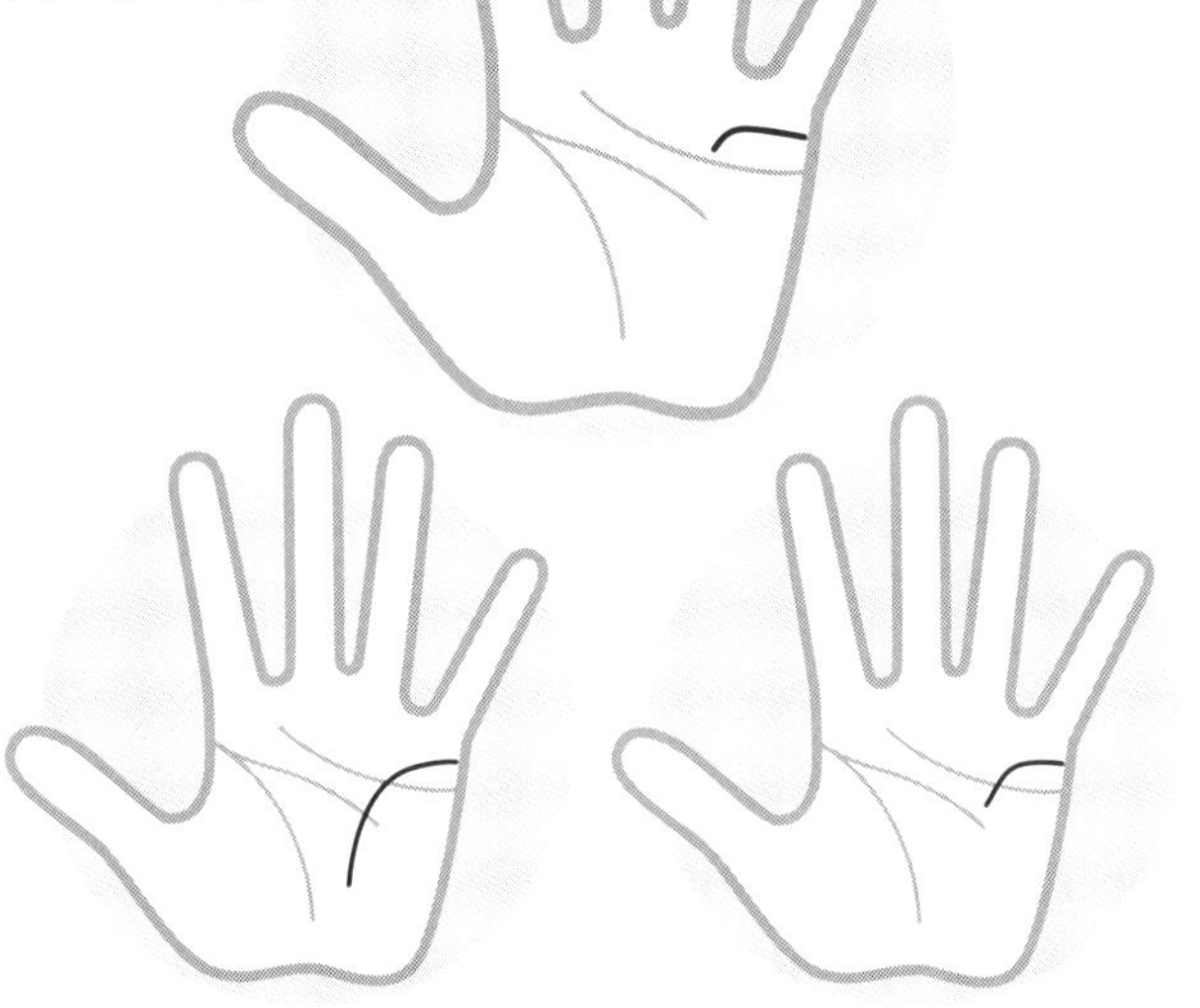

結婚あきらめモード…。
既婚者は話し合いを！

結婚してない人は！

結婚線のみかたは、結婚している人と未婚の人とで異なります。

まずは結婚していない人。

結婚していないのに線が下降している人は、**結婚に対してあきらめの気持ちや、ネガティブな考えをもっている可能性が大！**

本当は結婚したいのに、その覚悟や踏ん切りがつかない人でもあります。

久本雅美さんの手相をみさせてもらったことがありますが、なんと、この線が手首まで下がっていました（笑）。

「もう、どんだけあきらめてるんですか！」（笑）。

●●● 結婚してる人は！

結婚している人の結婚線が、やや下降気味の場合は、**気持ちがスレ違い始めている暗示**かも。

それほど強いマイナス感情ではないかもしれませんが、不満がたまってきていませんか？

話し合いが必要な時期かもしれませんよ。

気持ちがまた前向きになれば、結婚線も上昇してきます。

●●● ピンチ！

結婚線がさらに下がり、感情線を横切るようになると、**夫婦の仲に溝が生じ、それは決定的になるかも、という暗示**です。

早急に改善に努めないと、修《しゅ》羅《ら》場《ば》がまっているかも。

●●● 修羅場を覚悟！

結婚線が頭脳線まで下がっているようなら、裁判所です（笑）。

って、笑ってる場合じゃなく、離婚調停や、夫婦ゲンカが高じて警察沙《ざ》汰《た》、なんてことにも。

●●● 結婚生活の裏ワザ！

結婚線のカーブが上向きか下向きかは、常に注意しておくべきです。

株価チャートではないですが、このカーブが、「夫婦の状態の良し悪し」と「今後」を教えてくれるからです。

心配な人は、結婚線を下げないよう、小指のつけ根あたりを上に向かってマッサージするクセを。

ありがちな行動

- 「結婚したい」というわりには、積極的に彼女をつくろうとしない。
- 「私は結婚に向かない」と、まるで自己暗示のようにいう。
- 「結婚したら自由がなくなる」「結婚は人生の墓場だ」などという。

無関心線

恋に興味なし？青春よもう一度！

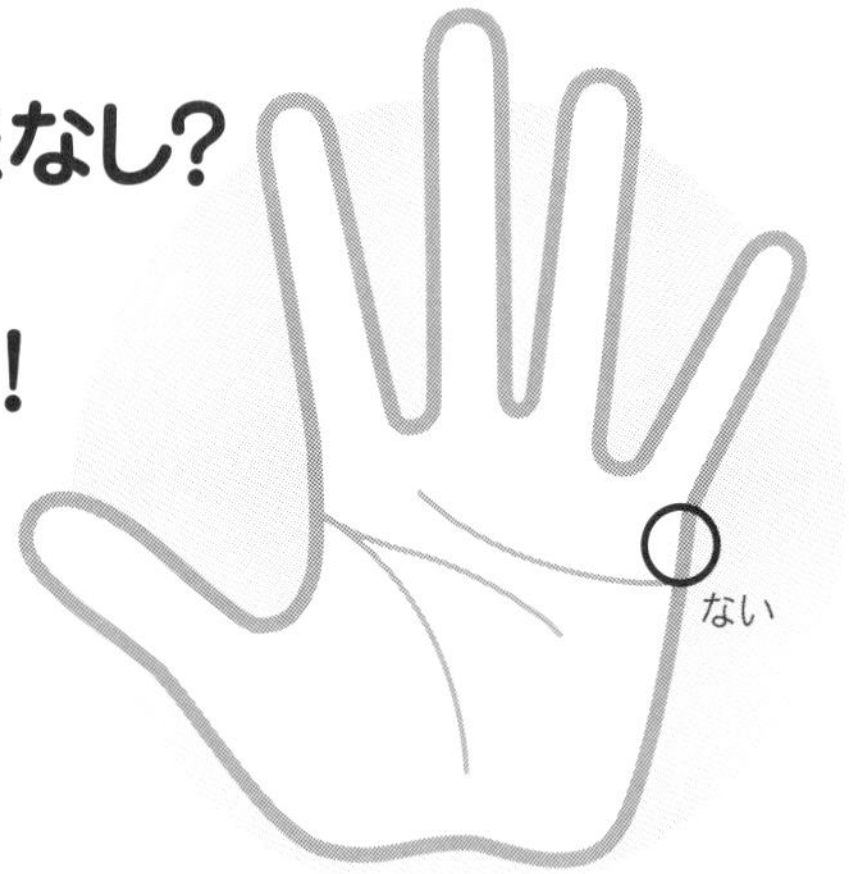

結婚線がない人。
けっこう多くいる。

結婚線のない人もいます。

その人たちはよく、「私、結婚線がないから結婚できないの」といいますが、それは誤解。

正しくは「結婚できない人」ではなく、ただたんに、**「結婚」をリアルに考えていない人。**

じっさいには、今、結婚とは別の、仕事や趣味などに熱中している人の相です。結婚をそれほど重要視していないのです。

今は「結婚」の2文字が頭から抜け落ちた状態ですが、**いい人が現われて結婚を意識し始めれば、自然に結婚線もでてきます。**

結婚している人は！

結婚しているのに結婚線がない人は、たとえば、**ダンナさんのことを「家にある置き物」「お金を運んでくる移動ATM」くらいに思っている可能性が大。**

セックスレスなのはもちろん、「私の半径1メートル以内に近づかないで」という状態かもしれませんね。

せっかく愛し合って結婚したのですから、初心に戻ってみてはいかがでしょう。昔デートした場所に行ったり、思い出の音楽を聴いたり…。

その意味では、**「青春よ、もう一度線」**ともいえる相です。

片思い線

一方通行な恋多し！お見合いもいいかも?!

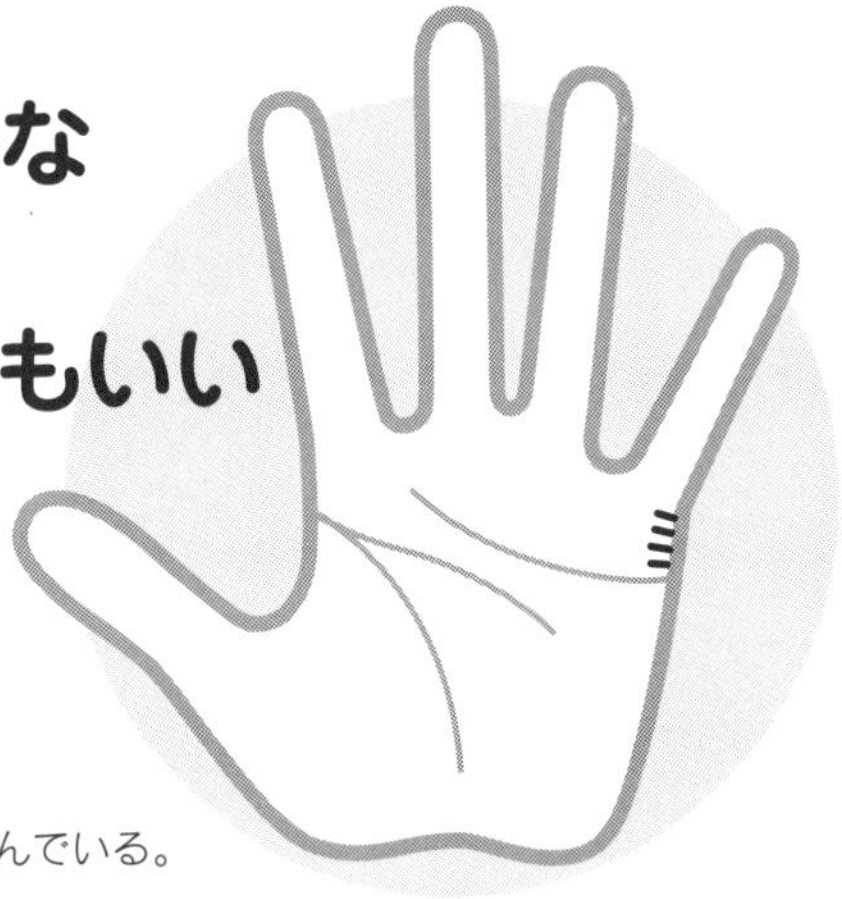

短い結婚線が多数並んでいる。

ハッキリいって、女性芸人には、かなり多くみられました（笑）。女性芸人のなかには、男に貢《みつ》いだり、ホストにハマってしまう人もいるのですが、その人たちにはことごとく、この線がありました。

この線がある方。**好きな人を横取りされた経験**はありませんか？告白しても振り向いてもらえなかったり、いつも**一方通行の恋**で終わっていませんか？

もしかすると、恋愛の方向が間違っているのでは？　理想が高すぎたり、背伸びした恋をしているのかもしれませんよ。

「ムリめ」の相手に挑む根性と、そのピュアさはすばらしい。

でも、恋愛には「相性」があることもお忘れなく。

●●● アドバイス！

ためしに、友達の紹介や気心の知れた相手とつき合ってみると、恋に発展するかも。

お見合いも、結婚への近道かもしれません。

男性なら〝小悪魔〟タイプ、女性なら〝ちょいワル〟タイプの異性に弱い傾向があります。

ふりまわされた挙句に捨てられるという**「都合のいい女、便利な男」**になってしまう可能性もあるので、ご注意を。

元さや線

初恋の人や元恋人とよりが戻る、かも?!

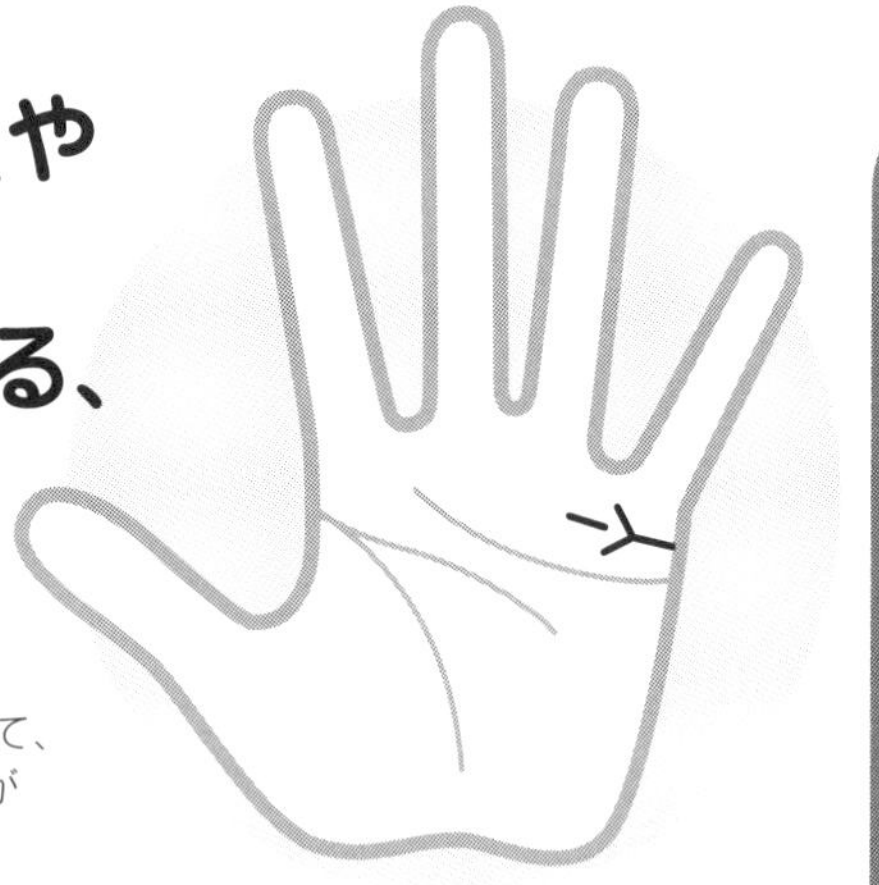

結婚線が二股に割れて、
そこからまた１本線が
でているもの。

「元カレ」や「元カノ」と復縁↓
結婚もありえるという相。

なので「ぜんぜん出会いがない」「結婚のチャンスに恵まれない」という人は、前の恋人や、昔からの知り合いにアプローチしてみては？

とんとん拍子につき合いがはじまり、あれよあれよというまに結婚、なんてことになるかも。

●●● アドバイス！

古いアルバムをひっくり返してみませんか？

会ってみたい人がいるなら、思いきって連絡してみましょう。

この線の持ち主は、過去を引きずったり、思い出を美化しがちな傾向があります。

でも、この相が現われたのは、相手があなたを待っている暗示かもしれませんよ。

●●● こんな相手は運命の人かも！

★長くつき合っていながら別れた相手。
★嫌いになったわけじゃないのになんとなく別れた相手。
★すごく好きなのにケンカした勢いで別れてしまった相手。
★くっついたり離れたりをくり返してる相手。

長い旅線

結婚までには長い道のりがあるかも…。

離れた場所から始まる結婚線が一つになる。

この線がある人は、**つき合ってから結婚するまでに、長い時間がかかる人**かもしれません。

「学生時代から8年もつき合っている」とか、「長いこと同棲しているのに結婚しない」という人もいますが、カップルのどちらか（あるいは二人）には、この相がでているかも。

また、二人の結婚が親や世間から認められなかったために時間がかかる、というパターンもありますが、その人たちにも、この線があるかもしれません。

女性が結婚を求めないことに甘えて中途ハンパな関係をつづけている男性もいますが、この線が自分の手にあったら、潮時《しおどき》かも。

●●● 運命の人は！

「結婚は勢い」ともいいますが、なんらかの理由でタイミングを逃し、そのまま波にのれていないあなた。子供のころ、長縄飛びで、なかなか入れなかった間の悪い人ではありませんか？

もしもあなたに、**長い間つき合っている人がいるなら、それは「運命の人」である可能性が大。**

いつまでも踏みとどまっていると、幸運は逃げていきますよ。

この際、思いきって、プロポーズしてみてはいかがでしょう。

離婚線

もう、待ったなし！早めの関係修復を！

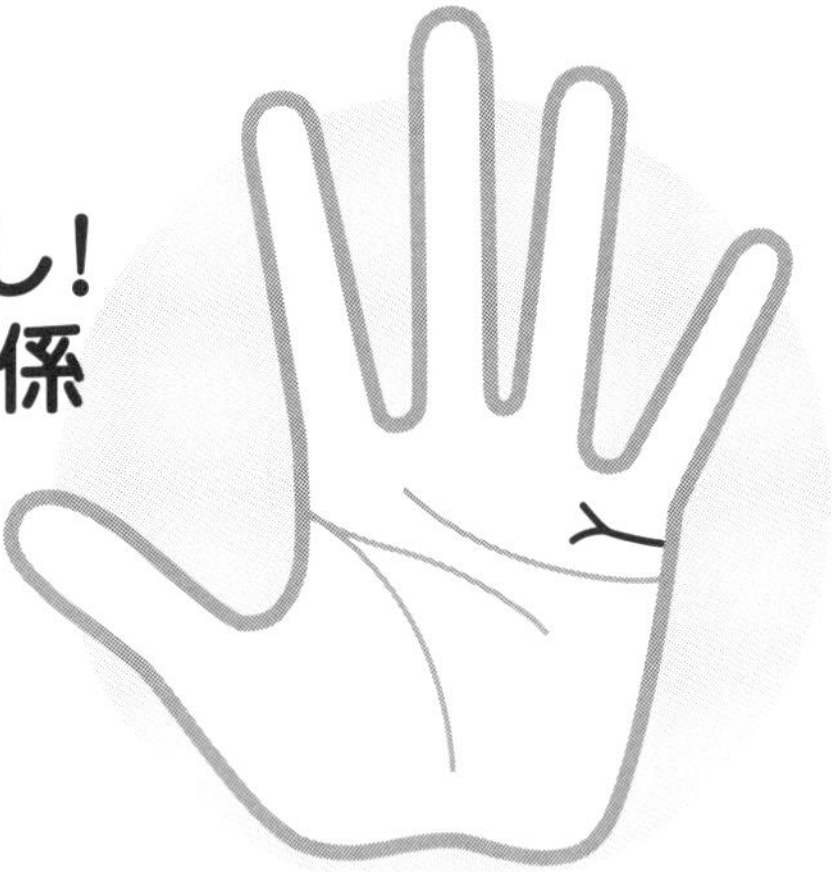

結婚線の先が二つに分かれている。

じつは、けっこう多くの人にみられる相です。

文字どおり「離婚」を暗示していますので、今すぐ話し合いが必要です。

★二人の気持ちがスレ違っていませんか？
★不満を溜《た》め込んでいませんか？
★イケナイ恋をしていませんか？
★たまにでもいいから、エッチしていますか？
★奥さんやダンナさんの大変さを思ってあげていますか？
★子供にばかり目が行っていませんか？

結婚前の人は？

この線は、既婚者だけでなく、**カップルの別れも暗示**します。

あなたは順風だと思っていても、相手側には不満がたまっているのかもしれませんよ。

アドバイス！

そんなときは、さりげなく不満を聞いたり、プレゼントをしたり、相手に一歩寄った態度を。

放っておくと、溝は急激に大きくなり、一気に別れ話までいってしまうかもしれませんよ。

二人の未来や結婚後の展望について話し合うことも大切です。

不倫線（タブー線）

トラブル多そう！
禁断のラブも
嫌いじゃない？

結婚線の途中に島ができる。

結婚におけるトラブルにもさまざまありますが、いちばん大きなものは「**不倫**」。

そもそも、この線がある人は、**イケナイ恋に燃えやすい傾向があります。禁断の愛に走ったり、アブノーマルな行為に興奮したり。**

じっさい、妻子持ちのカレがいる人や、**SMクラブの常連さん**には、この線が現われていました。

もしもあなたが「絶対に浮気はしない」という誠実な人なら、相手が不倫をしている可能性も。

結婚していない人も同様で、恋人の浮気もありえます。

●●● アドバイス！

今、つき合っている人がいない場合は、「妻子や恋人のある異性があなたに近づいてきますよ！」というサインかも。

すぐに飛びつかず、慎重に相手を見定めたほうがいいですよ。

いずれにしても、トラブルに巻き込まれかけている相なので、魅力的な人に誘惑されてフラフラしないよう、気持ちをひきしめるべきです。

😐「**オフィスラブ」という言葉にときめく。**

😐「**秘書」というと「秘所」「ビシヨビシヨ」と連想する。**

好きもの線

モテるけど異性関係はズルズルとルーズ?!

結婚線がゴチャゴチャと、何本かの線が絡み合うように混線している感じ。

異性関係にルーズな人です。どんな相手にもいい顔をしてしまうし、**常に「あわよくば」とチャンスを狙っていたりします。**

恋人がいるのに平気で「今はフリー」といえる人。前の関係をズルズルひきずっていたりします。

●●● 注意とウラ利用法!

タフで性欲も強く、優しくてマメ。また、見た目もよく、なおかつ思わせぶりな態度をとるので、たしかにこの人はモテますが、陰で泣いてる人もいそうです。

もしも意中の人にこの相がでていたら、毅然《きぜん》とした態度でのぞむべきでしょう。

きっぱりした物言いをするあなたに頼もしさを感じ、一時は言うことを聞いてくれるかもしれません。

でも、基本的にルーズで異性にだらしない人といえるので、恋愛相手としては、あまりおススメできません。

- **😐「いってきます」と玄関をでた瞬間に結婚指輪を外す。**
- **😐「結婚しているの?」と聞かれると、「えっ、ありえないでしょ」と条件反射でいってしまう。**
- **😐恋人の友達にも色目を使ってしまう。**

子だくさん線

結婚線の上に、
短い縦線が入る。
下図のように
数本入る場合も。

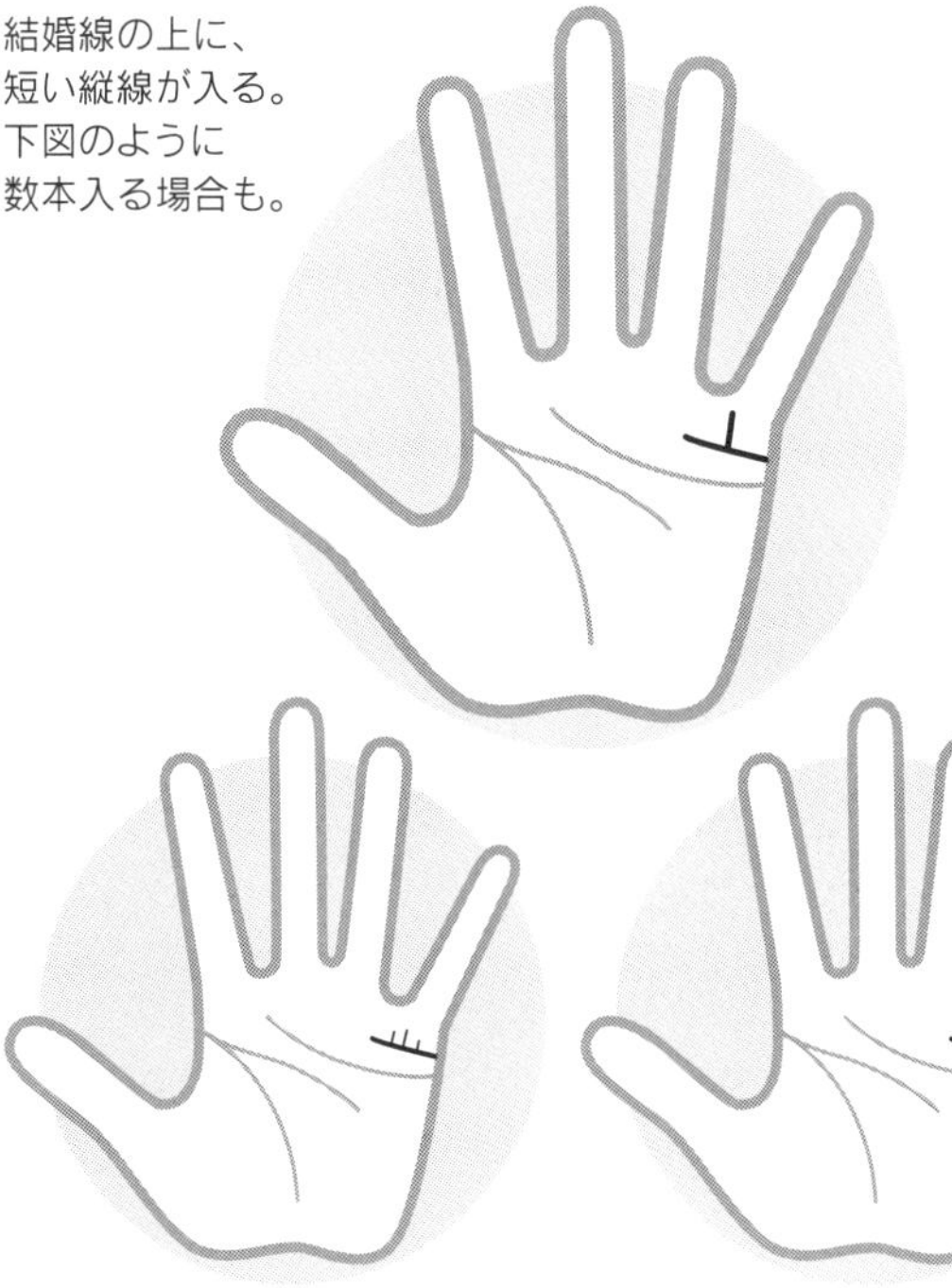

子宝に恵まれそう！
精力も絶倫?!

「たくさんの子宝に恵まれる人にできる」といわれる相。

とはいうものの、この線がなくても、お子さんがいる方は大勢いますし、その逆のパターンもあります。

また「強く刻まれていると男」などといわれますが、ボクがみるかぎりでは、実証されていません。「線の本数の数だけ子どもができる」と思っている人も多いようですが、それも誤解です。

ただ、**男性の場合、ここに多数の線がある人は、性欲が強く、絶倫タイプであったりします。**

ファミリーリング

親指のつけ根あたりから、弧を描くように
下降していく線。線というよりも、
小さな輪が重なって
できる感じ。

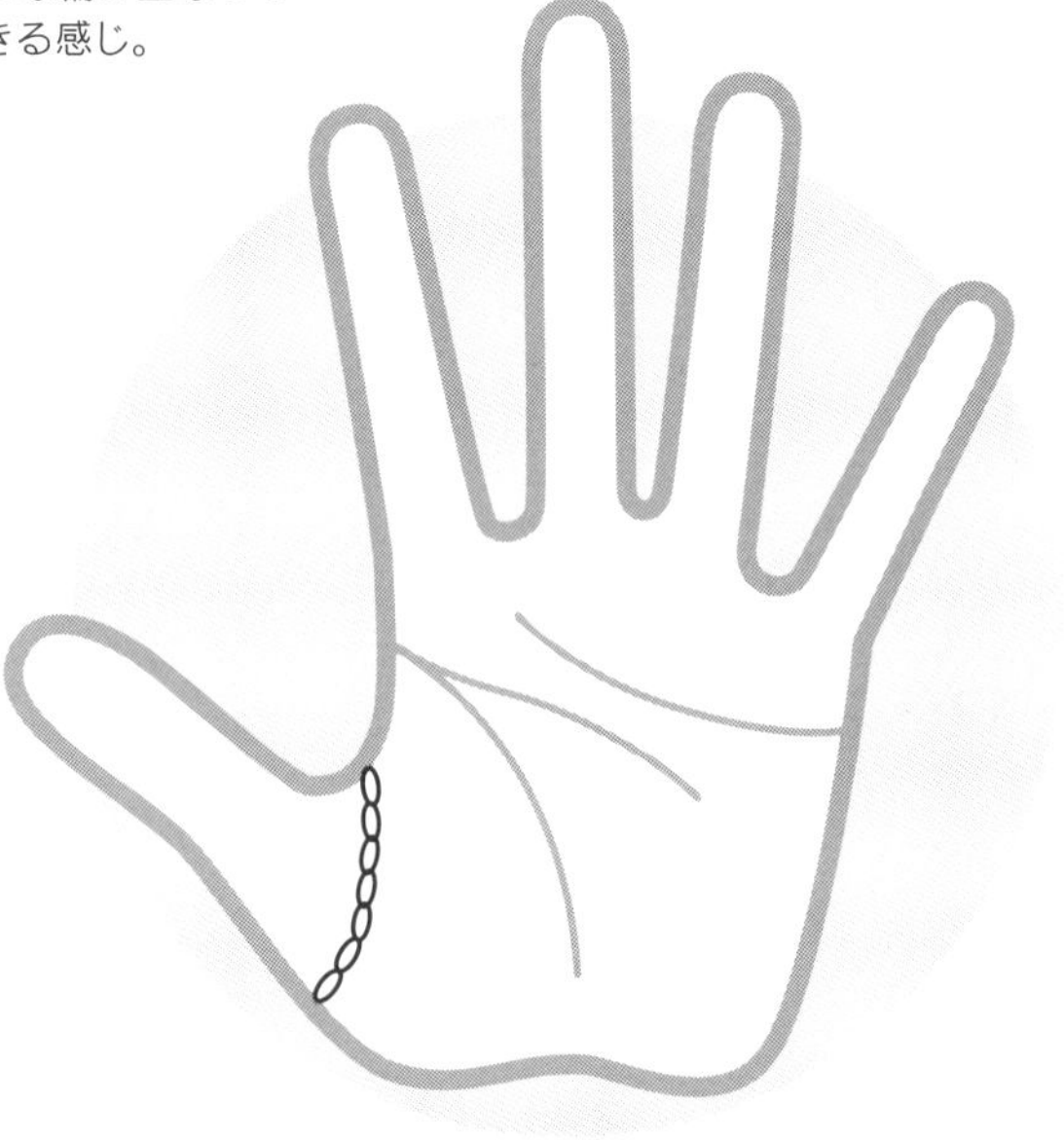

末来は大家族の“肝っ玉母さん”?!

この相もボクがみたかぎりでは、実証できていないのでハッキリとはいえないのですが、この相の女性は**「妊娠しやすい」**とか**「今は子供の授かりどき」**などといわれます。

なので、もしも**「ワンナイトラブの火遊びをしよう」**なんて日に、女性の手にこの相をみつけたら、ご注意を。

性格的に、肉体的にどうのこうのというのではなく、あくまでも「妊娠しやすい」という暗示だといわれます。

「本当に好きな人とのメイクラブじゃないと、後悔するハメになるかも」という神様からの教えなのかもしれませんね。ひょっとすると、少子化時代の救世主かも。

手相 ウソのような本当の話

手相を整形すると運気が変わる？

脳の考え方が手のしわとなって現われるという話をしました（62ページ）。

逆に、手のしわを強制的につくってしまうと、脳がそういう考え方をしはじめるという話があります。最近では「いい線をマジックで描く」という方法もとられ、少しながら運気が変わるなどという話もあります。韓国ではなんと、手相の整形もあるんですよ！

そんなバカな！　そんなことで人生が変わるか！　とお思いのあなたに、こんな話もあります。

徳川家康は手相で天下をとった?!

天下を統一して、２６０年もつづく江戸時代の礎《いしずえ》を築いた徳川家康と手相の不思議な言い伝え。

幼少期の家康の手にはこれといったいい線がなく、それが示すように、子ども時代は織田家と今川家に人質に取られるなど、数奇な運命をたどっていました。

ところが、初陣《ういじん》のとき、敵の武将に切りかかられた家康は、とっさに手でその剣先をよけます。

すると、その刀傷が偶然にも中指のあたりからまっすぐ下にのびて入り、これ以上ない立派な長い運命線が、まっすぐ手のひらに刻まれたといいます。

それ以降の彼の人生は、みなさんが教科書で読んだとおり。あくまでも言い伝えではありますが。

赤ちゃんの手相は素晴らしい！

ほかにも最近、手相の話でボクがびっくりしたこと。

姉に赤ちゃんが産まれ、そのお母さん仲間の方も遊びにきたときです。

なにげなく赤ちゃんの手相とい

うのはどんな感じなんだろう？と思い、小さな手のひらを覗き込みました。

すると、どの赤ちゃんの手相も素晴らしいんです！

ネガティブな線がなく、軒並み大人物や大天才の手相の持ち主！「生まれたときには、みんな無限の可能性を秘めて生まれてくる」といいますが、それは手相にも表われていたんですね。

日本の海軍は手相でパイロットを選んだ?!

さらに、旧日本軍は手相で人事を決めていたという話もあるんです。伝説の占い師の話なのですが、手相でパイロットを決めた水野義人という海軍の人がいたらしいのです。

当時、訓練中にパイロットの操縦ミスによる事故が多発。そこで困った山本五十六《いそろく》さんは、この水野という青年に手相からパイロットの適正を判断してほしいと依頼。

結果、この水野の選んだパイロットの訓練中の事故は激減したというのです。のち、終戦まで、この水野という青年は二〇万人以上もの手相をみて「飛行に向くか向かないか」の判断を下したといいます。

国の最高機関が、手相に頼っていたとは驚きな話ですね。

☆

手をみるとき、こんなうんちくでおしゃべりしながら、というのも楽しいかもしれませんね。

CHAPTER 4

金運の章

お金との縁がよくわかる金運線の占い方

金運線は、薬指の下に、縦にできる線をいいます。

薬指のつけ根あたりから下に向かってのびている線です。うすくて見えにくい人や、数本入っている人もいます。

☆

金運線は、長ければ長いほど金運がアップするともいわれています。

日本人の金運線の平均は、薬指の下から始まり、感情線のあたりで止まるといわれています。

これより短い人は平均以下の金運の持ち主、ということになるかもしれません。

逆に、感情線を越えていれば平均以上、セレブの証しといえます。

☆

ちなみに、宝くじに何度も当たり数億円を儲けたという「宝くじ長者」の手相をみたことがありますが、その人の金運線は、薬指のつけ根からくっきり濃い線がのび、手首の線を突っ切るほどのびていました。

☆

また、基本的に、「手が小さくて肉厚な手はお金をつかむ」といわれています。

板みたいに平べったくてカチンコチンの

手より、柔らかくて弾力のある手にお金は自然と吸い寄せられてくるらしいのです。
ちなみに、先の宝くじ長者の方の手は、ゴムまりみたいにボヨンボヨンでした。

☆

また、手のひらの線ではなく、「手のひらのどこがふくらんでいるか？」で、お金との縁もわかります。

①**中指の下、やや薬指寄りのふくらみ**＝やりくり上手で、貯金が得意。

②**薬指の下、やや小指寄りのふくらみ**＝金運に恵まれるが、ふくらみすぎると贅沢《ぜいたく》になりがち。

③**小指の下、やや外側のふくらみ**＝商才を活かし、大金を得る。

④**小指の下、手首寄りのふくらみ**＝金銭感覚が鋭く、ギャンブルなどにも強い。

コツコツ線

コツコツと貯蓄が得意。堅実でやりくり上手！

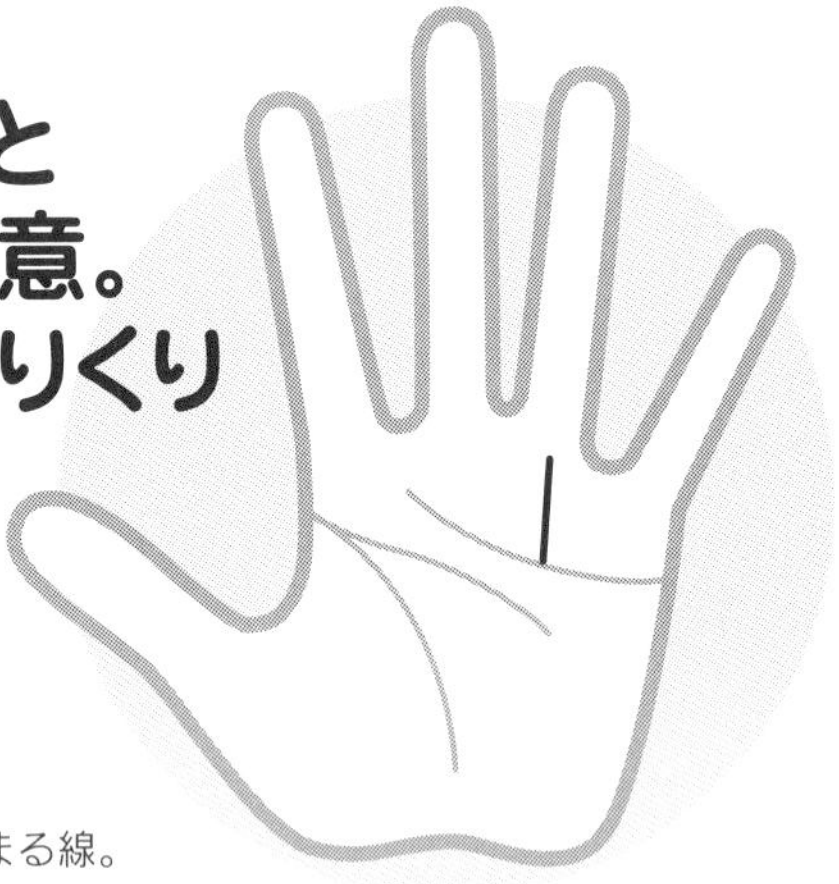

薬指の下からでて、
感情線のあたりで止まる線。

金運線で、もっともよくみる相です。日本人の平均的な金運を示しているといってもいいでしょう。お金をコツコツ貯めていくのが得意な**「貯蓄型」の人**にでる線です。

ハデさはありませんが、お金にそれほど困ったりせずに人生を送れるタイプ。

安定した収入が望め、いわゆる一般的なサラリーマンや公務員の方などに多くいらっしゃいます。

このタイプが奥さんになれば、家計の管理を安心して任せられます。ダンナさんのお小遣いから子供の養育費、貯蓄まで、ガッチリ抑《おさ》えるものは抑え、使うべきときは堅実に使うという、バランスのとれた運用ができます。

●●● チェック！

会社でも、こういう人に経理や財務をまかせると、力を発揮します。でも、領収書のチェックは厳しいですが（笑）。

よくいえばマジメ、悪くいえば融通《ゆうずう》がきかず、面白みがないともいえます。でも、お金にかんして堅実なのは、やはり魅力ですね。

- **安く買えた自慢をする。**
- **財布のなかは割引券やポイントカードでパンパン。**

夢追い人線

今は…。でも、将来はビッグになる…かも?

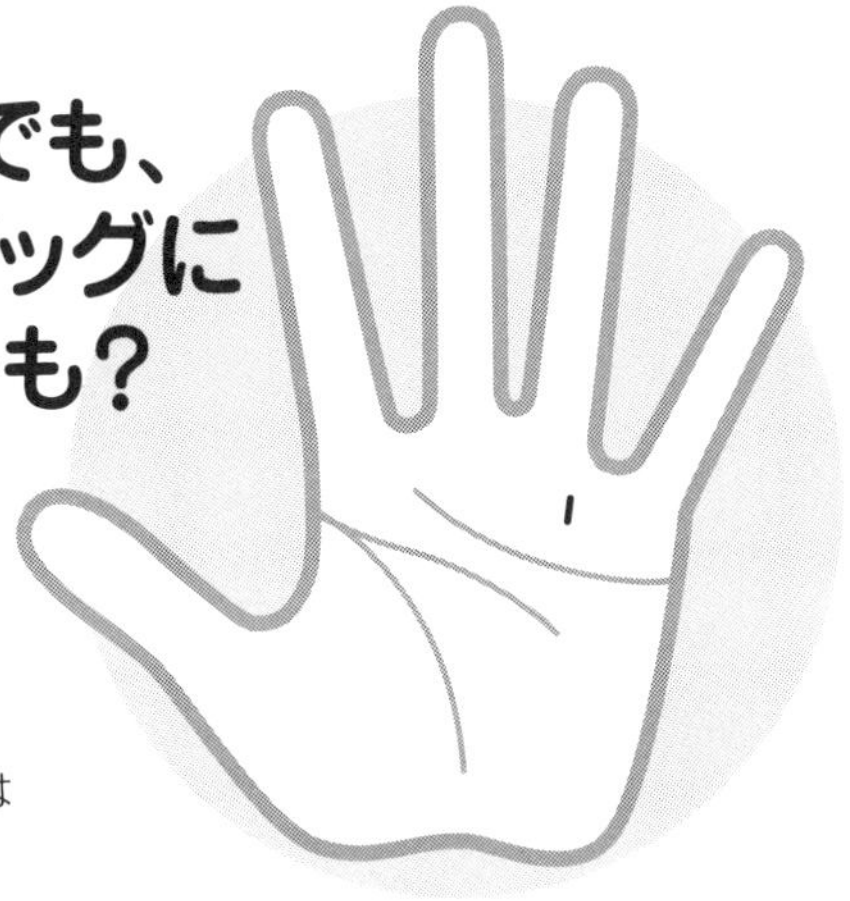

金運線がない、または
極端に短い場合。

お金に対して、正直、あまり執着しないタイプです。**「夢は大きいけど低所得」**といった、バンドマンや劇団員、若手芸人などによくある相。

若いうちは夢を追っていられたのですが、田舎の仲間が家庭を築いたり、そこそこの安定収入を得るようになると、日々ギリギリの生活をしている自分に不安を抱きはじめます。

「でもいいんだ、オレは好きなことをやってるから」と、強がったりしますが、**「そろそろ大人として現実を直視し、お金と向き合うべき」**という啓示なのかも。

●●● アドバイス!

今の仕事では自分の能力を活かしきれていない、あるいは今の仕事がお金との縁を邪魔しているともいえるので、〝転職〟も視野に入れてみては。

案外、次の道が成功につながっているかもしれませんよ。

- **「好きな仕事ができたらお金はどうでもいい」と思う。**
- **「今度結婚するから」と田舎の友達からいわれるのが恐い。**
- **SUICAやPASMOのチャージは、毎回1000円。**
- **好物は、駅前ソバ。**

浪費家線

入った分だけ使っちゃう！なかなか貯められません。

薬指の下に短くて細かい金運線が、複数本ある相。

お金にルーズで、**文字どおり浪費家の傾向**がみられます。

お金の入りは悪くないのですが、あればあるだけ使ってしまうという人です。

ケチではなく、気前もいいので魅力的ですが、そのぶんお財布にお金が残らず、貯金もできません。この人が結婚相手だったりすると、やはり苦労しそうです。

●●● チェック！

お金の使い方をちょっと見直してみませんか？

小銭貯金をはじめたとたん、浪費家線が消え、貯める楽しさに目覚めた人もいるので、試してみてください。

もし恋人にコツコツ線があれば、思いきって、お金の管理を任せてみては？

ただし、ケチケチして窮屈になりすぎると、魅力も半減するので考えものです。

- **パチンコはでるまでやる。**
- **衝動買いが好き。**
- **給料日の1週間前は汲々《きゅうきゅう》。**
- **どうしてこんなにお金がないか、自分でも不思議だ。**
- **給料日には、かなり気前がよくなる。**
- **カードの請求額をみるのが怖い。**

ビューティー線

特殊な才能で金運up！美的カリスマ度はNo.1！

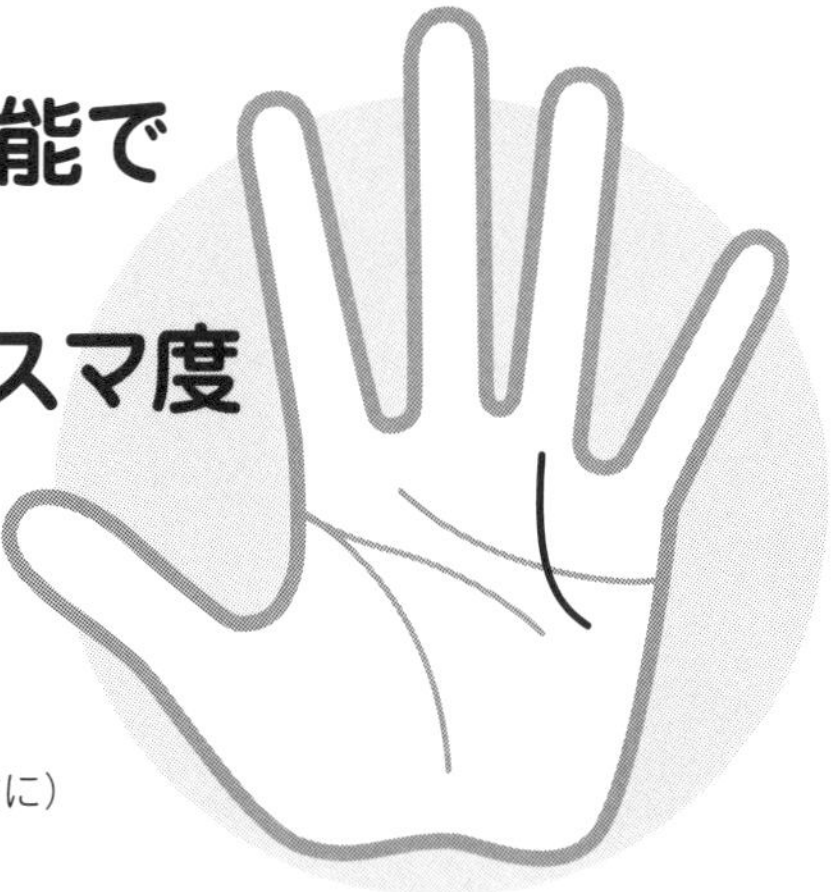

金運線が小指側に（右に）ゆるいカーブを描く。

趣味や芸術の分野でお金が入ってくる相です。

自分の感性が活かせる仕事に就くことで、金運がよりアップします。

たとえば、**イラストレーターやデザイナー、ミュージシャンなどの芸術分野の仕事**。

あるいは、会社勤めでも、専門技能をもった「職人」といわれる仕事で評価を受けたりします。

なので、この線があるのに今、金運に見放されているような人は、自分の趣味や特技が仕事につながらないか、考えてみるといいかも。

基本的には、美的センスを活かした仕事でお金儲けができる相なので、「美」を扱う職業に就く方によくみられます。

芸能界でも、メイクさんや、ヘアーデザイナーさん、衣裳さん、スタジオの美術さんなどに多くいらっしゃいます。

チェック！

今は亡き鈴木その子さんは、美白で有名で、健康・ダイエット食品の会社で成功した方ですが、金運線が右カーブしながら手首までのびていたといいます。

ボクがみた有名デザイナーや化粧品会社の創始者の方にも、この線がハッキリ目だっていました。

覇王線

手の中央を走る運命線まで金運線がのび、
さらに財運線もそこにのびて、
三角形のような形を
なしている。

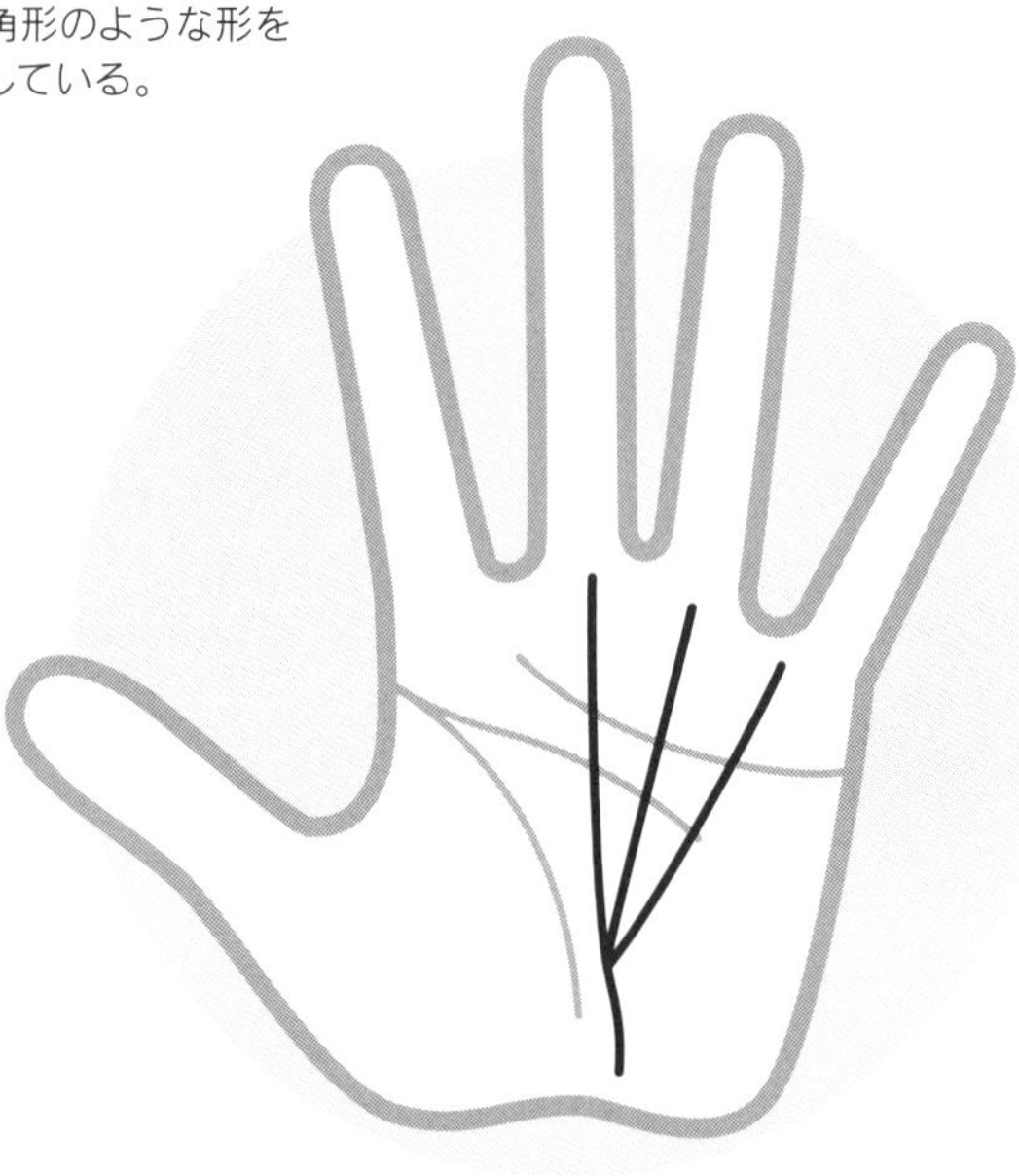

最強の金運の持ち主!!
お金に愛されてます!

金運線が財運線とともに運命線に交わる「三奇紋」といわれる相です。

「最強の金運線」あるいは**「億万長者の相」**といわれ、経営の神様・松下幸之助さんにあったとされています。

「金運マックス」の線なので、この男性をみつけたら即アプローチを！　もう顔なんかみる必要はありません。この手相だけでじゅうぶんプロポーズする価値がありますよ（笑）。

とにかくお金に愛されている方です。

企業の創始者としての資質もありますし、お金を生み出す力はケタ外れ。現在は会社勤めの人でも、この線があれば独立して、自もう少しで覇王線の相。

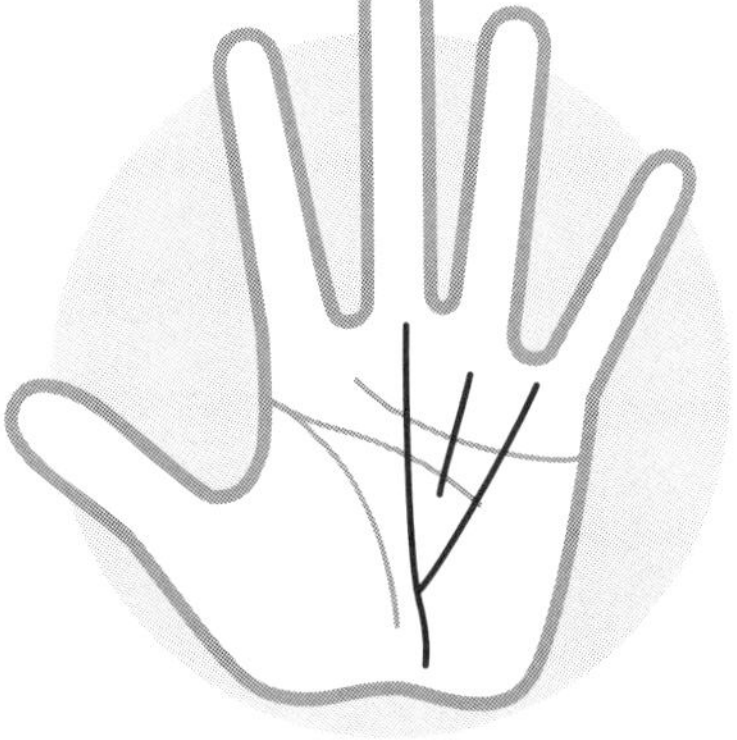

分の思うままにガンガン突き進んでもよいのでは。
　女性にある場合、女社長としてたくさんのお金を生みだしそう。
　女性ならではの、きめ細かさや気づかいは男性にはない武器。
　ぜひ、アグレッシブに行動を！

注意！

ワンマンで独裁者的な部分もあるので、周囲の意見に耳を傾けることも必要です。

　ただし、その強い姿勢があるからこそ、金運がついてくるということもお忘れなく。

「人の痛みも知りつつ、でも自分を信じて前に進む」という生き方をすべきでしょう。

チェック！

　ホリプロの超お偉いさんと、山本モナさんには、本当にキレイな三角形の覇王線がありました。

　ここまでハッキリした相をもつ人はまれですが、「惜しい」方はけっこうみかけます。

　こういう人は覇王までもう一歩。ガンガン頑張って突き抜けてください。

財運線

小指のつけ根から下に向かってのびる線。
金運線の外側（小指側）からのびてきて、
ハッキリのびているほど
財運が強いといえる。

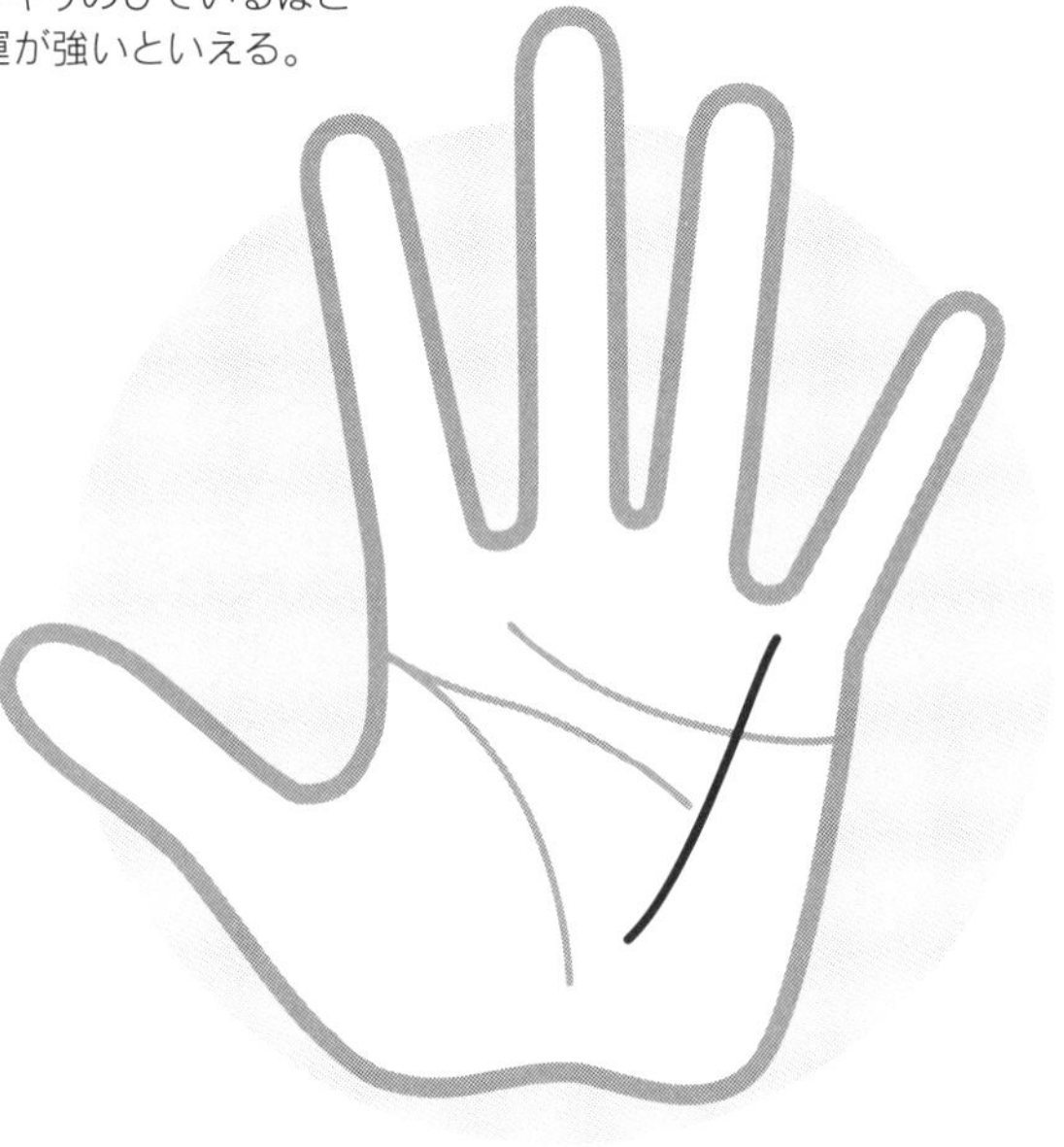

将来的に財を成す！
蔵が建っちゃうかも?!

財を蓄える能力を表し、将来的に財を成せるかどうかは、この線で占えます。

たとえば、「羽振りのよかった若手社長が投資事業に失敗して没落した」なんてケースがありますが、その社長の金運線は強かったかもしれませんが、財運線は弱かったはずです。

金運はお金を生む力、**財運はそれを蓄え、ふやせる能力**なので、金運線と財運線がそろっている方こそが、将来的にも安泰《あんたい》といえるでしょう。財運線のない方は、意外と多いのです。

ちなみに、**財運線は、年を重ねるほどハッキリでる傾向がある**ので、若い方にはみえないことが多いかもしれません。

金運線の横に、寄り添うように刻まれる線。サポート線は金運線の外側（小指側）にある場合と、内側（中指側）の場合、両側にある場合がある。

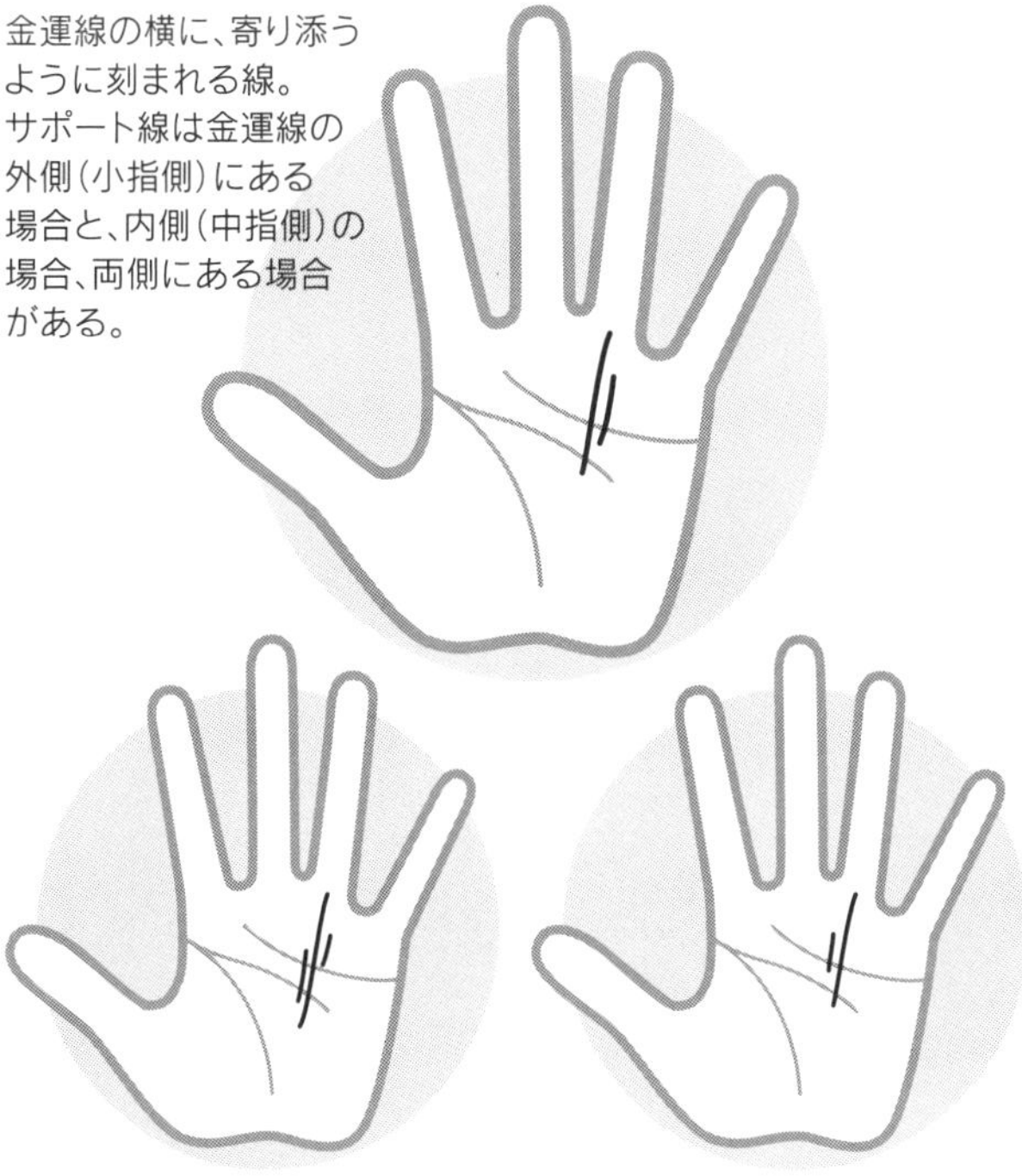

サポート線

資金援助が期待できる？ 金運、強いです！

内側にある人は、家族や親戚など身内からの援助や助言によってお金を生みだせる人。

外側にある人は、第三者、他人からの力添えによって金運がアップする人です。

もちろん、この人に力がないわけではなく、**思わず力を貸してあげたくなるような魅力ある人**なのです。

だれかの協力を得ることで、より大きな力を発揮する人なので、別名を「**タニマチ線**」。資金の援助も期待できます。

たとえば、これから独立・起業しようとする人で、内側に線がある人は家族からの援助を、外側に線がある人は他人からの援助が成功（金運）につながります。

セレブ線

金運線が感情線の下まで
のびている。
図のように頭脳線の
下までのびていれば、
さらにセレブ度は
アップ。

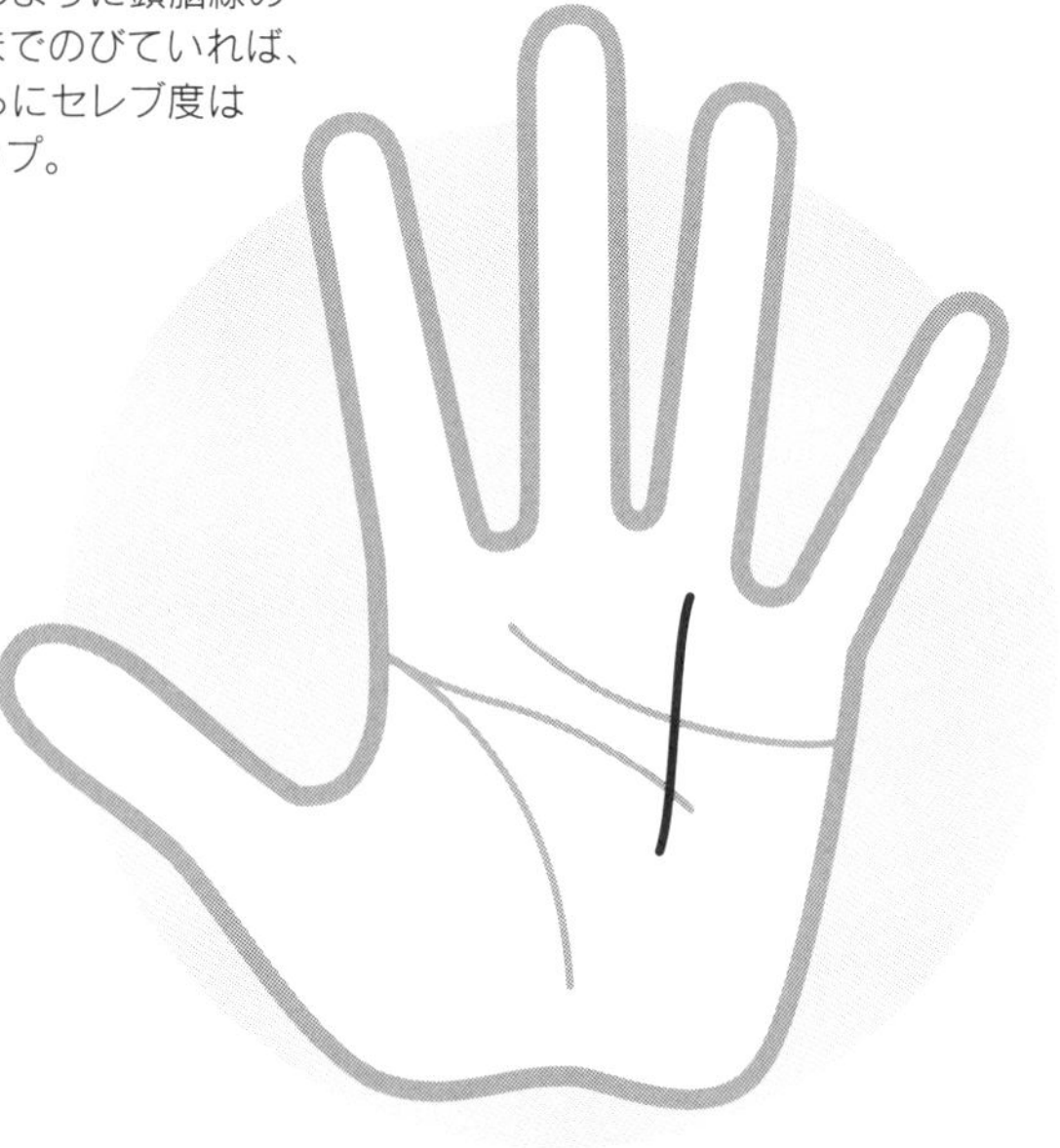

白金？田園調布？
庶民がうらやむ存在です！

金運線の長さが示すように、平均的な日本人より、金銭的な面で恵まれた暮らしができる人といえます。

お金に余裕があるため、見た目にも、リッチな雰囲気が自然にあふれでます。

その日の生活に困るようなガツガツした感じはなく、かといって「これみよがしの金満ゴージャス」な感じもありません。

平均以上の生活ができ、さらに貯蓄もしているのに、まだ金銭的に余裕があるという、とても強い金運の持ち主です。

これからもお金に嫌われないよう、バランスのよい金銭感覚を忘れないでください。度を超した贅《ぜい》沢《たく》はおススメできません。

遺産線

あなたは幸運の星の下に生まれました！

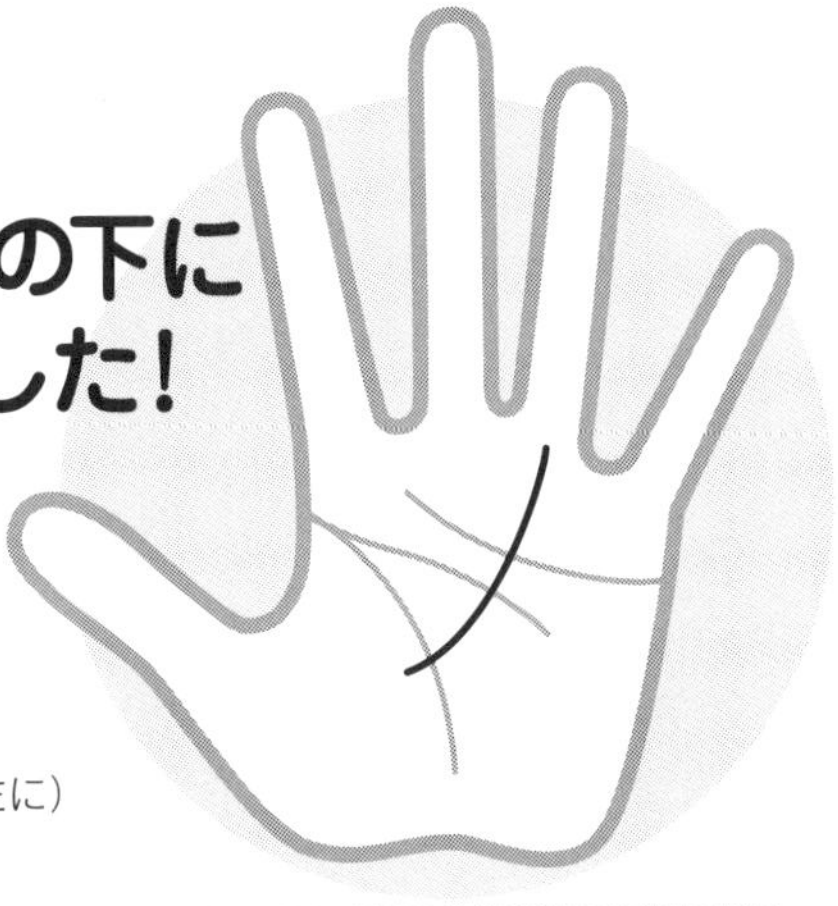

金運線が中指側に（左に）カーブしている線。

親の遺産を受け継いだり、親の功績を土台にして成功できる人です。

　二世タレントなどには多い線で、生まれながらに幸運な星の下に生まれた人といえるでしょう。

　基本的に幼いころからお金に困ったことがないため、**性格的におおらかですが、お人よしなところも**あります。

　なので、キャッチセールスなど、悪い人に騙《だま》されないよう、注意が必要です。

　素直で裏表のない、憎めない人が多そうです。

注意！

　親の力を自分の力とカンちがいし、努力を怠《おこた》る人もいますが、これも要注意。今はよくても、その先はないかもしれませんよー。

チェック！

　この線があるのに「ビンボー」という人は、将来的に、親御さんの隠し財産が期待できるかも。だからといって「保険金○○」なんて悪事を考えちゃいけませんよ。

　また、ふだんはビンボーなフリをしているお金持ちもいるので、この線をもった「隠れ長者」を探してみてください（笑）。

金運線上に島がある。

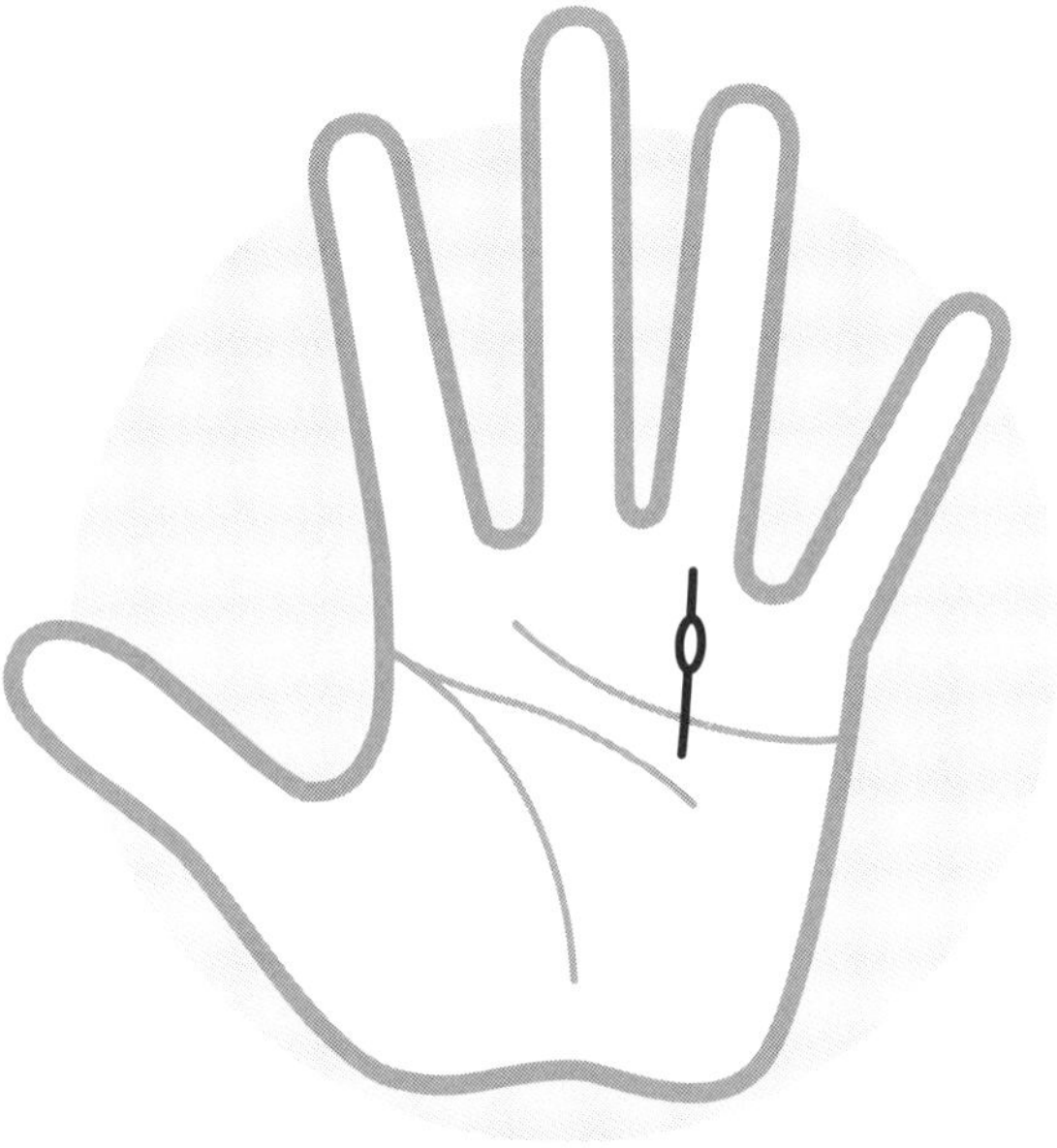

トラブル線

お金がらみの問題に注意！買い物控えて吉！

手相の線上にできる「島」はトラブルを暗示しますが、上図のように、金運線上にある場合は、金銭面で要注意の相。

近々、お金のトラブルに見舞われる可能性があります。

今年は、大きな買い物やお金の貸し借り、株・投資、ギャンブルなどは控えたほうがいいかもしれませんね。異性絡みのお金にもご用心！

ただし、この相がでたからといって「金運が悪い」というわけではありません。

例年以上にしっかりとお金の管理をしたり、ムダを省いたり、きたるべき日に備えておく必要があります。**生活全般を見直すいいチャンス**かもしれません。

なりあがり線

生命線の起点から
中指にかけてできる。

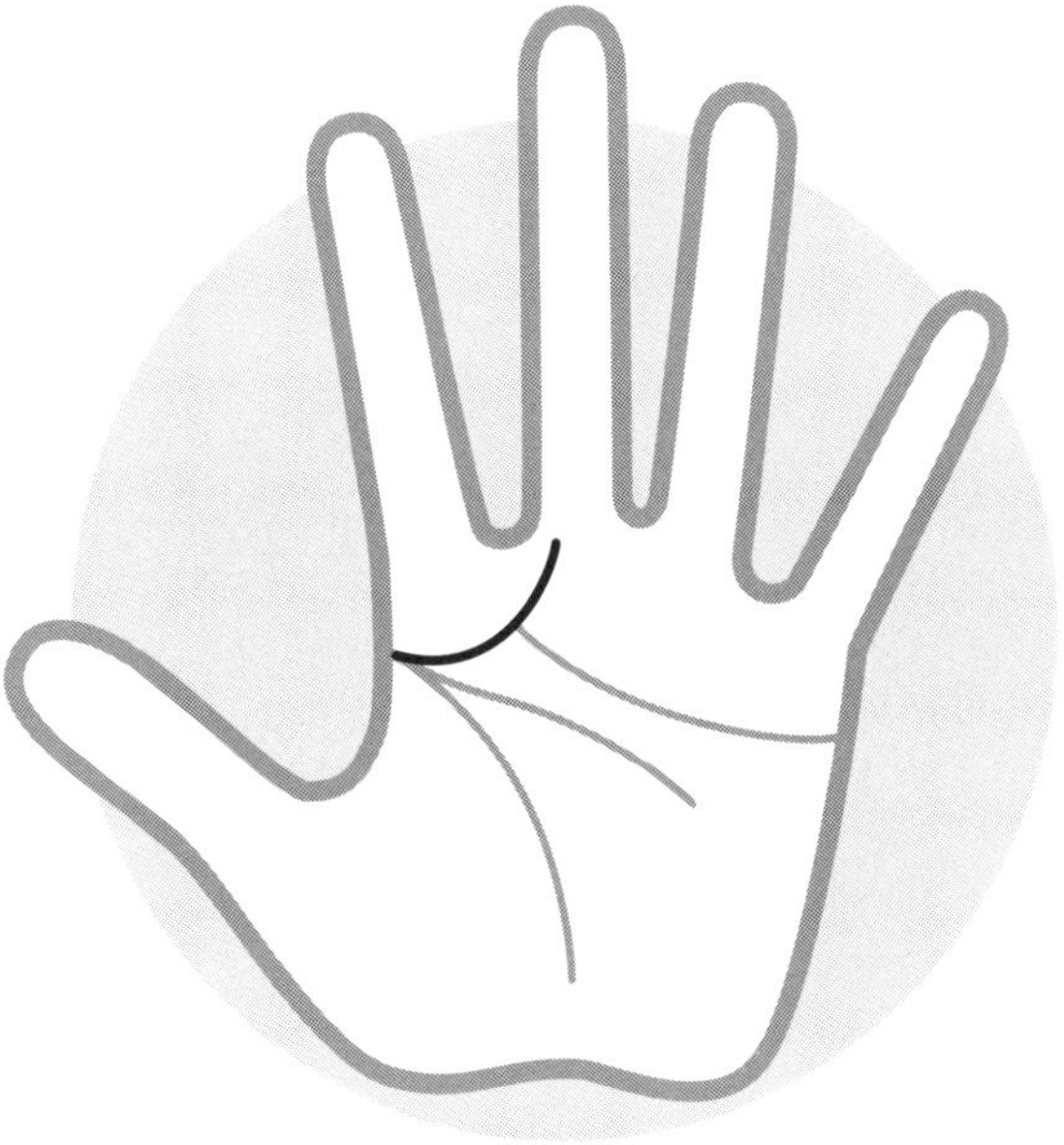

大ブレーク！人生
急上昇!!待ってました!!!

財運を招く相です。

極端な表現をすれば、**貧乏から一転して富豪になることを暗示**します。

ちょっとしたアイデアや人の出会いをきっかけに、人生がみるみる好転し、気づいたら「なりあがってた」というような人に現われます。

突如ブレークした若手芸人などには、この相が多いといえそうです。

●●● チェック！

「今はダメでも、いろいろなことに挑戦して、もっとあがいて生きてみようよ」という意味では、別名**「人生投げたらあきま線」**ともいえる線です。

人間、何が「成功のタネ」になるかわかりません。この線がある人は、**自分の才能や未来の可能性を信じ、上を向いて歩いてみませんか。**

●●● 独り言！

自分でいうのも気がひけるのですが、じつはボクにもこの線があるのです。

今から1年半ほど前、30歳を越えたころでしょうか。この先、お笑いをつづけるか、それとも田舎に帰って畑仕事でもしようかと、かなり悩んでいたときがあり、大先輩の**和田アキ子**さんにも相談したりしていたんです。

アッコさんからは、「10年もお笑いをやってきたんやから、あと一年だけ頑張れ！」と励《はげ》まされ、同時に、「何かもう一つ芸をもったら」とアドバイスもされました。

それで前々から勉強していた手相を本格的にやりはじめ、芸に取り入れたのです。

ありがたいことに、これがテレビにとりあげられ、またまた運のよいことに、**草野仁さん**や**浅草キッドさん**の番組をはじめ、お声がかかるようになりました。

その後は、ふだんお目にかかれないような大物芸能人の方々が、わざわざボクを訪ねてくださり、「手相をみて」と。

まだまだ「なりあがり」とはいきませんが、こうして本まで書かせていただくことに。

本当、みなさんと手相に大感謝な今日この頃ですし、手相の凄《すご》さを実感しています。

なので、というわけではありませんが、今うまくいかなくても、この線がある人は、もう一度、自分の特技やできることを見直してみましょう。

それを表にだすことが、自分を助け、仕事やお金を運んできてくれるかもしれないのです。

子供のしつけにも手相は欠かせません

頭脳線の角度がまっすぐなら理系、下がれば下がるほど文系・芸術家肌というお話をしましたが、子どもの伸ばし方にも参考にできます。

こんな手相ならこう叱る…

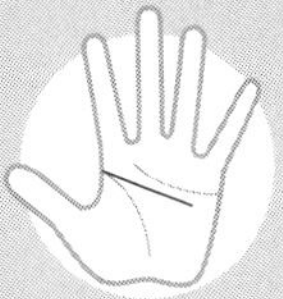

頭脳線がまっすぐな場合

しっかり順序だて、「こうこうだからダメなんだよ」と、論理的に叱りましょう。

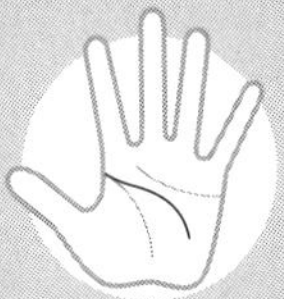

頭脳線が下がる場合

感情に訴えかけて叱るようにしましょう。

☆

これは異性を口説くときや、恋人に別れ話を切り出されたときも同様です。

★まっすぐな場合

自分とつき合うメリットや、別れないほうがどれだけいいか、という利点を強調します。

★下がる場合

「お前がいないとダメなんだよ」と、感情に訴えかけます。

子どもの進路に迷ったら…

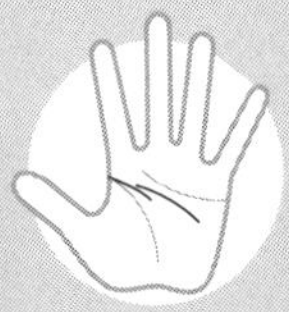

スポーツ線がある（頭脳線が切れてる）

スポーツを通じてお金を稼いだり、成長できる人なので、体を動かす習い事をさせましょう。

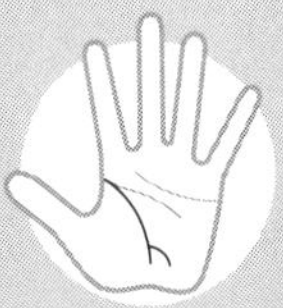

イチロー線がある（生命線の先が二股）

旅先でいろいろなことに刺激を受けたり学んだりして成長する人なので、見聞を広めるための投資を惜しまないで。

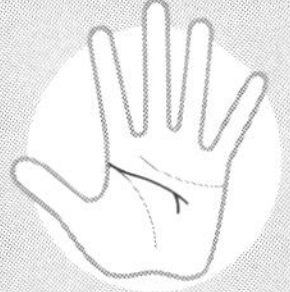

ライター線がある（頭脳線の先が二股）

文才があるので、本をいっぱい買ってあげたり、映画や芸術観賞などをさせ、感性を磨きましょう。

おしゃべり線がある（生命線と頭脳線をまたぐ線）

留学、英会話スクールなどもふくめ、ものおじせずに人と話す訓練をさせてあげましょう。

あやまりま線、ビア・ラシビア線がある

決まりごとが大嫌いで門限などにも反発するので、その子の自主性を尊重してあげましょう。

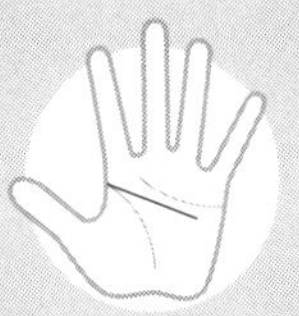

頭脳線がまっすぐ

理系の分野で力を伸ばすタイプ。

頭脳線が下がり気味

文系の分野で力を伸ばすタイプ。

頭脳線がすごく下がる

芸術の分野で力を伸ばすタイプ。

※頭脳線が下がるほど切り替えが遅く、心を閉ざしがちなので、怒りすぎると自分の殻にひきこもってしまうかも。

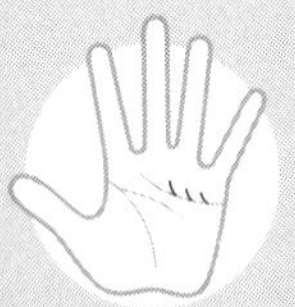

感情線に上向きの端線がある場合

ライバルが多そうな厳しい競争世界に入れたほうが力を発揮するので、一流塾や進学校に入れるといいかも。

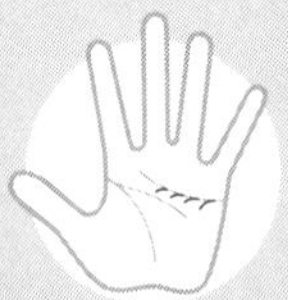

感情線に下向きの端線がある場合

自信をもたせるため、ほめて伸ばすよう心がけましょう。厳しい世界に入れるとプレッシャーに負けてしまう可能性もあるので、のびのびできる学校を選ぶといいかも。

CHAPTER 5

将来の章

未来のことがよくわかる運命線の占い方

人生がどのようになっていくかは、運命線をみればおおよその見当がつくといわれます。

運命線はその人の「人生の浮き沈み」を表すといわれ、本来なら長く、強く、しっかりした線であるほどいいとされます。

また、目の前の幸運の知らせやトラブルの暗示もしてくれます。

☆

ボクはタレントさんの手相を多くみていますが、芸能界の方は、ほぼ例外なくといっていいほど、はっきりした運命線をもっています。

しかし、運命線がはっきりしていない人が多いのも、事実です。

また、途中で切れている人や、短い人、切れ切れの線が連なっている人など、さま

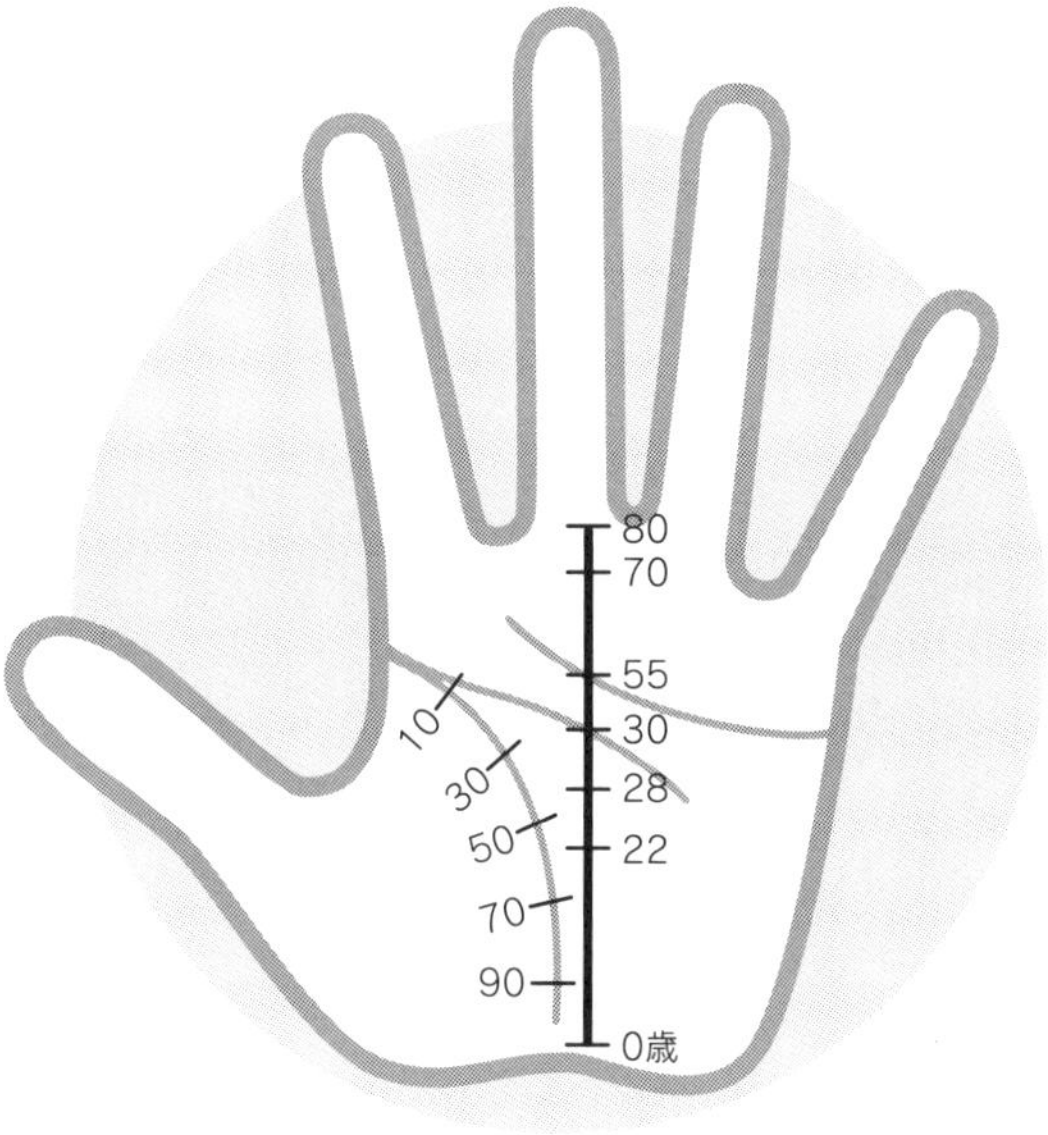

ざまなタイプがいます。

☆

手相では、運命線や生命線などの主要線に、他の線やマーク（次ページ参照）が交差すると、大きな転換期や障害を暗示します。そして「それがいつごろなのか？」をあるていど特定するのが「流年法」という手相の見方です。

上の図のように、運命線、生命線に年代を刻みましたので参考にしてみてください。

ちなみに、生命線に刻んである年代は、寿命ではありません。

あなたの目の前に幸運が！
そのサインを見逃しちゃダメですよ。

手に現われるマークの意味

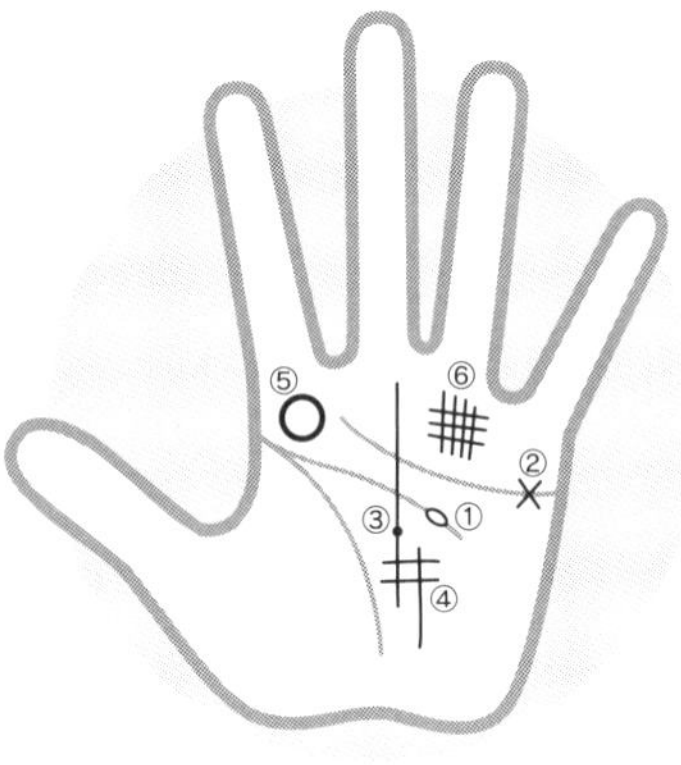

手相の線は、基本的に強くて長いほうがいいのですが、線の途中や手のひらのどこかに、印（マーク）が現われることもあります。その意味を知っておくと、危機や幸運の前兆を事前に知ることができます。

☆

①島＝さまざまな線の途中に5ミリくらいの「島」ができる状態で、トラブルを暗示。

②クロス＝1センチくらいの×印で、さまざまな場所に出現。外部からの思いがけない災いを暗示。島よりは短期間で解決する。

③スポット（点）＝線上にでる赤または黒の点。一時的なトラブルを暗示。

④スクエア（四角）＝漢字の「井」のような形。今はうまくいかなくても、劇的な変化が起こり、壁を乗り越えることの予兆。

⑤サークル（円）＝島より大きく5ミリ〜1センチていどで、その丘の意味を強める。

⑥グリル（格子状）＝縦横数本の短い線が集まったもので、その丘の意味を弱める。

手の丘も大事な情報

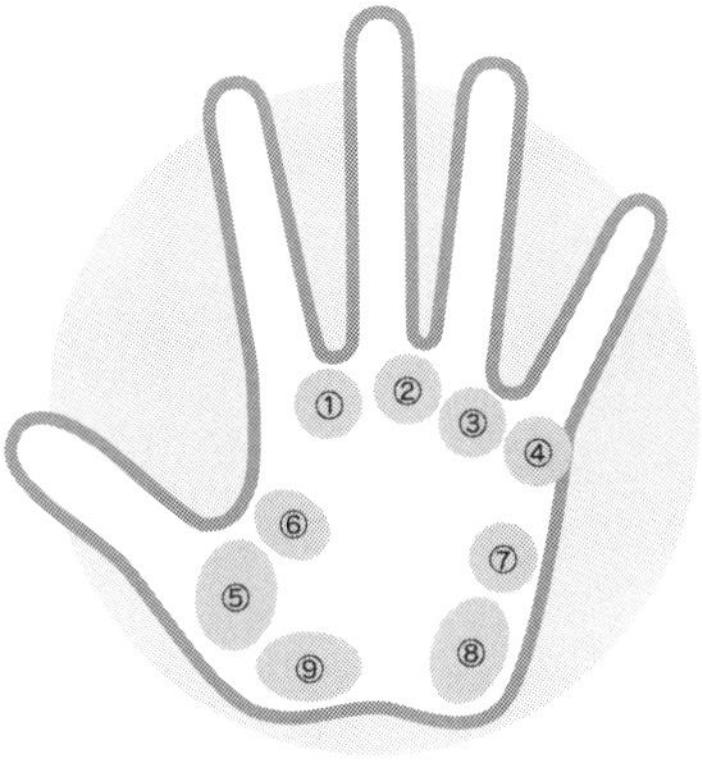

手相をよく知るには「手のどの部分から線がでているか？」「どの部分に線があるか？」も、大切なポイントになります。

図に示したように、大きくわけて9の部分があり、それを「丘」といいます。

丘にでる縦線はいい意味、横線や弱い線は悪い意味で現われてきます。

また、その丘がふくらんでいる場合は、その意味合いが強くなります。

ちょっとむずかしそうという人は、**ここは読み飛ばしてもかまいません**。

☆

①**木星丘**＝名誉、権力、野心。
②**土星丘**＝粘り強さ、慎重さ、探究心。
③**太陽丘**＝芸術性、アイデア、名声、金運。
④**水星丘**＝社交性、商才、知識力、分析力。
⑤**金星丘**＝生命力、スタミナ、愛情、性欲。
⑥**第一火星丘**＝積極性、行動力、攻撃性。
⑦**第二火星丘**＝精神力、自制心、正義感。
⑧**月丘**＝創造力、神秘性、芸術性。
⑨**地丘**＝家族や先祖からの恵み。

スター

3本の線が一か所で交わる。
左ページのように、さまざまな
部分に現われるが、
どこに現われるかで
意味がちがう。

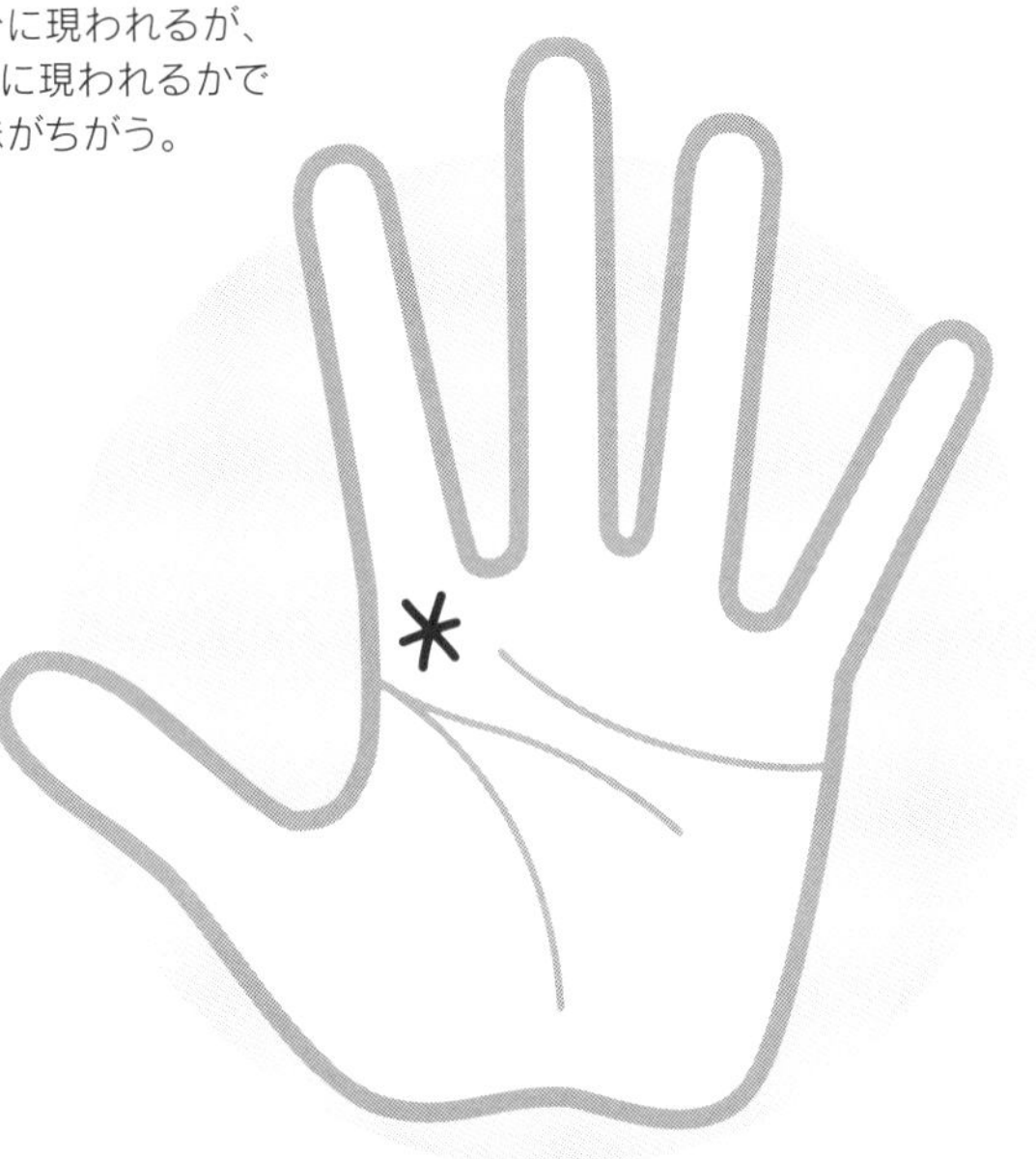

期間限定の無敵状態に突入！
人生最高の瞬間!!

手のひらに現われる**一番のラッキーサイン**です!!

ボクもしっかりとした「スター」をみたのは数人という、かなりレアな線です。

この線は**「あなたは期間限定の無敵状態に突入しましたよ！」**というサイン。**「今なら人生何をやってもうまくいく」という大吉相**なのです。

じつは、この線、だれにでもできるものなのですが、一生のうちで、数回しか現われないといわれる線なのです。

さらに2〜3週間で消えてしまうので、見逃してしまうと大変。

みなさん、朝起きたら、手のひらにスターがないか、ぜひ確認する習慣を！

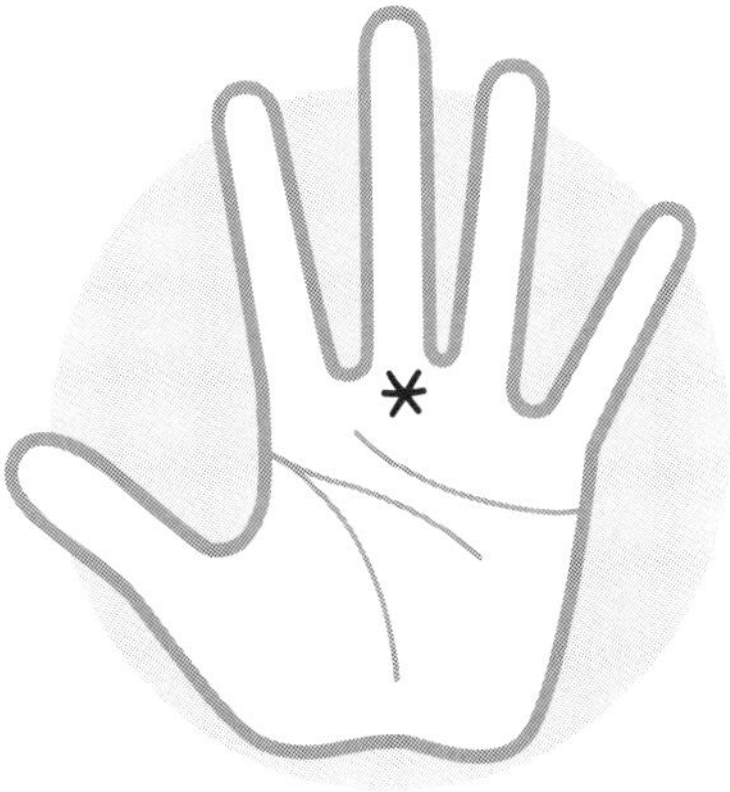

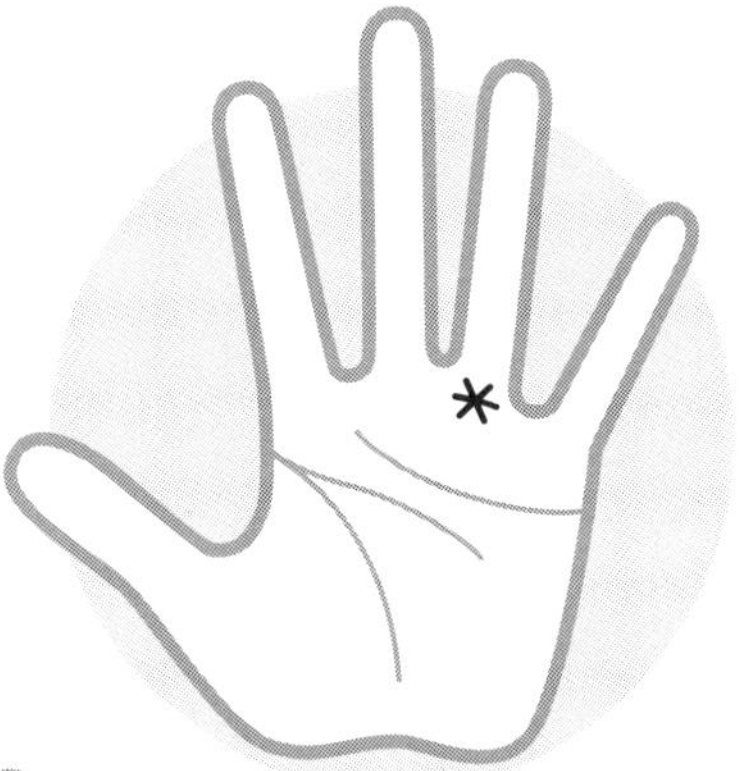

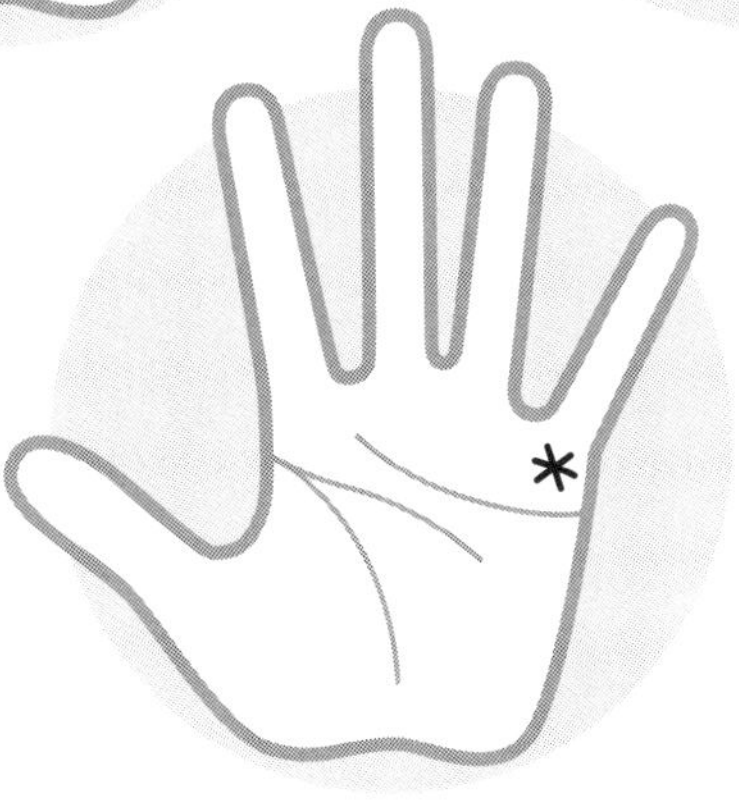

もし、これをみつけたら、即、行動開始！　恋でも、就職でも、趣味の世界でも、きっとうまくいくはずですよ！
ためしに、宝くじなんて買っちゃってもいいかも?!

チェック！

スターが手のひらのどこに現われるかで意味は異なります。

★人差し指の下→願い事全般。思いが通じ、叶う。
★中指の下→恋愛や結婚。待ち人来たり、良縁あり。
★薬指の下→お金。大金をつかむ予兆。
★小指の下→仕事。プロジェクトの成功、転職、昇進の好機。

トライアングル

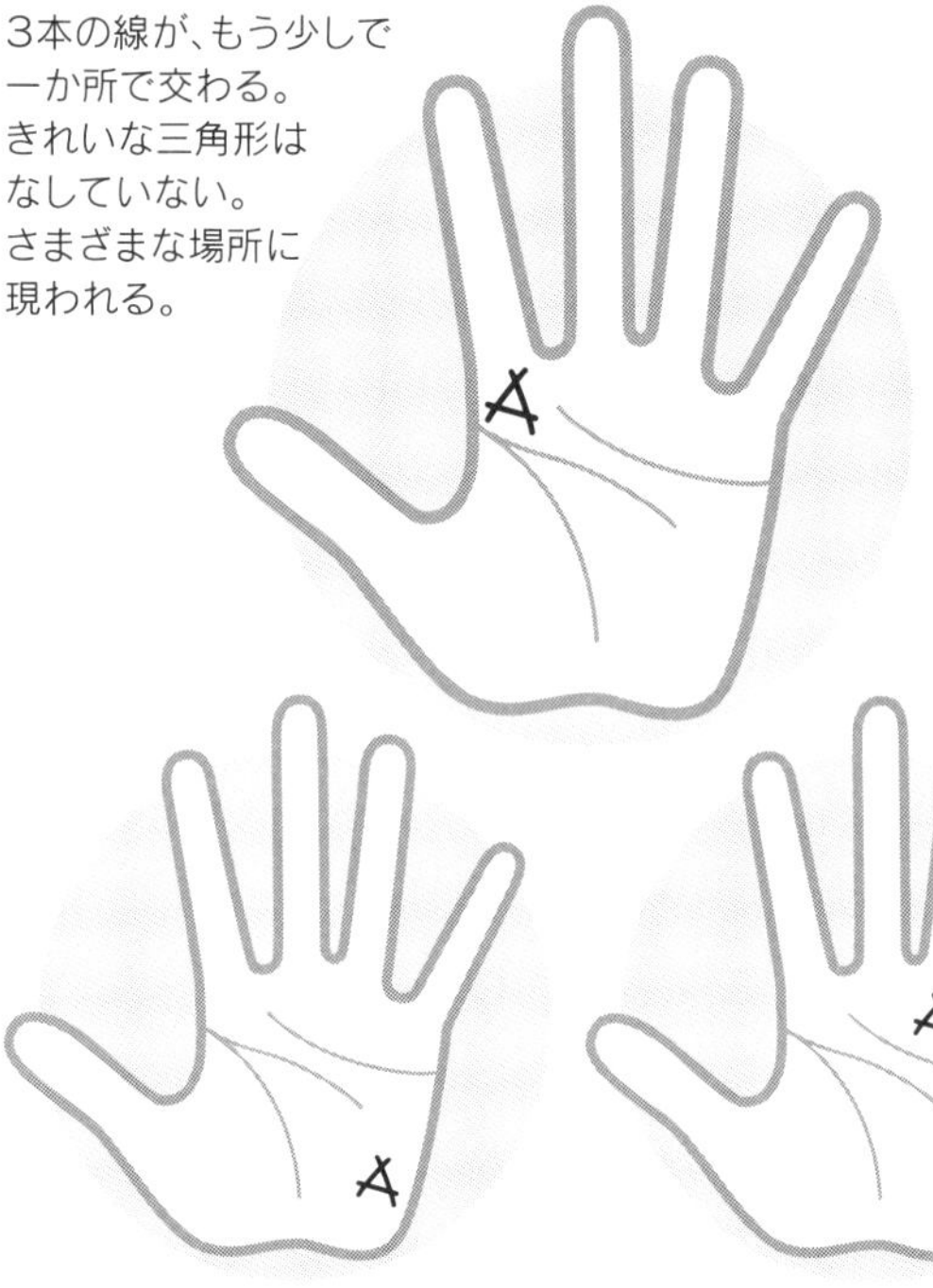

3本の線が、もう少しで一か所で交わる。きれいな三角形はなしていない。さまざまな場所に現われる。

幸運はもう目の前！あなたの時代がきます。

「スター」ほどではないにしろ、こちらも、**とてつもない幸運の知らせ**です。

３本の線が三角形をつくるこの「トライアングル」は、**スターの予兆**ともいわれます。

けっして多くはないですが、スターにくらべればたくさんみられる相です。

これも2〜3週間で消えてしまうといわれるので、みなさん、絶対に！見逃しちゃダメですよ。

ボクなんかは、朝起きたら、何よりも先に、手のひらを真剣にみて、スターかトライアングルがでていないか探すほどです（笑）。

みなさんもそんな習慣をつくって、手相と毎日、楽しくつきあってみてはいかがでしょうか。

フィッシュ

線の先が、
魚のような
かたちで交差する。
どの線に現われるかで
意味が異なる。

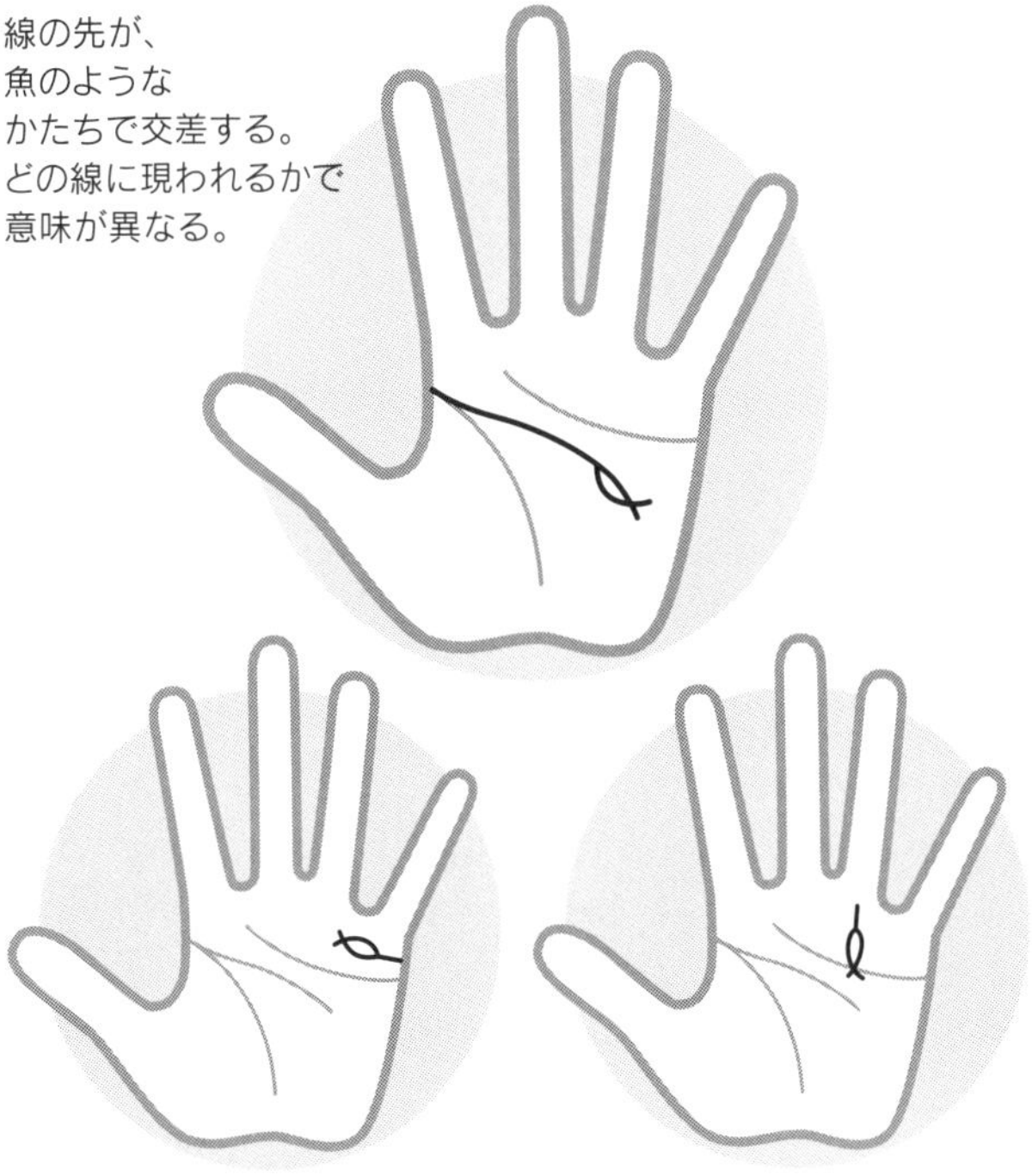

手に出現するお魚ちゃん。ラッキーの前兆です！

これも**幸運の相**です。

ただし、どの線の先に「フィッシュ」が現われるかで、幸運が訪れる場面が変わります。

たとえば、**頭脳線の先にこの相が現われたら、仕事でのラッキー**を暗示し、**イチロー線の先なら旅行先で幸運**が。

また、**結婚線の先ならステキな結婚が近い**ことを示し、**金運線の先なら大金をつかむ予兆**、というようにみます。

いずれにしても、手のひらに現われたお魚ちゃんには、ちゃんと餌をあげて消えないように育ててくださいね。

努力しないと、たちまち消えてしまいますので、積極的にプラスの働きかけを。

ソロモンの環《わ》

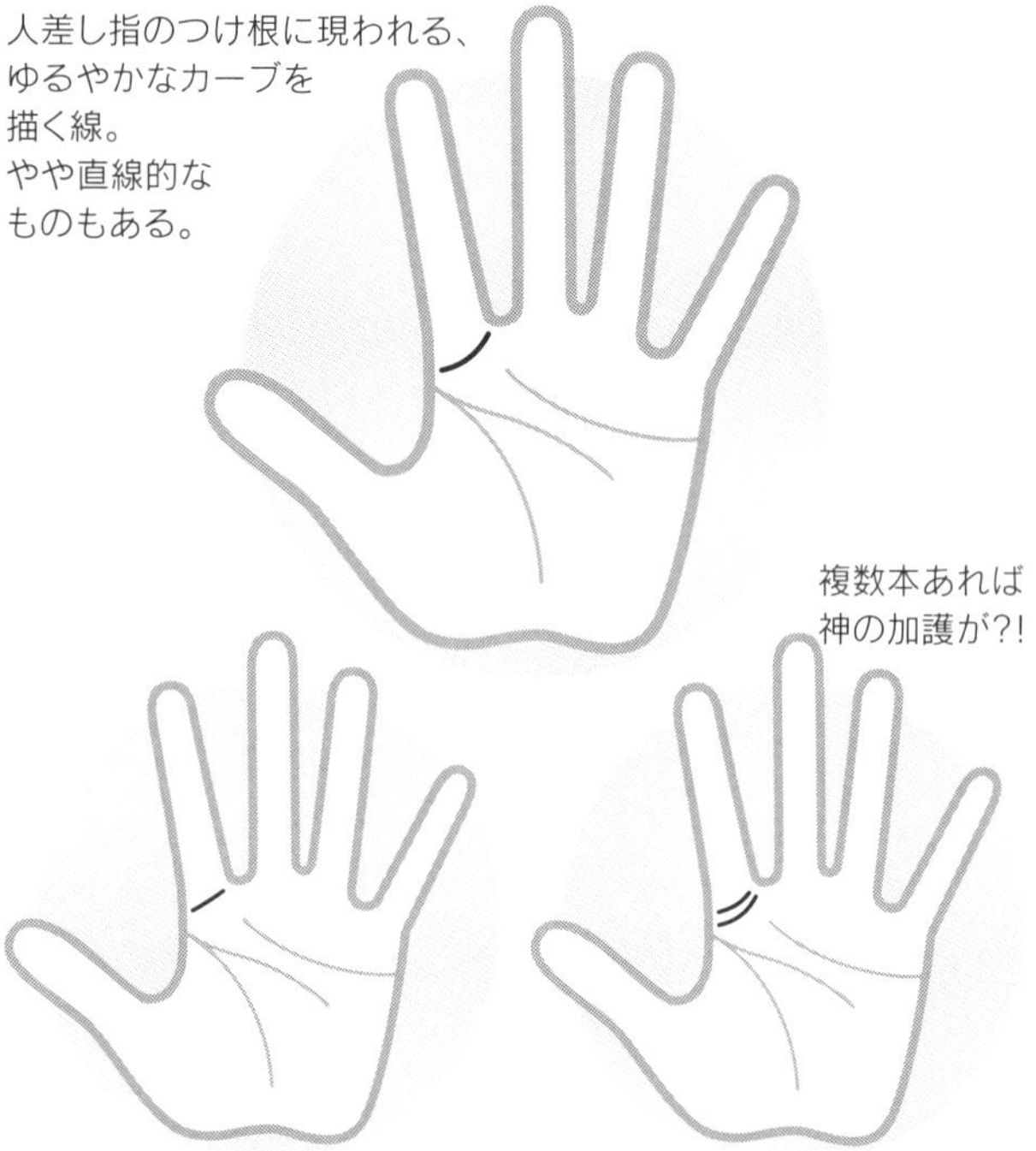

人差し指のつけ根に現われる、
ゆるやかなカーブを
描く線。
やや直線的な
ものもある。
複数本あれば
神の加護が?!

願い事が成就！
幸運が訪れる奇跡のサイン!!

旧約聖書に登場する古代イスラエルの王「ソロモン」にあったといわれる、**とても珍しい「幸せの象徴」**の線です。

ソロモンといえば、父・ダビデのつくったイスラエルをさらに反映させて栄華の頂点を極めた人ですよね。

まるで神が与えたかのような吉相ですが、結婚、出産、夢が叶うなど、近いうちに幸運が舞い込む予兆とされます。

一本でもあれば超大吉。複数本あれば、その保護の力は巨大なものとなります。

ボクがみた例では、M-1（漫才グランプリ）を制した、あるお笑いコンビには、年末これが3本でていました。

一発逆転線

線が漢字の「井」や、
音楽記号の「♯」のような
かたちになっている。
さまざまな場所に
現われる。

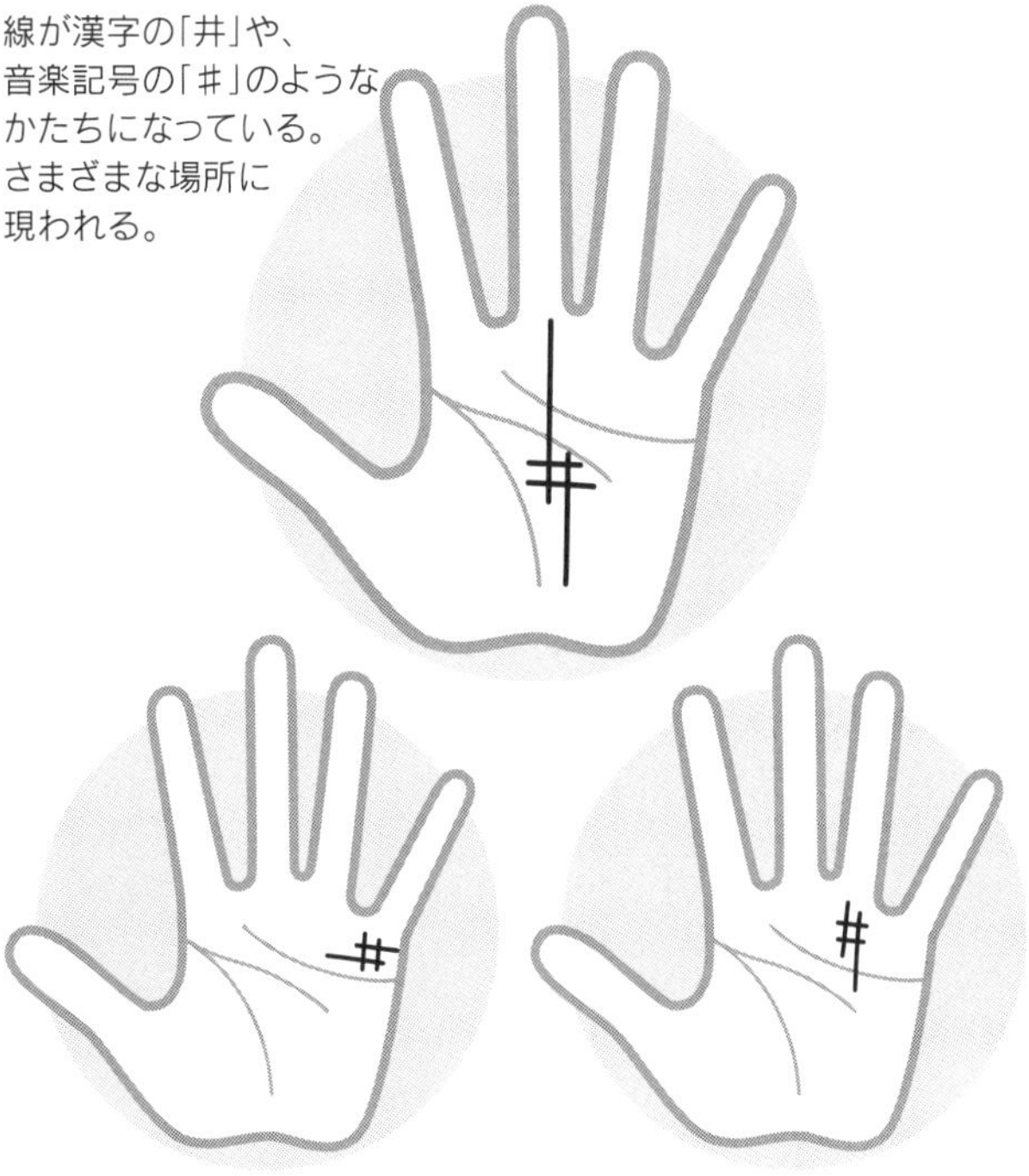

どん底から起死回生の逆転ホームラン！

「♯」（スクエアといいます）の状態になった運命線は、**一発逆転のチャンス**を表します。

この線がでた人は、何か神がかり的・奇跡的な力で、今のツライ状況を逆転し、順風な人より、幸運に見舞われる可能性が大。

たとえば、借金で自己破産手前だったのに、莫大なお金を手にして人生を挽回《ばんかい》したりします。

なので、もしもこの線がある人は、今はツイてないと思っても、希望を捨てずにいることです。

どん底から一気に這《は》い上がれる運を宿しています。

ハードル線

生命線と運命線の両方の線を、
またいで横切る長めの線。

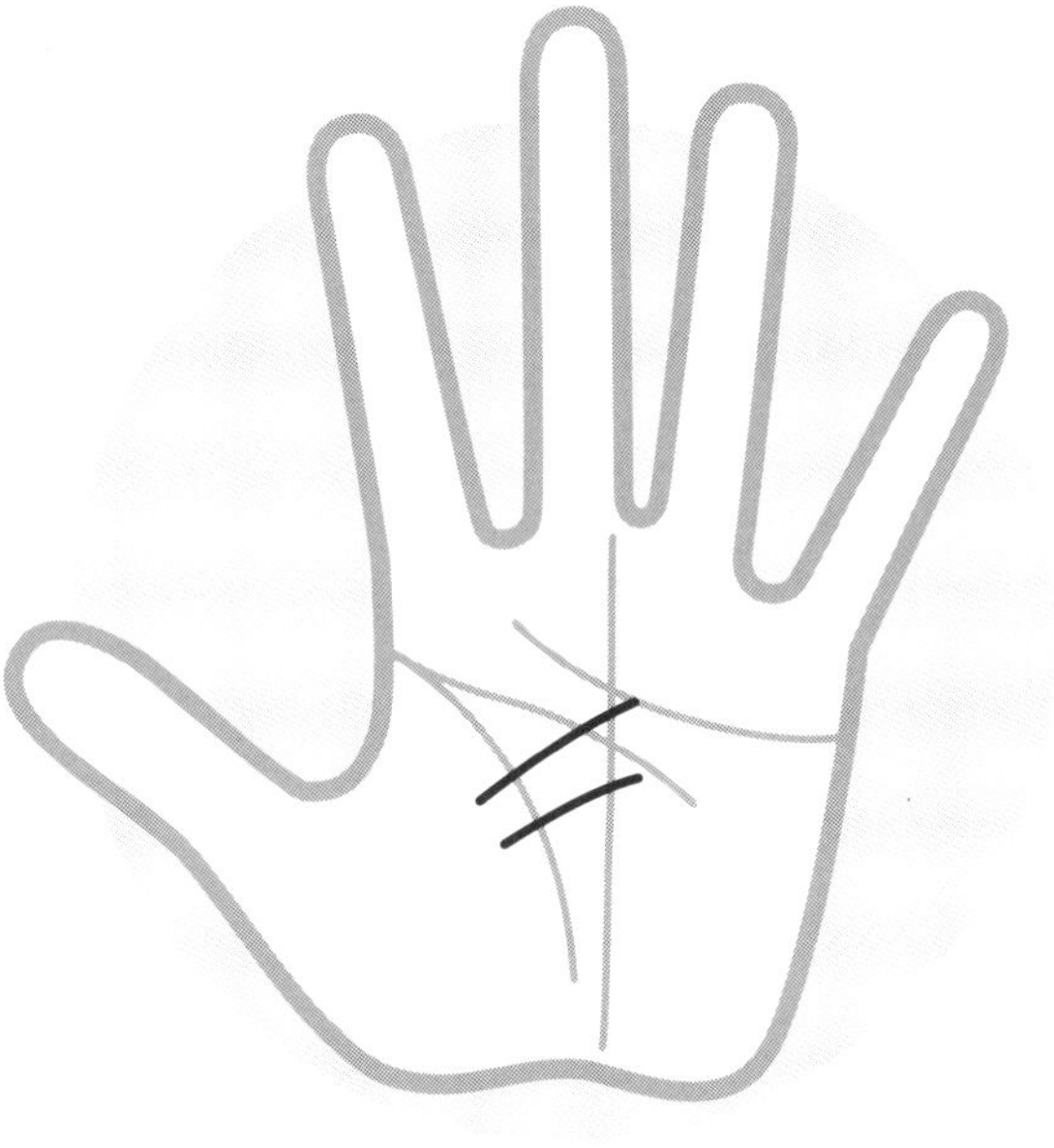

足元にご注意を！
壁にぶつかる可能性も?!

この線は残念ながら、吉報を知らせるサインではなく、**仕事運と金運に関して、壁にぶつかる可能性**があるという暗示です。

流年法という「何歳くらいにそれが起こるか」を占う方法があります（137ページ参照）。

それによると、このハードル線と頭脳線と運命線の交わるところが30歳、ハードル線と感情線と運命線の交わるところが55歳といわれます。そのちょうど中間なら42～43歳というようにみます。

ちなみに、「オレを誰や思てんねん！元金持ちやぞっ！」という「迷言」をはかれた岸部四郎さんには、深～く刻まれたハードル線が5本もあり（さすが！）、驚きました。

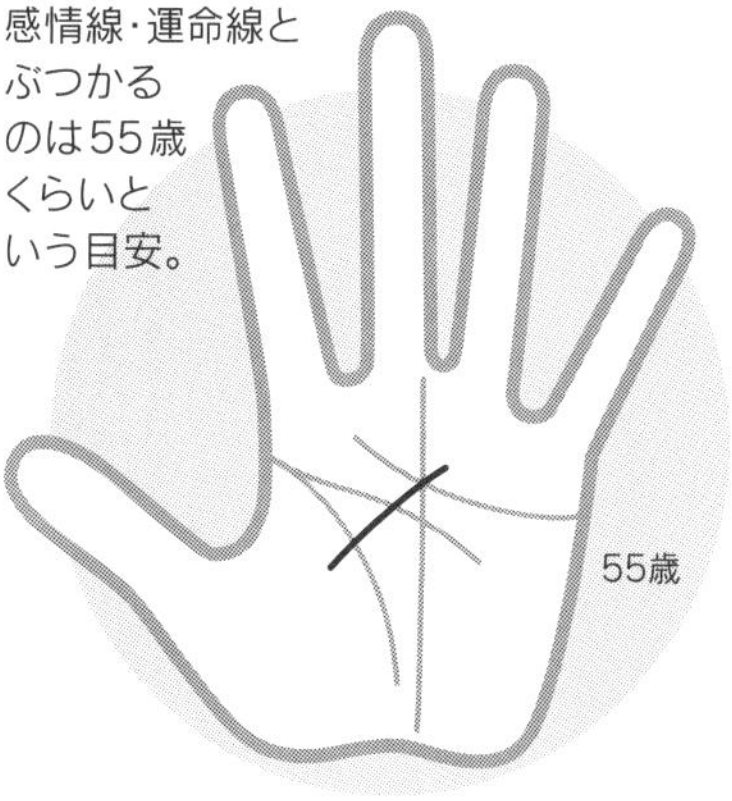

感情線・運命線とぶつかるのは55歳くらいという目安。

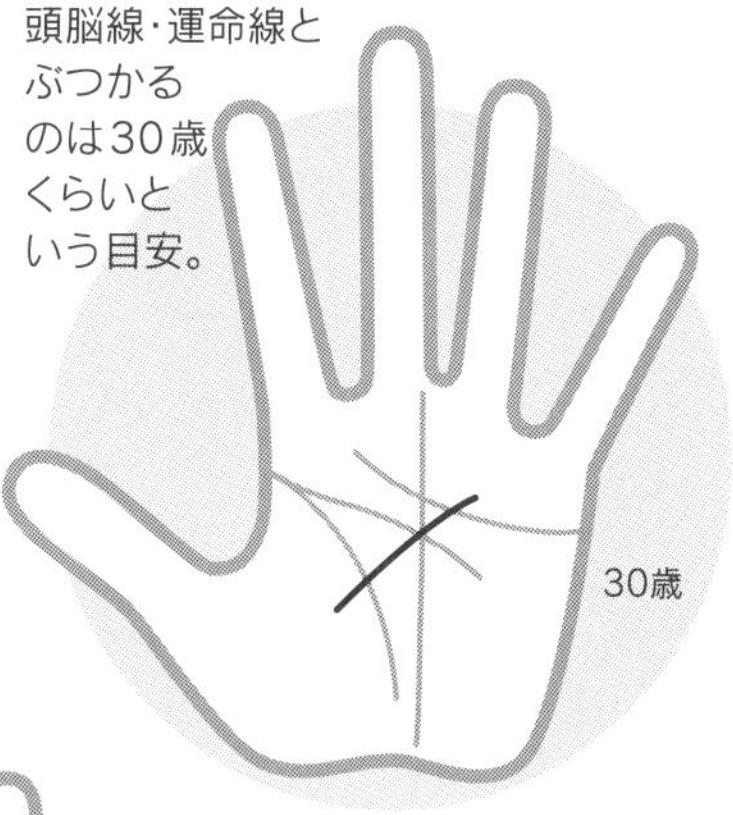

頭脳線・運命線とぶつかるのは30歳くらいという目安。

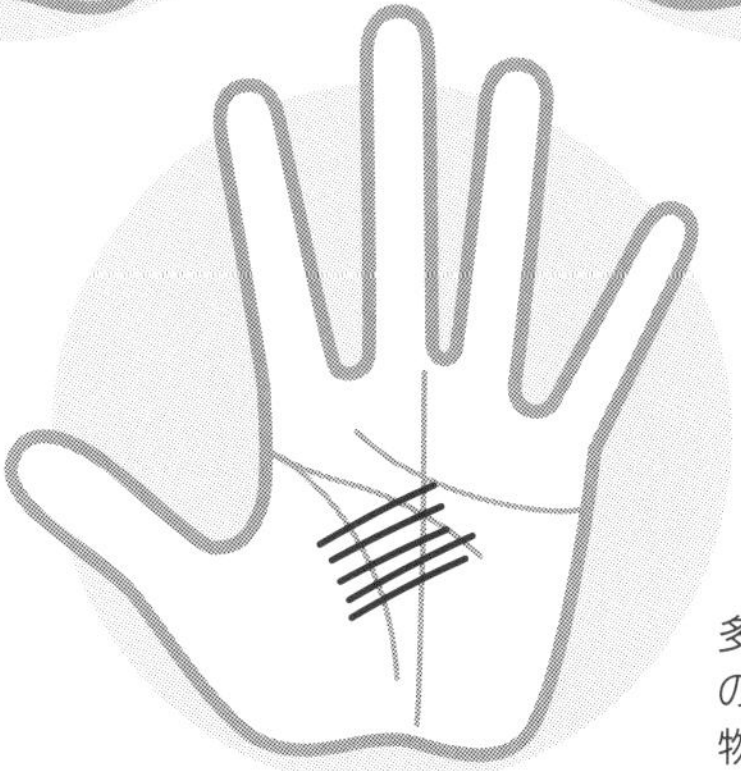

多数本刻まれているのはハードルの多さを物語る。

チェック！

だれでも壁にぶつかることはあるので、この線が現われても、あまり悲観的になってはイケマセンよ。

「今が頑張りどころ。それを超えたときに成長できる」というように前向きにとらえてくださいね。

「このまま調子にのっていると痛い目にあうよ」という啓示でもあるので、足元をすくわれないよう、自分をみつめ直すときなのかもしれません。

早熟線

運命線が頭脳線くらいで止まっている。

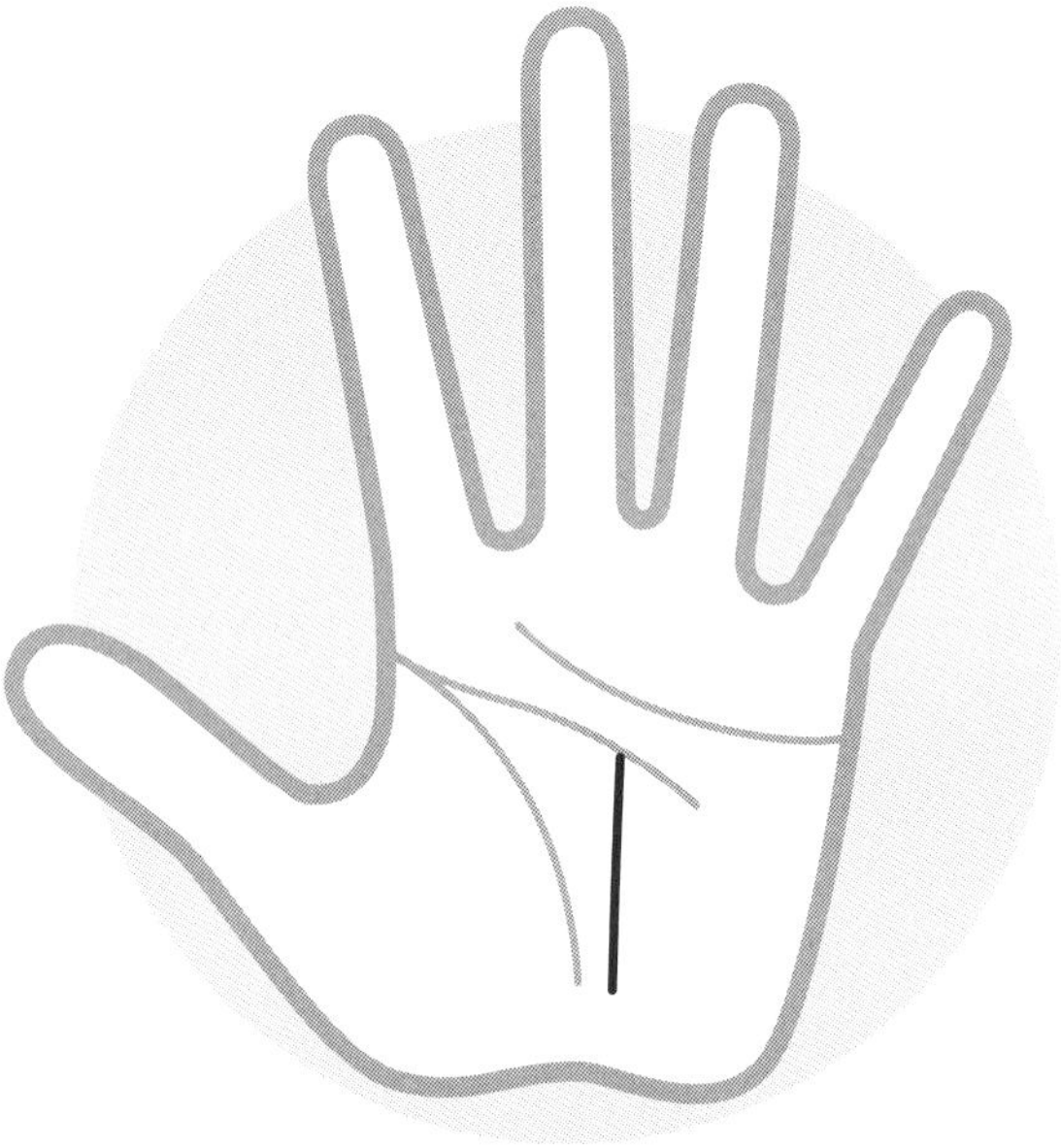

才能あふれるあなたも、慢心はケガのもと!

わりと早い段階で才能が開花する相です。**金銭的にも仕事的にも、若いうちから恵まれた思いができる人です。**

でも、そこで慢心《まんしん》して努力を怠《おこた》ると、それ以降に苦労して「こんなハズでは…」と世を恨《うら》んで生きる人も。

今すでに中年以降の方で、自分の手をみて思い当たる人も多いのでは?

この相をもつ若い世代は、早いうちに力をだせる自分の能力を信じ、おごることなく努力しましょう。もっと大きく成長できるはずです。

ちなみに、体や性の「早熟」ではないので、念のため。

大器晩成線

「早熟線」とは逆に、感情線の上くらいから
運命線がでている。

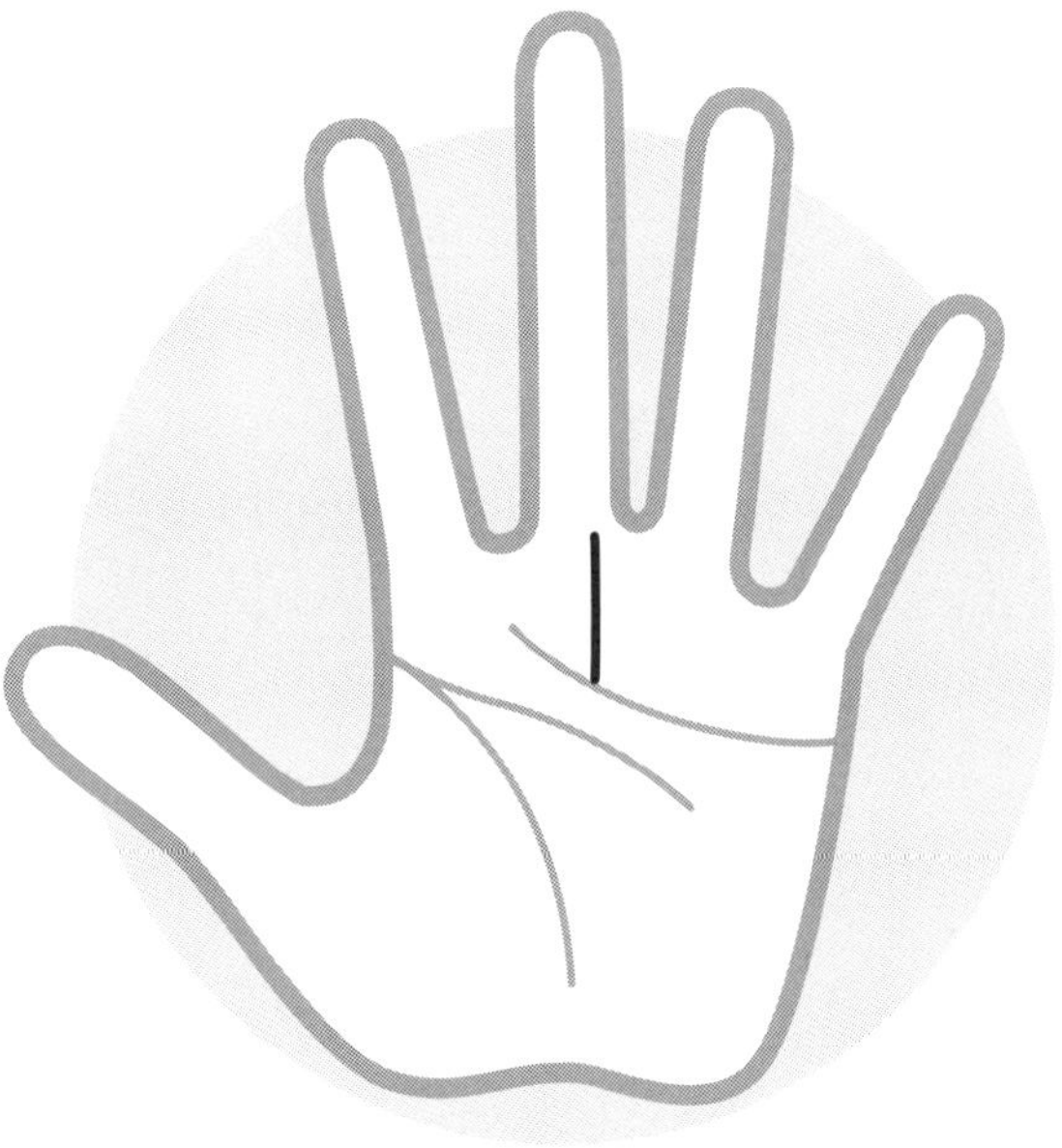

努力は必ず報われる！
神様は見ていますよ。

けっこう多くの人にみられる相です。

「不遇の時代」を経て、年を重ねてから、じょじょに結果がでる人です。

若いころに苦労したり、なかなか芽がでず、下積み時代が長かったりしますが、そのときの努力と、メゲずに頑張った心の強さが、人を成長させるのです。

神様もそれをきちんとみていて、見合ったご褒美《ほうび》をくれるのですね。

まさに「努力は人を裏切らず」。前向きに、努力を怠らないで生きていけば、かならず晩年に認められます。

今はあまりパッとしなくても、ご安心を。

幸せな晩年線

運命線の先（中指のつけ根のほう）が
三股に分かれている。

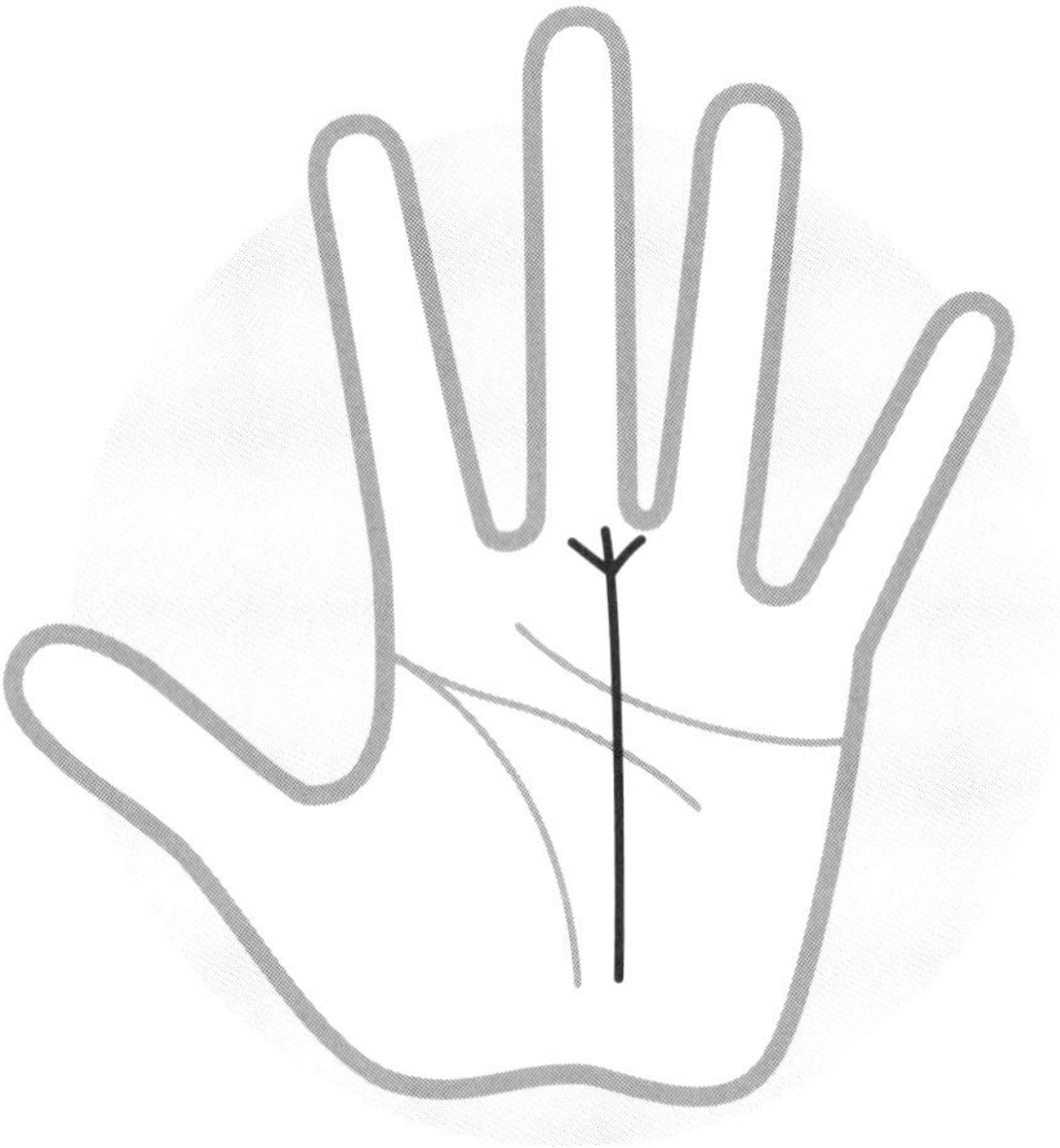

人生の後半は穏やかに。
素敵な晩年が待ってます！

若いときに苦労したり、ツライ思いをしたりもしますが、**晩年はステキな家族に恵まれたり、心穏やかに幸せなときをすごせる人**です。

「終わりよければすべてよし」なんて簡単な言葉では片づけられませんが、今どうしようもなくツラくても、素晴らしいゴールとフィナーレが待っていますので、希望をもって前向きに、ね。

ボク自身、今に精一杯で、晩年がどうとかはあまりイメージできませんが、晩年が幸せという意味では、**100ある線のなかでも、ボクがいちばん好きな線**です。

友だちや大事な人たちや家族にありますように、といちばん強く願う線でもあります。

CHAPTER 6

健康の章

体のピンチがよくわかる生命線の占い方

健康運の基本は生命線でみていきます。

よく「私、生命線が短いから早く死ぬんでしょ」という人がいますが、それは誤解。生命線で重要なのは、線の長さではなく、線の張り出し方。カーブが大きく張り出しているほど、健康で、丈夫な人といえます。

生命線の張り出し方には、一応の目安があります。

☆

人差し指と中指の間から下にまっすぐ線を引いてきたとして、

①**生命線のカーブがその位置**くらいまであれば、平均的な健康体の人。

②**それより内側**（親指側）の小さいカーブだと、ちょっと健康面で難がありそうな人。

③**それより外側**（小指側）までカーブが張り出していれば、体が丈夫で強い人、です。

☆

スポーツ選手や、ふだんから体を鍛《きた》えている人、体を使って仕事をする人などは、グ〜ンとカーブが張り出しているようです。

そういう人は、病気やケガに強いだけでなく、精神的なタフさも兼ね備えている傾向がみられます。

いっぽう、張り出し方の弱い人は、疲れやすかったり、病気やケガをしがちだったりします。

メンタル面でも、ちょっと打たれやすい傾向がみられます。意外に神経質なところもあり、あれこれ考えているうちに疲弊《ひへい》し、気力がつづかないという人もいます。

☆

手相には、体の強弱だけでなく、病気やケガ、トラブルのサインも現われます。

この章では、体の部位別にみた不調のサインや病気の前兆、また、自分の体の弱点などを紹介します。

その昔、中国では医師が手相をみて診断していたという話がありますが、人間ドックにいくまえに、まずは自分の手のひらをみつめてみてくださいね。

肝臓注意線

宴会部長さん、自覚症状の出る前に…。

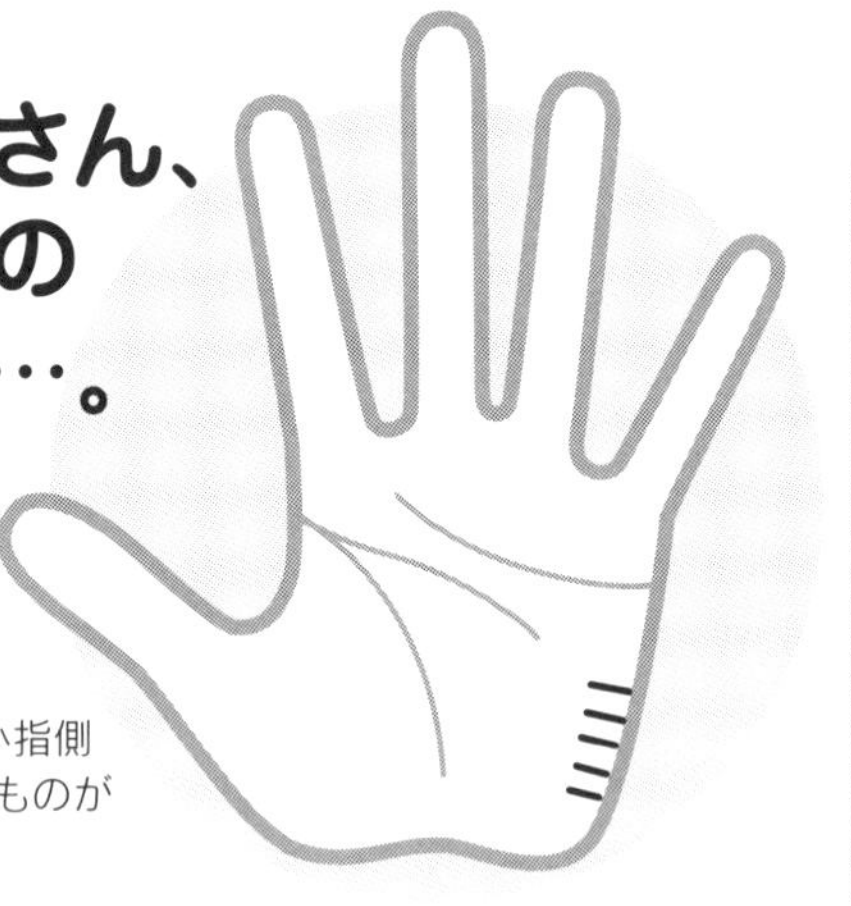

感情線と手首の間の小指側に、横線や溝のようなものが複数本現われる。

別名「お酒飲みすぎてません(線)?」。

この線は、**肝臓に疲れがたまってきているサイン**です。

さらに、この線がでる月丘《げっきゅう》という部分が赤みを帯びたり、どす黒くなったら要注意ですよ。

先日、テレビの仕事でホストの方々の手相をみたら、月丘がアズキ色みたいになっている人がいて、年齢を聞いたら、なんと23歳。毎日、ドンペリを何本も空けたり、朝まで飲んでいるのだとか。お仕事とはいえ、大変です。

この線がでたら、お酒が大好きな人でも量を減らしたり〝休肝日〟を設けるようしたいですね。

もし、手の色が変わってきたり、自覚症状が少しでもあるのなら、お願いですから、病院に直行してくださいよ。

●●● チェック!

そもそも肝臓は、精神面(ガマン強さとか、バランス力)と強く関係するといわれ、肝臓線が現われる月丘部分もその影響を受けやすいといわれます。

気配りの人や対人関係に悩む人、心配性の人、大きな仕事を抱える人は、ストレスがたまるのはわかりますが、お酒に頼らず、上手に発散してくださいね。

呼吸器注意線

タバコの害だけじゃなく、感染症も心配…。

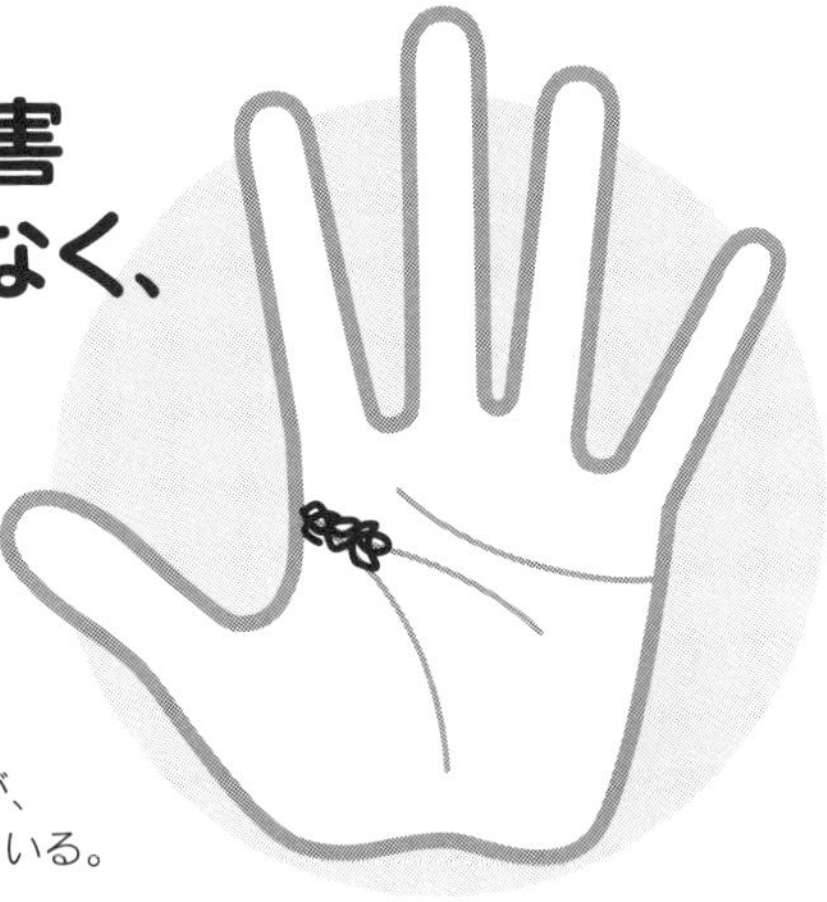

生命線と頭脳線の入り口のあたりの線が、グチャグチャとなっている。

別名「タバコ吸いすぎてません（線）？」。

気管支、肺、ノドなどの呼吸器系に注意が必要というサインです。

ヘビースモーカーだけでなく、お子さんでもぜんそくがあったり、ノドや胸のあたりが弱い人にでやすい線です。自覚症状の有る無しにかかわらず、けっこう多くの方にみられます。

東京の人には、この線の持ち主が多いという印象を受けます。地方の人とはあきらかにちがうように思えるのですが、これは空気が汚れているせいなのでしょうか。

この線の人は、高熱がでやすい傾向もあるようです。

●●●チェック！

線がグチャグチャとなるのは、疲れがたまっている証拠。免疫力も弱まり、感染症には要注意です。思いきって休みをとってみては？

タバコを吸う人は、スパッと、やめちゃいませんか！

●●●体と線の関係！

生命線の入口付近の線の乱れは、空気や食べ物の入口である呼吸器あたりの不調を意味し、生命線の終点付近の乱れは、胃や腸など消化器の不調を表わします。

消化器注意線

暴飲暴食とストレスのツケがそろそろ…。

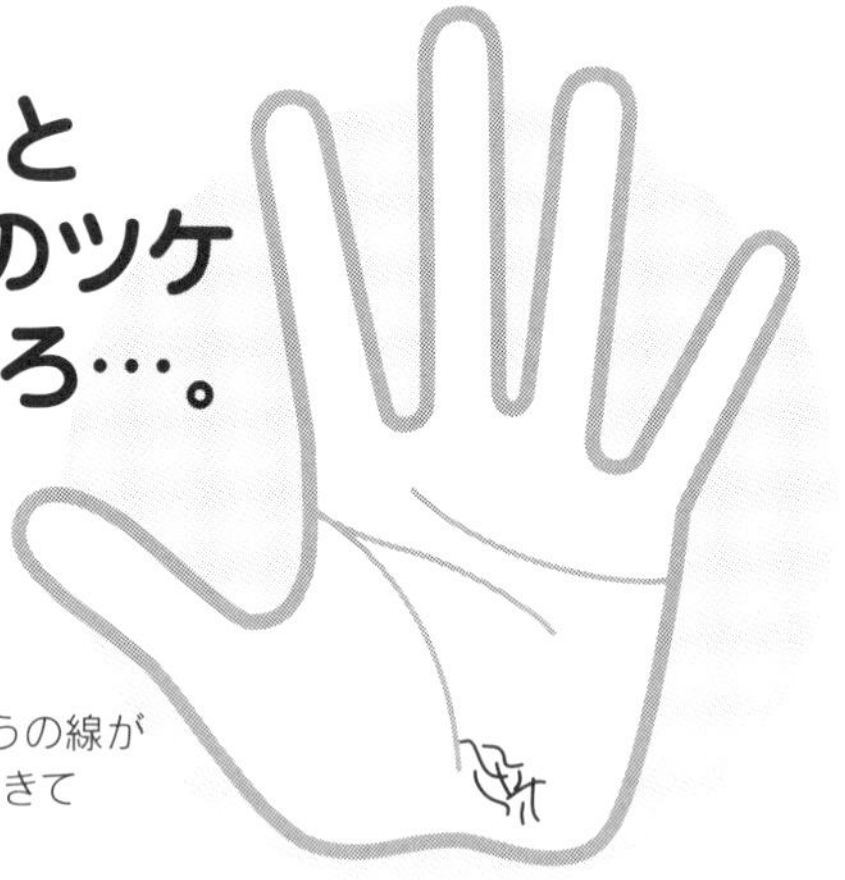

生命線の終わりのほうの線が乱れていたり、島ができていたりする。

別名「暴飲暴食していません（線）？」。

この線は、胃や腸など、消化器に不調を抱えているサインです。

食べすぎ、飲みすぎ、そして不規則な食生活で、胃腸、十二指腸などが疲弊《ひへい》し、悲鳴を上げているかもしれません。ストレスも胃腸の天敵です。

じっさい、この線がひどく乱れていて、なんとなく調子が悪かったので病院にいったら本当に胃潰《いかい》瘍《よう》だったという人がいます。

手相を甘くみず、内臓からのSOSサインだと思ってください。

チェック！

もともと胃腸の強くない人、精神的ストレスが胃腸にきやすい人は、この線が乱れがちです。また、女性にも、この線が乱れている人が多くみられます。

ありがちな行動

- ストレスで胃が痛くなる。
- おなかを下しやすい。
- 飲み会の翌日は下痢。
- もう3日も、便通がない。
- トイレで本や新聞を読む。
- 整腸剤を手放せない。
- 肌荒れが気になる。

脳・鼻・目注意線

不自然な線があったら、病院で検診を…。

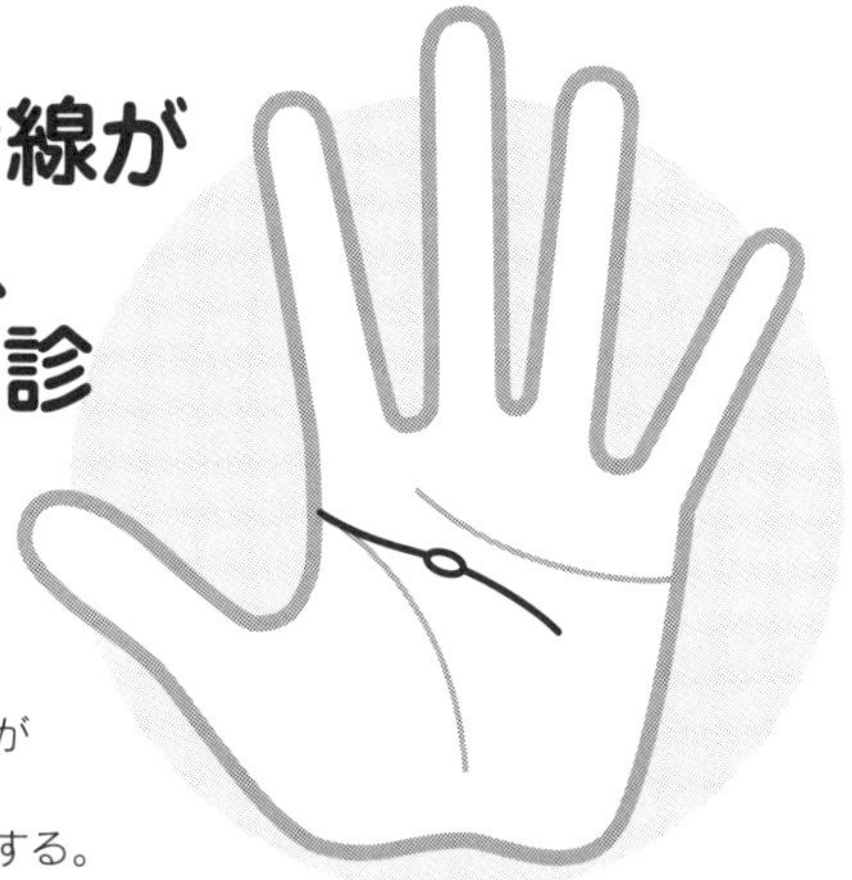

頭脳線のどこかに島ができていたり、線が途切れていたりする。

別名「パソコンやりすぎてません（線）？」。

頭脳線は頭部と関係し、この乱れは、**脳や目、鼻、口、耳などのトラブルを暗示**します。

パソコンの仕事などで、目を酷《こく》使《し》している人が多いためか、頭脳線が乱れている人をよくみます。

じつはボクも、たくさんの人の手相をみるようになってから、頭脳線が乱れてきました。手相ってこまかくて細い線が多いので、けっこう目が疲れるんですよ。目の疲れは現代人にとって、切っても切れない悩みといえそうです。

●●● 注意！

最近目が重たい、視力が落ちてきている…という自覚症状はありませんか？

目の疲れは、頭痛、肩こりなど、ツライ症状にも発展しかねないので、仕事中にうまく息抜きするとか、首や肩のストレッチをするなど、ケアをお忘れなく。

この部分は、恐ろしい病気につながることもあるので、注意が必要です。

とくに、頭脳線がブチッと切れていたり、大きな島があったり、切れ目が上下に直角に曲がってるなど、明らかにヘンな線があるときは気をつけてください。

心臓注意線

たまには、のんびりしましょうよ…。

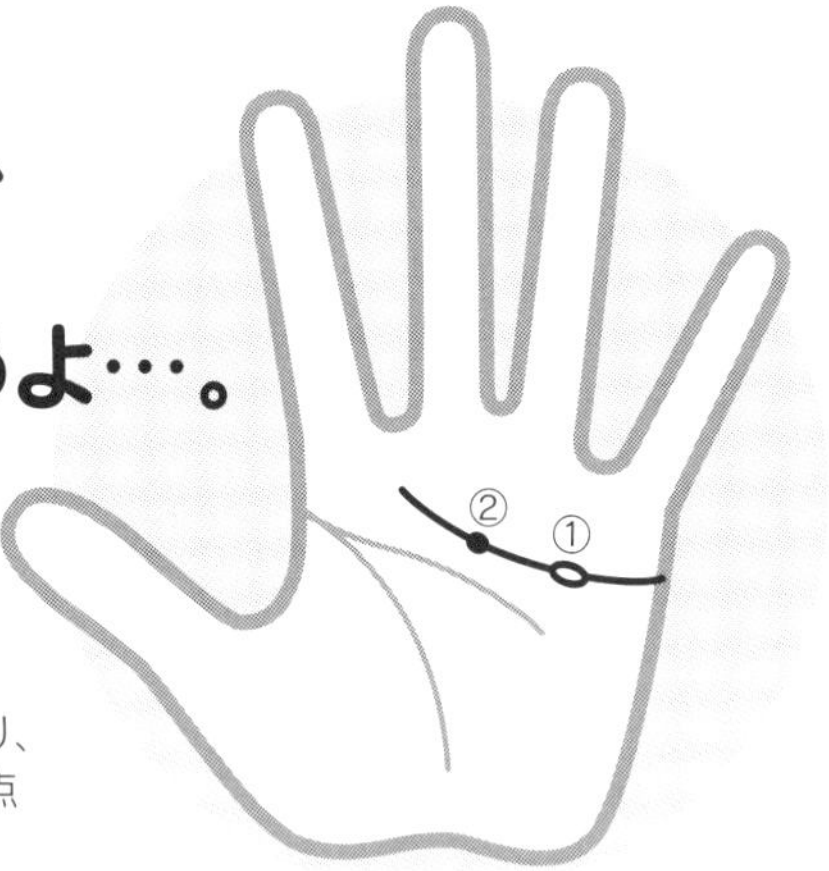

感情線が乱れていたり、感情線上に①島や②点などがある。

別名「ドキドキしていません(線)?」。

動悸《どうき》、息切れ、あるいは脈がとぶ、なんて自覚症状はありませんか?

大事な場面で緊張して実力を発揮できず**「ガラスのハート」**といわれる人がいますが、この線がある人は、ストレスやプレッシャーのダメージが心臓にきやすいので、ご注意を!

いうまでもなく、心臓の病気はとても怖いので、疲れがたまっていたり、嫌なことがつづいたりしたら、思いきって**休養をとること**が大切です。

忙しいのはわかりますが「忙」の字は「心を亡くす」と書きます。

有給でもとって旅にでたり、のんびりできる時間を多めにとってみてはいかがでしょうか。

●●● チェック!

言い意味で**几帳面で、完璧主義**なところがある人です。対人関係に必要以上に気をつかう傾向もみられますが、もっといいかげんでもいいかも。

いいかげんは「いい加減」。つまり「ヤリすぎず、やらなさすぎず、でもやるときはやっちゃうよー」くらいの気持ちで、もっと心に余裕をもちましょうよ、ね。

泌尿器、生殖器注意線

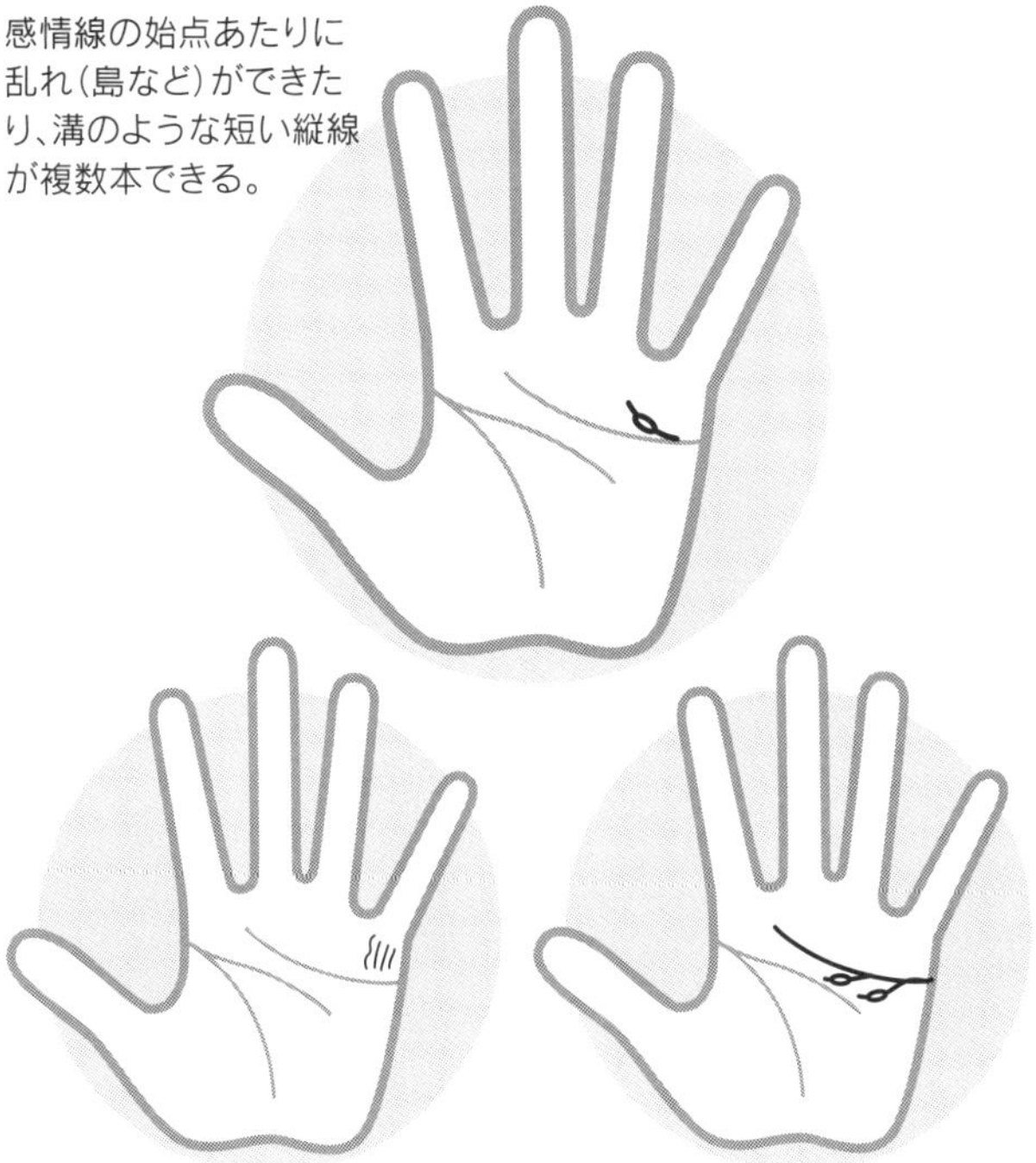

感情線の始点あたりに乱れ（島など）ができたり、溝のような短い縦線が複数本できる。

女と男は永遠。昼も夜も元気がいちばん…。

別名「ハッスルしすぎていません（線）？」。

「最近、なんかアッチに自信がなくてねぇ」と、しょげている先輩芸人の手相をみたら、この線がくっきりとでていました。

生殖器にかんする不調やトラブル、泌尿器の病気などを暗示する線です。

女性の場合、特有の婦人病などにも関係します。

最近、一〇代二〇代の若い世代の方に、性の感染症が多いなんて話を聞きますが、**アブないプレイ**はほどほどに！

仕事のストレスで性欲減退する人がいますが、心の不調や疲労が、生殖器・泌尿器にきやすい人です。

二重生命線

みなぎる生命力！体はとっても丈夫です。

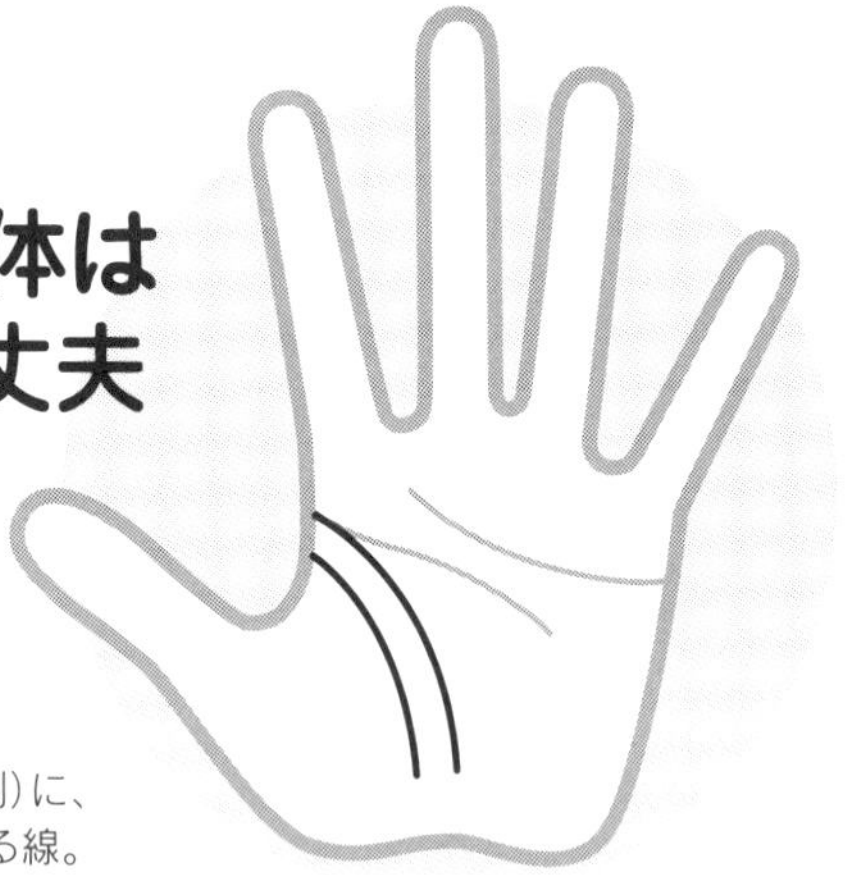

生命線の内側（親指側）に、生命線と平行してある線。

この線がある人は、もともと、生まれもっての運の量も人の2倍あるといわれます。

体も丈夫で、病気やケガにも強い人です。たとえ体調を崩しても持ち前の自己治《ち》癒《ゆ》力ですぐに回復しますし、そもそも基礎体力と防衛力が強いので病気やケガをしにくい人といえます。

この線が複数本あれば、それこそ超人的な体力が期待できます。

世間には「健康になれることはなんでも試す」という「健康オタク」の人がいますが、二重生命線の人は「どうしたら不健康になるの？」と考えたほうがいいくらいの「天然健康オタク」なのです。

チェック！

徹夜しても平気な顔をしていたり、一晩寝たら回復してしまうような体力の持ち主の手にはこの線があるかも。

スポーツの選手や、体を鍛えている人にもみられます。

ちなみに、1年中海パンで活躍した**小島よしお君は、この線が4本ある「5重生命線」の持ち主でした**（笑）。

スタミナ線

生命線の先が内側に
切れこむ線。

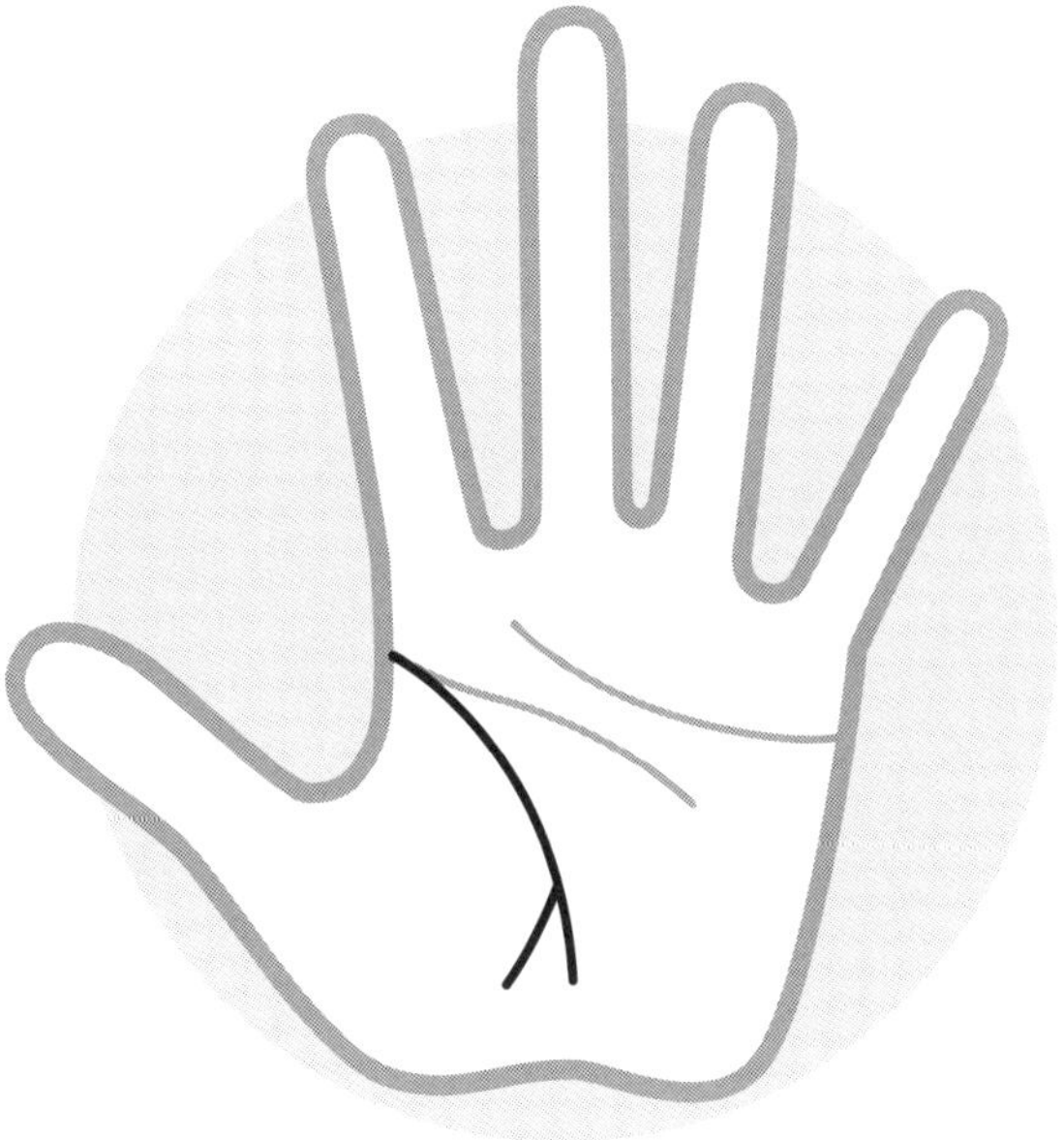

いつまでも若々しさを保つ超タフネス!

「二重生命線」の人ほどではないかもしれませんが、**体が強かったり、いつも元気だったり、それこそ性欲が強かったりする人**にみられます。

見た目も若々しく、バイタリティがあって、常にいろいろなことにチャレンジし、精力的に動き回っている人です。

休日には、家でじっとしていられないタイプです。

チェック!

芸能人最強との呼び声も高い**草野仁さん**や、朝に夜に休みなく大活躍の、**みのもんたさん**にも、この線がありました。タレントさんには多い相です。

長寿線

右のようにグンと
張り出した生命線は
健康・長寿の証し。
下の二つのように
切れ切れや鎖状の生命
線は、健康面
の不調を
暗示。

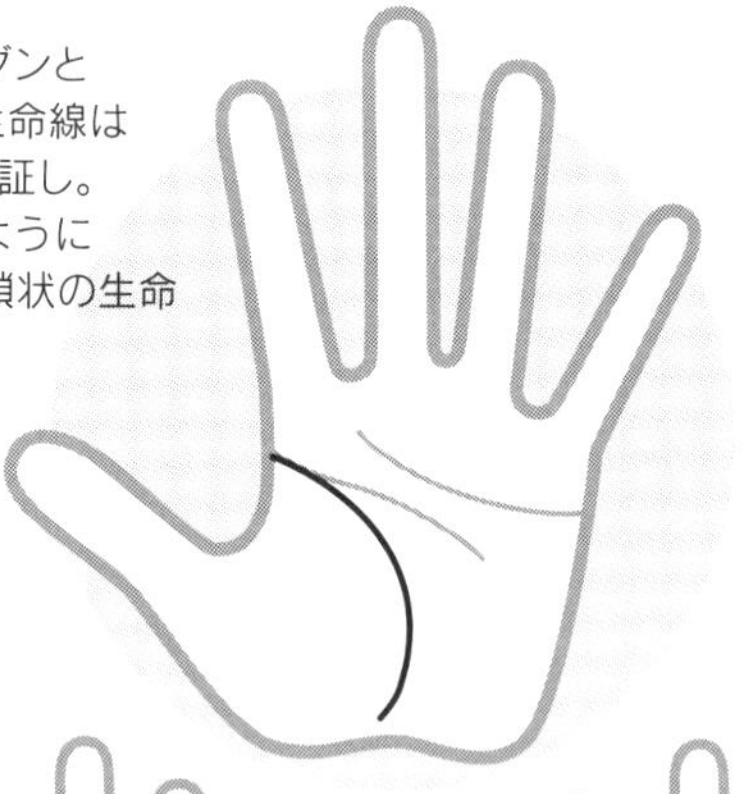

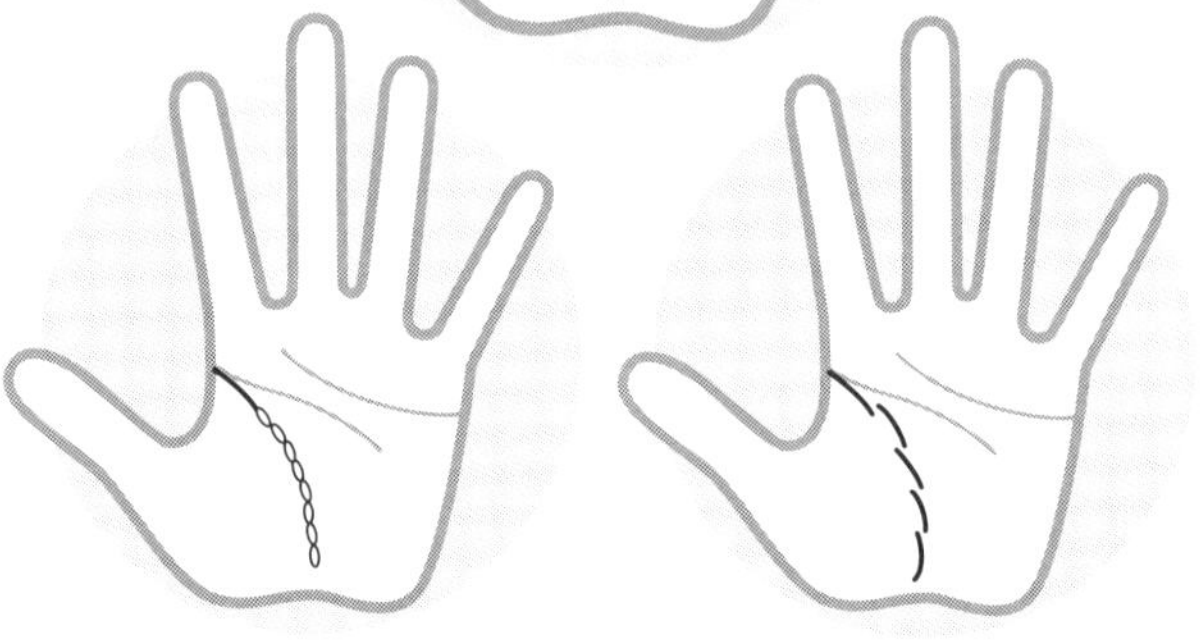

体の強さは太鼓判！
でも、不摂生はだめですよ…。

生命線がグンと張り出し、長い人は**長寿の素質がある**といえますが、それより大事なのは、線のでき方。

切れ切れの線や鎖状、途中で切れている、島がある、というのはよくない相。

いっぽう、線がハッキリしていたり、平行して走っている線があるのは良い相です。

●●● チェック！

★切れ切れの線→病気がち。
★鎖状→体力減退。
★切れている→大病の可能性。
★島→突発的な大事故の暗示。

バイタリティ線

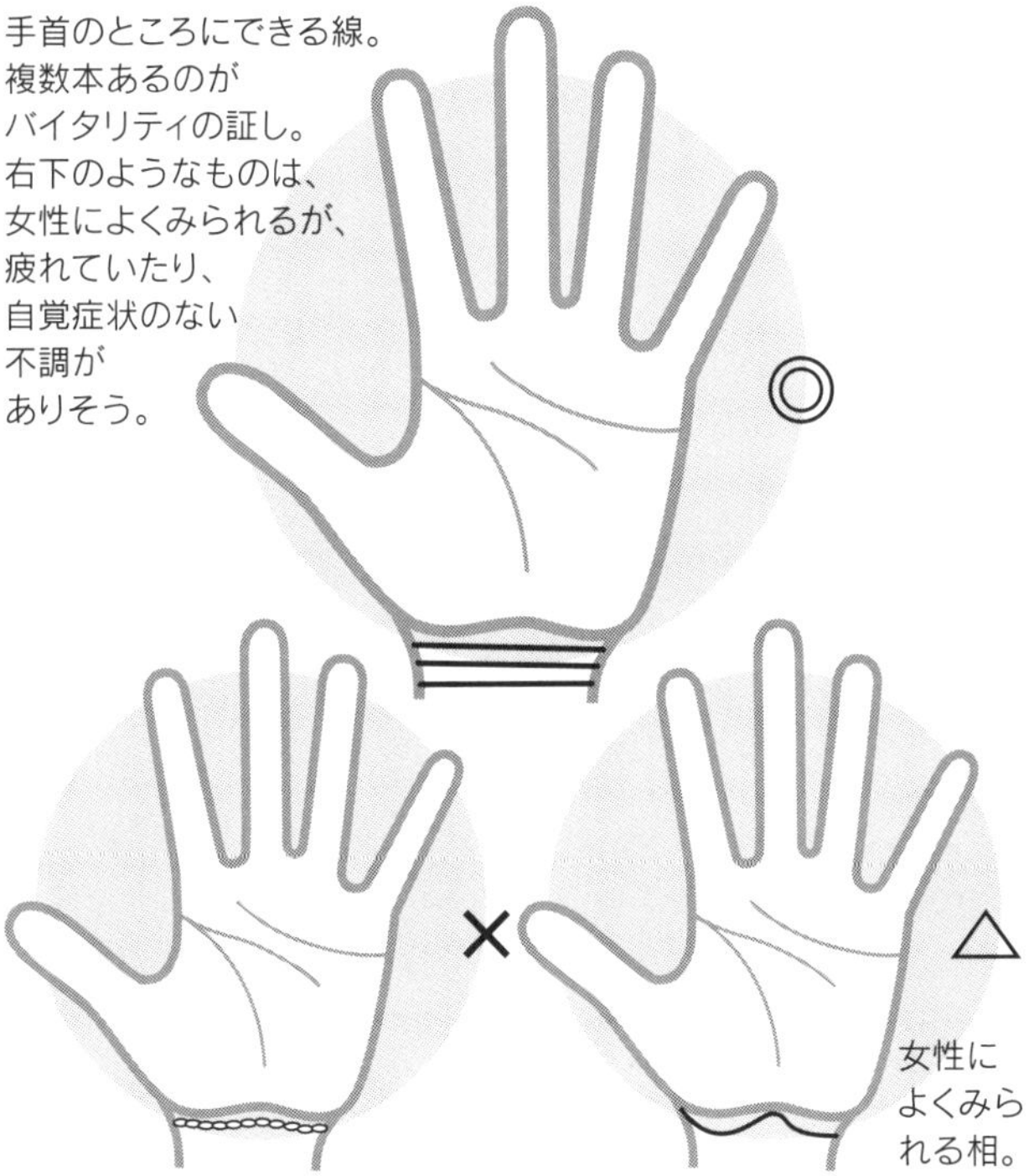

手首のところにできる線。複数本あるのがバイタリティの証し。右下のようなものは、女性によくみられるが、疲れていたり、自覚症状のない不調がありそう。

元気？だるい？
体調のバロメーターはこれ！

別名**「手首線」**ともいい、手首にできる線です。

通常、たいていの人に、1〜2本はあるのですが、3本、4本…と刻まれている人は、今、**とても健康体であるという証し。**

また、体が強く、バイタリティのある人といえます。

●●● チェック！

逆に、この線があっても、鎖状の線だったり、切れ切れだったりする人は、疲労がたまっていたり、病気になりやすいというサイン。

たとえ、生命線や頭脳線が強靭《きょうじん》の相を示していても、手首全体が鎖状になっていれば、体質的に強健とはいえないかもしれません。

みなさんに夢と自信を！★あとがき

どうでしたか？　手相の世界。

これからどんどん人の手をみて、話題の中心になっちゃってください。

最近、ボクのマネージャーは、いつもいっしょにいるので手相のことも覚えてしまい、「代々木《よよぎ》の甥《おい》」に対抗し「中野の義理の息子」と名乗り、ボクの知らないところで、会う人会う人の手相をみまくって、人気者になっているらしいです（笑）。

ただし、街中で「手相みせてください」とはいわないように！　あやしい人や何かの勧誘だと思われてしまいますからね。

☆もうちょっとだけあとがき…

この頃しみじみと、みなさんやっぱり自分の手のしわは気になるんだなぁ、と強く思います。手相番組の収録中、「この線は○○で…」なんて説明をしているとき、ふとカメラのうしろをみると、スタッフさん達が仕事を忘れて自分の手をじっと見入ってしまっているなんてことがよくあります。さらにはカメラさんまでもがカメラそっちのけで自分の手とにらめっこ（笑）。

「ちゃんと撮れてますか?!」って、突っ込みを入れたくなることも！

いっしょに仕事をしている方々がこうなんですから、やっぱり手相はすごいですよ。

☆ほんとうに最後に…

手相は「自分はダメだ」とあきらめて後ろ向きになってしまった人に、希望や夢を与えることもできます。

どんな手相にも、かならず優れたものがあり、ほかにない個性があり、才能があります。それをみつけて、教えてあげてくださいね。

見終わったあとに、相手が元気になっている、頑張ろうという気になっている、そんな見方をして、たくさんの人に夢と自信を！

この本を読んだ方がそんな使い方をしてくれて、前向きな人が一人でもふえたら、これ以上の幸せはありません。

みなさん、本当にありがとうございました。

代々木の甥　島田秀平

島田秀平 しまだ・しゅうへい

1977年12月5日生まれ。
長野県出身。お笑い芸人。2002年、仕事で知り合った「原宿の母」に弟子入り。芸人活動の傍ら手相の修業を積み、2007年に「代《よ》々《よ》木《ぎ》の甥《おい》」を襲名。「エロ線」「ギャンブル線」等、誰もがわかりやすいネーミングが各界で話題を呼び、テレビ・雑誌等で活躍中。和田アキ子さんをはじめとする歌謡界の大御所、お笑い、俳優、アイドル、モデル、アナウンサーなど特異な才能にあふれる芸能界の人々の手相を片っぱしから鑑定しまくり、ニュースタイルの「島田流手相術」を完成。ひそかに「代々木の甥」を訪ね、手相を占ってもらう芸能人は、今夜も後を絶たない…。ホリプロコム所属。

島田秀平の手相占い

二〇〇八年　七　月二〇日　初版発行
二〇二二年　一　月三〇日　41刷発行

著　者――島田秀平

企画・編集――株式会社夢の設計社
東京都新宿区山吹町二六一　〒一六二-〇八〇一
電話(〇三)三二六七-七八五一

発行者――小野寺優
発行所――株式会社河出書房新社
東京都渋谷区千駄ヶ谷二-三二-二　〒一五一-〇〇五一
電話(〇三)三四〇四-一二〇一（営業）
https://www.kawade.co.jp/

組　版――株式会社大文社
印刷・製本――中央精版印刷株式会社

Printed in Japan ISBN978-4-309-27020-3

落丁本・乱丁本はおとりかえいたします。

開運手相シート

手相はどんどん変わります。
そして、手相を変えれば、運気も変わります。
☆
大幸運の手相をここに示します。
☆
この「開運手相」をながめながら、
「なりたい自分」をイメージし、
ほしい線を自分の手のひらに描いたり、
手をマッサージしたり、
手をすぼめてシワをつくったり…
さまざま試してみてください。
☆
きっと、運が開けてきますよ。

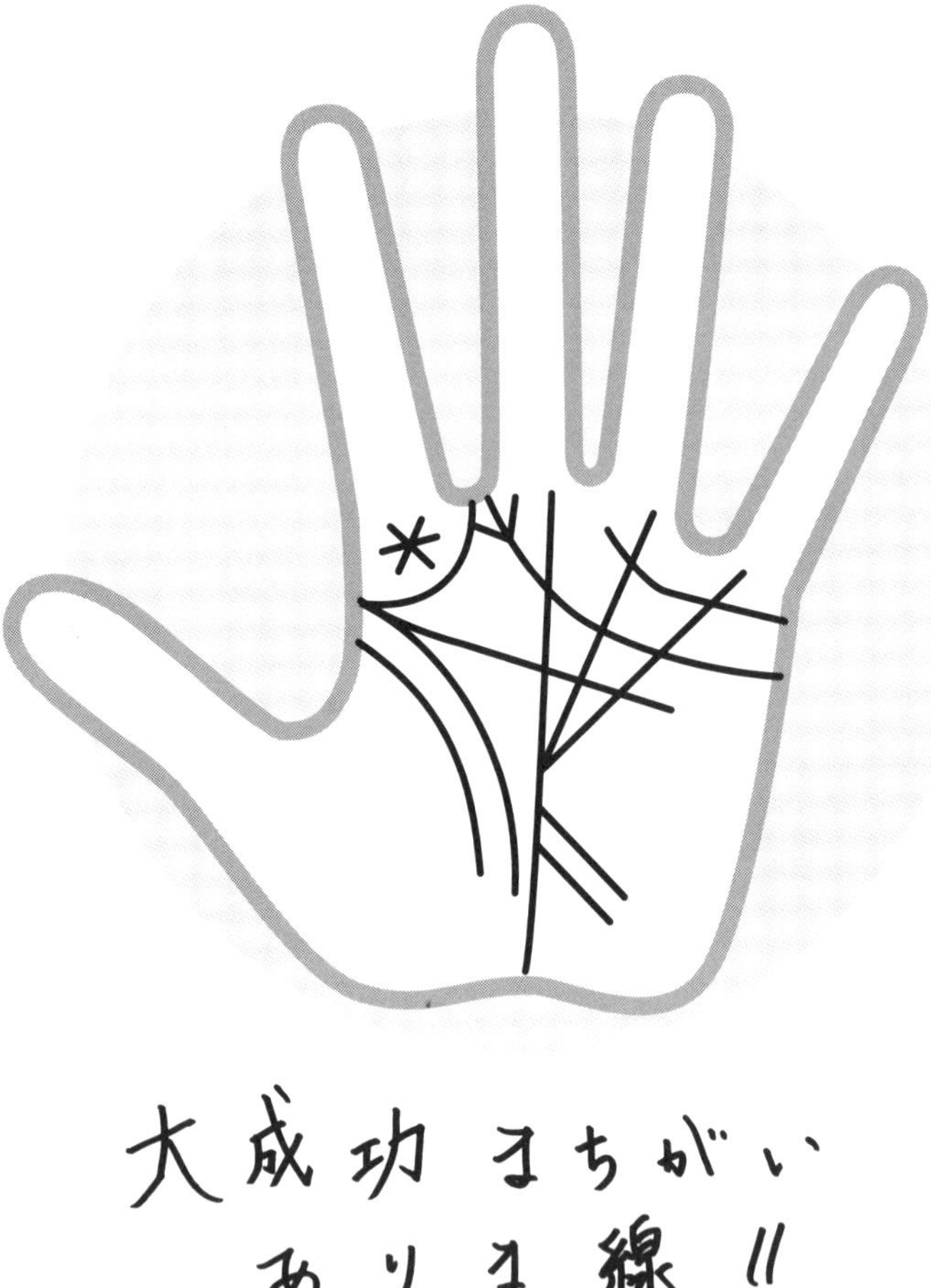

大成功まちがいありま線!!

代々木の甥

島田秀平